KB081798

DECISIVE SHOT

결정적 한 끗

초판 1쇄 발행 | 2023년 3월 27일
초판 2쇄 발행 | 2023년 4월 6일

지은이 | 비즈워치 생활경제부
펴낸이 | 이원범
기획 · 편집 | 김은숙
마케팅 | 안오영
표지 · 본문 디자인 | 강선욱

펴낸곳 | 어바웃어북
출판등록 | 2010년 12월 24일 제313-2010-377호
주소 | 서울시 강서구 마곡중앙로 161-8 C동 1002호(마곡동, 두산더랜드파크)
전화 | (편집팀) 070-4232-6071 (영업팀) 070-4233-6070
팩스 | 02-335-6078

ⓒ 비즈워치, 2023

ISBN | 979-11-92229-20-1   03320

* 이 책은 어바웃어북이 저작권자와의 계약에 따라 발행한 것이므로
  본사의 서면 허락 없이는 어떠한 형태나 수단으로도 책의 내용을 이용할 수 없습니다.
* 잘못된 책은 구입하신 서점에서 바꾸어 드립니다.
* 책값은 뒤표지에 있습니다.

DECISIVE

제품의 운명을 가른
선택의 순간들

결정적 한 끗

| 비즈워치 생활경제부 지음 |

SHOT

어바웃북

불로불사(不老不死)의
전설이 시작되는 순간들

"흐르는 강물을 / 거꾸로 거슬러 / 오르는 연어들의 / 도무지 알 수 없는 / 그들만의 신비한 이유처럼……"

강산에의 〈거꾸로 강을 거슬러 오르는 저 힘찬 연어들처럼〉이라는 노래의 첫 구절입니다. 중력에 역행하는 연어의 몸짓은 경이롭습니다. 시간 역시 중력처럼 거스를 수 없는 흐름입니다. 모든 존재는 태어나는 순간부터 시간의 풍화를 겪습니다. 제품도 그렇습니다. 태어나 성장하고 쇠락하다 마침내 소멸합니다. 하루에도 셀 수없이 많은 신제품이 쏟아집니다. 이 가운데 대부분은 작은 흔적조차 남기지 못하고 사라집니다.

하지만 만고불변의 법칙에 역행하는 제품도 있습니다. 시간을 거스르며 여전히 사랑받고 잘 팔리는 제품들입니다. 이들은 잘 팔리는 정도가 아니라 압도적 점유율로 시상 1위 자리를 지키고 있습니다. 이 책은 시대를 뛰어넘고 세대를 이어가며 여전히 잘 팔리는 제품들의 "도무지 알 수 없는 그들만의 신비한 이유"를 탐사합니다.

구한말 세상에 나온 126살의 활명수부터 가장 젊은 31살 컨디션까지, 이들은 우리의 삶 깊숙이 침투해 생활의 일부가 되었습니다. 한바탕 목욕 전쟁을 치르고 나면 아이들에게 '바나나맛 우유'에 빨대를 폭 꽂아 건네고, 고속도로에서 옴짝달싹 못 할 땐 '오징어땅콩'을 깨물며 졸음을 깨웁니다. 지인들과의 술자리에서는 한목소리로 "진로"를 외치고, 다음날 출근길에 '컨디션'으로 전날의 흔적을 지웁니다. '스팸 인증 마크'를 보고 들어간 부대찌개 집에서 만족스럽게 식사하고, '칠성사이다'로 입가심합니다. 특별한 것 없는 일상입니다. 너무나 익숙한 이 제품들은 소비자의 욕구를 긁어주며 수십 년간 전성기를 이어오고 있습니다.

역사적 사건에는 반드시 결정적 순간이 있습니다. 그 순간 어떤 선택을 했느냐에 따라 역사책의 내용이 바뀌기도 합니다. 하지만 결정적인 순간은 꼭 역사에만 있는 것이 아닙니다. 늘 우리 곁에서 사랑받고 있는 많은 제품에도 결정적인 '한 끗'이 있습니다. 그 절묘한 한 끗 차이로 어떤 제품은 스테디셀러가 되고, 또 어떤 제품은 흔적도 없이 사라집니다. 이 책은 너무 익숙해서 그동안 간과했던 제품의 역사를 조명합니다. 나아가 그 역사를 만든 '결정적 한 끗'을 파헤쳐볼 것입니다.

2020년 9월 '바나나맛 우유'를 시작으로 2022년 10월 '월드콘'까지 약 2년여 동안 비즈워치 생활경제부는 총 11개의 제품을 탐사했습니다. 글을 쓰면서 늘 고민했던 게 있습니다. 이미 시중에 나와 있는 비슷한 주제의 글과 어떻게 차별화할지였습니다. 대부분 업체가 제공한 자료를 바탕으로 썼기에, 내용이 대동소이했습니다. 다르게 쓰고 싶었습니다. 제로 베이스에서 제품을 직접 공부하고 이해해서 쓰기로 했습니다. 솔직히 후회했습니다. 쉽게 갈 수 있는 길을 어렵게 가는 건 아닌지 끊임없이 되물었습니다. 하지만 독자에게 떳떳해지고 싶었습니다. 자료를 베껴 비슷한 글을 하나 더 얹고 싶지 않았습니다.

일반적으로 제품에 관한 글을 쓸 때는 업체가 먼저 기획안과 자료를 제공합니다. 하지만 저희는 '역제안'을 했습니다. 직접 조사하고 공부해서 만든 기획안을 업체에 제시했습니다. 사전에 언질을 준 적도 없습니다. 우리가 준비하고 쓸 방향을 담아 "이렇게 써도 되겠느냐?"고 물었습니다. 해당 업체가 고사하면 쓰지 않았습니다. 아무리 좋은 기획과 내용이어도 업체가 싫다면 쓰지 않는다는 철칙이 있습니다.

저희의 기획안을 받은 업체들의 첫 반응은 늘 똑같았습니다. "우리 제품 하나로 이렇게 많은 내용을 쓸 수 있다고요?"라고 묻는 경우가 다반사였습니다. 열심히 준비했지만 쓰지 못한 때도 있었습니다. "이걸로 광고 달라고 하는 것 아니냐?"며 고사하는 곳도 있었고요. 씁쓸했지만 어쩔 수 없었습니다. 원칙은 원칙이니까요.

저희는 '결정적 한 끗'을 쓰고 돈을 받은 적이 없습니다. 오히려 주제가 되는 제품뿐 아니라 경쟁품까지 모조리 사서 분석했습니다. 가끔 기사 댓글에 "얼마 받고 썼냐?"는 글이 보일 때마다 무척 속상했지만, 저희가 감당해야 할 몫이라고 생각했습니다. 하지만 진심은 통했습니다. 기사가 쌓이면서 이런 의심은 사라졌습니다. 나중에는 우리 제품도 좀 다뤄달라고 연락해오는 업체도 있었습니다. 진심이 통한 것 같아 감사하고 기뻤습니다.

'결정적 한 끗'은 하나의 제품을 깊게 파고듭니다. 예를 들어 '월드콘'은 기원전 4세기경 알렉산드로스 대왕의 페르시아 원정길부터 '물뺵다구'에서 출발한 우리나라 아이스크림 역사까지 거슬러 올라갑니다. '스팸'의 성공 비밀을 찾기 위해서 포화가 쏟아지는 제1차 세계대전의 전장 속으로 뛰어듭니다. 시대와 사회적 맥락까지 담기 위해서는 그 제품에 대해 세세하게 알아야 합니다. 구한말 신문은 물론 미국의 국립문서보관소, 일본의 작은 마을 도서관, 영국 빅토리아 여왕 시대의 요리책, 해외 박물관까지 모두 뒤졌습니다.

한 제품에 대한 글을 준비하는 데는 약 한 달가량 소요됩니다. 업체에 자료를 요청하면 쉽게 갈 수 있습니다. 압니다. 하지만 그러면 쓰는 사람의 시선이 한정될 수밖에 없습니다. 약 2주가량 자료 조사와 공부를 마친 후 기획안을 만들었습니다. 인터뷰를 진행하고 작성하는 데에 또 2주가량이 소요되었습니다.

구성은 이렇습니다. 먼저 해당 제품이 탄생한 배경과 역사에 대해 정리했습니다. 모든 제품이 세상에 나오기까지는 독특한 배경이 있습니다. 이 배경을 모르고는 해당 제품을 이해하기 어렵습니다. 그다음은 출시 후 우리 곁에 자리 잡게 된 과정 등을 정리했습니다. 여기에 해당 제품만의 제조 비법과 마케팅 전략을 담았습니다. 마지막에는 한눈에 쉽게 볼 수 있도록 그래픽을 활용해 제품의 키워드를 정리했습니다.

제품에 대한 글에는 반드시 제조와 마케팅 전략 관련 인터뷰 두 편을 담았습니다. 인터뷰이로 임원은 최대한 배제했습니다. 해당 업무를 잘 아는 실무진으로 한정했습니다. 실무자만큼 해당 업무를 가장 잘 아는 사람은 없으니까요.

이 책이 다루는 제품은 공기처럼 늘 우리 곁에 있는 익숙한 제품들입니다. 사람과 마찬가지로 제품도 탄생한 이유와 오랜 기간 사랑받는 까닭이 분명히 있습니다. 저희는 그 이유를 찾기 위해 애썼습니다. 그리고 그 과정에서 공통점을 발견할 수 있었습니다.

우선 이 제품들의 탄생 뒤에는 수많은 사람의 노력과 실패가 있었다는 점입니다. 이 제품들은 거듭된 실패에도 꿋꿋하게 마지막 한순간 성공을 향해 도전했던, 누군가의 집념이 만들어 낸 '작품'들이었습니다. 하지만 우리는 그 노력을 너무나 당연한 것으로 생각했던 것은 아니었는지 반성하는 계기가 되기도 했습니다.

또 하나는 늘 변화를 꾀했다는 점입니다. 단, 제품의 본질은 유지하되 트렌드에 맞게 변화하기 위해 부난히 노력했습니다. 솔직히 가장 어려운 작업이지요. 하지만 이 제품들은 그 어려운 일을 해냈습니다. 때론 변화 속에서 새로운 패러다임을 제시하기도 했고, 자신만의 것을 창조하기도 했습니다. 이 책이 다루는 모든 제품은 이러한 고민의 산물입니다.

마지막은 시대상을 담았다는 겁니다. 제품이 탄생할 당시의 역사적 상황과 소비자의 요구 등이 제품에 고스란히 담겨 있었습니다. 오랜 기간 사랑받아왔던 제품들에는 당시의 시공간적인 상황이 고스란히 녹아있습니다. 그것이 소비자들의 마음을 움직였고 오랜 기간 장수할 수 있었던 비결이었습니다.

이 책이 소개하는 11개 제품의 평균 나이는 65세입니다. 일제강점기부터 한국전쟁, IMF 외환위기, 코로나팬데믹 등 수없이 많은 위기를 넘기고 살아남은 관록의 제품들이죠. '장수 제품'이라는 용어로 규정하기엔 부족합니다. 이들의 전성기는 현재 진행형이니까요. 이들 제품이 밟아 온 역사는, 비즈니스 성공을 염원하는 이들에게 가장 훌륭한 레퍼런스가 될 것입니다. 비즈니스의 출발선 혹은 변곡점에 선 이들에게 이 책이 성공의 마중물이 되기를 바랍니다.

2023년 3월
비즈워치 생활경제부

CONTENTS

DECISIVE SHOT

1

한국에서 남다른 사랑을 받고 있는 귀화식품

스팸

• Since 1937 •

"

2002년 "따뜻한 밥에 스팸 한 조각"이라는 광고 문구가 처음 등장합니다. 이 광고는 말 그대로 '신의 한 수'였다는 평가를 듣습니다. 이로써 스팸은 특권층만 구할 수 있는 고급 제품에서 실속형 명절 선물로, 다시 언제나 밥상에 올려놓고 먹을 수 있는 '밥반찬'으로 소비자에게 각인되었습니다. 가정간편식(HMR) 시장이 폭발적으로 성장하며 가공식품의 입지가 흔들리기 시작한 2020년부터는 "절대 맛 스팸"이라는 슬로건을 내세웠습니다. '반찬'으로서의 입지가 흔들린다면, 소비자가 스팸을 반찬뿐만 아니라 다양한 조리법으로 즐길 수 있도록 하겠다는 것이 CJ제일제당의 복안입니다.

"

1-1

스팸은
'전쟁 영웅'이었다!

▶▶ '세상에 이런 맛이⋯⋯.'

좀 부끄러운 이야기를 할까 합니다. 첫 경험 이야기입니다. 때는 바야흐로 새로운 세계에 조금씩 눈을 뜨던 중학교 시절이었습니다. 그녀는 참 예뻤습니다. 쉬는 시간이면 반 친구들이 모두 그녀 주위로 모여들어 어떻게든 환심을 사려고 난리였습니다.

학창 시절 점심시간은 각자의 집안 사정이 어떤지 여실히 드러나는 '민낯의 시간'이었습니다. 지금은 학교에서 급식을 먹지만 당시는 도시락을 싸서 학교에 다니던 시절이었습니다. 반찬으로 무엇을 싸 왔는지를 보면 딱 각이 나옵니다. 소시지를 싸 온 친구들은 좀 사는 집 아이들입니다.

그날도 저는 여느 때와 마찬가지로 친구들의 반찬을 탐닉하고 있었습니다. 마침 그녀의 뒷자리에 있는 친구가 계란말이를 싸 왔다는 첩보를 입수하고 재빨리 위치 이동을 하고 있었습니다. 계란말이에 젓가락을 뻗으려는 찰나 제 팔을 낚아채는 손길이 있었습니다. "뭐야!" 하며 고개를 돌려 보니, 세상에 그녀가 제 팔을 잡고 있는 겁니다. 이럴 때 당황한 티를 내면 아마추어입니다. 요동치는 마음을 애써 진정시키고 일부러 퉁명스럽게 물었습니다. "아, 왜?" 그러자 그녀는 아무 말 없이 자신의 반찬 통에 있던 소시지 하나를 제 밥통 안에 쓱 넣었습니다.

'뭐지?' 도무지 감이 오질 않았습니다. '혹시 너도 나를?' 아무 일도 없었다는 듯 자리로 돌아와서는, 밥 한 숟갈을 떠 그 위에 그녀가 선사한 소시지를 살포시 올렸습니다. 그리고 입에 넣었죠. 솔직히 처음에는 무슨 맛인지 잘 몰랐습니다. 그런데 씹을수록 고기 향이 입안에 퍼지면서 짭짤한 것이 밥과 기가 막히게 어우러졌습니다. 제가 지금껏 먹어왔던 분홍 소시지와는 급이 달랐습니다. '이 맛은 뭐지?' 밥을 삼키기가 싫을 정도였습니다.

그렇게 홀린 듯 밥을 삼키고 나니, 이 황홀한 맛의 정체가 너무 궁금했습니다. 용기를 내 그녀에게 다가가 물었습니다. "잘 먹었어. 그런데 네가 준 거 그거 뭐야? 맛있던데." 그녀가 저를 무심히 쳐다보며 말합니다. "스팸."

나중에 안 사실이지만 그녀에게는 남자친구가 있었습니다. 바로 그녀 뒤에 앉았던 계란말이를 싸 온 친구였죠. 스팸을 제 입에 물려 남자친구의 계란말이를 지킨 거죠. 참담했습니다. 아직도 스팸만 보면 그때의 기억이 떠오릅니다.

▶▶ 제1차 세계대전에 투입된 병참 장교의 고민

스팸을 처음 제조한 곳은 미국의 호멜(Hormel Foods)입니다. 호멜사(社)는 1891년 미국 미네소타주 오스틴에서 조지 호멜George A. Hormel, 1860~1946이라는

스팸을 만든 제이 호멜.

사람이 만든 회사입니다. 사실 그때까지만 해도 호멜사는 영국에 고기를 수출하는 작은 정육 업체에 불과했습니다. 호멜사가 비약적으로 발전하게 된 것은 창업주인 조지 호멜의 아들인 제이 호멜Jay Hormel, 1892~1954 덕이 큽니다. 그가 바로 스팸을 만든 사람이거든요.

동서고금을 막론하고 군대에서는 안 되는 것이 없습니다. '안 되면 되게 하라'는 말은 군대에서 금과옥조와 같은 격언입니다. 실제로 밖에서는 안 될 것 같은 일도 군대에서는 다 됩니다. 희한합니다. 스팸도 그렇게 태어났습니다. 제이 호멜은 제1차 세계대전 당시 프랑스에 병참 장교로 참전합니다. 병참 장교는 군대의 보급을 담당합니다.

그때나 지금이나 전투를 하려면 군인들의 먹을 것이 가장 중요합니다. 군인들이 힘을 내서 전투하려면 아무래도 고기를 먹어야 했을 겁니다. 그런데 당시에는 육가공 기술은 물론 냉장기술이 발전하지 않았던 때입니다. 커다란 고깃덩이를 일일이 날라야 했죠. 그러다 보니 전선에 고기 보급이 늦어질 수밖에 없었습니다. 그러자 제이 호멜의 선임들이 그를 압박하기 시작했습니다.

선임들의 압박에 제이 호멜은 고민합니다. '좀 더 쉽고 간편하게 고기를 먹을 수는 없을까?'. 제1차 세계대전이 끝나고 집으로 돌아온 제이 호멜은 아버지의 회사를 물려받습니다. 그런데 가만히 보니 버려지는 고기가 너무 많았습니다. 특히 돼지 어깨 살과 발골 후 남은 지방이 버려지는 게 너무 아까웠습니다.

고민하던 제이 호멜은 회사 소속 프랑스 출신 요리사와 함께 이것을 모아 곱게 간 후 약간의 조미를 해 통조림을 만들었습니다. 이것이 스팸입니다. 스팸은 1937년 그렇게 처음 세상에 나왔습니다. 출시 당시 제품명은 호멜 조미햄(Hormel Spiced Ham)이었습니다. 밋밋하죠? 그래서인지 소비자들의 관심을 끌지 못했습니다.

제이 호멜은 회사 송년 파티에서 신제품의 제품명 공모에 나섭니다. 상금은 100달러. 공모 끝에 당시 배우였던 케네스 데이누^{Kenneth Daigneau}가 제안한 'SPAM'이 선정됩니다. 그는 호멜사 부사장의 동생이었습니다. SPAM은 'Spiced Ham'을 줄인 말입니다. 돼지 어깨 살을 사용해 'Shoulder of Pork and Ham'의 줄임말이라는 이야기도 있습니다.

어쨌든 입에 착착 붙는 이름

제이 호멜은 스팸을 활용한 다양한 레시피를 광고하고 연예인을 기용해 다양한 형태의 마케팅을 벌이면서 소비자들의 뇌리에 조금씩 스팸의 존재를 각인시켰다.

덕에 스팸은 조금씩 판매량이 늘어나기 시작합니다. 제이 호멜은 광고를 통해 스팸을 활용한 다양한 레시피를 소개합니다. 또 연예인을 기용해 여러 형태의 마케팅을 벌이면서 소비자들의 뇌리에 조금씩 스팸의 존재를 각인시킵니다. 하지만 스팸이 폭발적으로 인기를 끈 계기는 따로 있습니다. 바로 제2차 세계대전입니다.

▶▶ 아이젠하워 장군이 감사를 표한 '전쟁 영웅'

제2차 세계대전 발발은 호멜사에 일생일대의 기회가 됩니다. 전선에 투입된 병사들에게 스팸이 지급되기 시작하면서 스팸은 전 세계로 뻗어 가게 된 거죠. 제1차 세계대전을 치른 후였지만 전선에 투입된 병사들에게 단백질을 제때, 손쉽게 공급하는 것은 여전히 군의 큰 고민이었습니다. 그때 혜성 같이 나타난 것이 바로 스팸입니다. 스팸은 돼지고기(물론 지방이 다량 포함돼 있지만)로 만들었고 장기간 보관이 가능합니다. 이만한 것이 없었죠.

스팸이 글로벌 시장으로 확산한 이유를 알기 위해서는 우선 제2차 세계대전 당시의 전황을 알아야 합니다. 제2차 세계대전 발발 초기 독일은 유럽 서부지역을 싹쓸이합니다. 이때 연합군 일원이었던 영국도 큰 타격을 입었죠. 이후 독일은 동쪽으로 눈을 돌립니다. 동부전선에서는 소련과 맞닥뜨립니다. 소련은 힘겹게 유럽의 동부를 지켰죠. 소련은 영국과 미국에 서부 유럽을 공략해달라고 종용합니다.

독일을 사이에 두고 서부에서는 영국과 미국이, 동부에서는 소련이 협공하면 승산이 있다고 판단했기 때문입니다. 하지만 독일에 심하게 두들겨 맞은 영국은 서부를 공략할 여력이 없었습니다. 미국의 경우 제2차 세계대전 참전이 늦었습니다. 그러다 보니 소련만 '독박'을 쓰고 있었던 셈입니다. 소련에 대해 미안함이 있었던 미국은 뒤늦게 참전한 대신 보급품을 대규모로 지원합니다. 그중 하나가 스팸입니다.

스팸은 미군의 전투식량으로 채택되면서 어마어마한 양이 전장에 투입됩니다. 독일과의 전쟁으로 황폐해진 영국에도 스팸은 대량으로 살포됩니다. 소련이 버티고 있는 동부전선도 마찬가지입니다. 전장에서 섭취할수 있는 거의 유일한 육류였던 스팸은 그렇게 유럽 지역에 무차별적으로 뿌려집니다. 호멜사는 쾌재를 불렀겠죠. 그때 판매된 스팸의 개수만 해도 1억 개가 넘는다고 합니다.

당시 호멜사는 스팸을 제조하는 즉시 군용으로 먼저 수출하고 나머지를 내수용으로 돌려야 했습니다. 워낙 많은 양이 나가다 보니 통조림을 만들 주석이 부족할 정도였죠. 그래서 내수용은 유리병에 담아 판매해야 했을 정도였다고 합니다. 그만큼 스팸은 큰 성공을 거둡니다. 스팸은 제2차 세계대전 당시 연합군에 육류를 효율적으로 공급해 전쟁을 승리로 이끌었다는 평가까지 받습니다.

> "감사하오. 하지만 너무 많이 보내 고역이었소."

제2차 세계대전이 끝난 이후 유럽전선 총사령관 미국 육군 원수 아이젠하워Dwight David Eisenhower, 1890~1969 장군은 호멜에 감사장을 보냈습니다. 소련 공산당 서기장 흐루쇼프Nikita Sergeyevich Khrushchev, 1894~1971도 회고록을 통해 "스팸이 없었다면 우리 군에 식량을 대지 못했을 것이다"라고 언급할 만큼 스팸의 위력은 대단했습니다. 병사의 개인적인 취향이나 제품의 질을 떠나 스팸은 전장의 병사들에게 중요한 단백질 공급원이 됐던 겁니다.

하지만 부작용도 있었습니다. 스팸을 전장에 보내도 너무 많은 양을 보낸 겁니다. 다른 물자는 부족한데 스팸만 넘쳐나다 보니 병사들은 스팸에 질렸습니다. 심하게 짜고 기름진 스팸을 어쩌다 한 번이면 몰라도 매일 삼시세끼 먹는다는 건 고역이었습니다. 게다가 먹어도 먹어도 계속 보급이 되니 죽을 맛이었죠. 아이젠하워 장군도 앞서 말씀드린

아이젠하워 장군이 호멜사에 보낸 감사 편지(사진 Hormel Food 125주년 기념 홈페이지). 붉은 박스 안에는 스팸을 보내준 것에 대한 감사와 함께 너무 많이 보내서 고역이었다는 내용도 담겨 있다.

호멜에 보낸 감사장에서 "너무 지나치게 많이 보낸 당신들에게도 잘못이 있다"고 할 정도였으니까요.

스팸은 전장에서 다양한 용도로 사용됐다고 합니다. 참호 안에 물이 차올라 늘 발이 젖어있던 병사들은 남아도는 스팸을 참호 밑에 깔아 발판으로 사용했다는 이야기도 있습니다. 또 스팸에 불을 붙여서 사용했다는 이야기도 있죠. 사실 여부는 확인할 수 없지만 그만큼 스팸이 대량으로 공급됐다는 방증일 겁니다. 아무튼 제2차 세계대전을 계기로 스팸은 전 세계에 이름을 알렸고 이제는 전 세계 43개국에서 판매되고 있습니다.

미군이 가는 길이 곧
스팸 로드

▶▶ 미군이 가는 곳엔 늘 스팸이

제2차 세계대전을 통해 저변을 넓힌 스팸은 이후에도 미군이 가는 곳마다 따라다녔습니다. 미군의 주요 보급품 중 하나였기 때문입니다. 제2차 세계대전 이후 벌어진 한국전쟁, 베트남전쟁 등은 물론 해외 미군 기지가 있는 곳이면 어디든 스팸이 있었죠. 우리나라에도 한국전쟁 당시 미군을 통해 스팸이 유입됐습니다. 호멜사 홈페이지에 소개된 스팸 판매 지역 지도를 살펴보면 미군이 참전했던 지역이나 미군이 주둔하고 있는 곳이 많습니다. 본의 아니게 미군이 '스팸 전도사'가 된 셈입니다.

스팸은 전 세계로 퍼져가면서 각 나라의 음식들과 접목돼 그 나라의 음식으로 뿌리내리거나, 새로운 음식으로 재탄생했습니다. 대표적인 것이 우리나라의 부대찌개입니다. 한국전쟁 당시 먹을 것이 귀했던 우리 국민은 미군 부대를 통해 암암리에 흘러나온 스팸과 소시지 등을 가져다 찌개를 끓였습니다. 이후 여기에 갖가지 양념 등이 추가되면서 지금의 부대찌개가 된 겁니다.

스팸은 지금도 부대찌개의 주재료 중 하나입니다. 이제는 우리 음식으로 완전히 정착했다고 해도 과언이 아닙니다. 이뿐만이 아닙니다. 스팸은 유독 우리나라에서 큰 인기를 끌었는데요. 스팸의 짭짤한 맛과 쌀밥이 기가 막힌 조화를 이루면서 한국인의 입맛을 사로잡았기 때문입니다. 심지어 김치와도 잘 어울립니다. 현재 우리나라는 미국에 이어 스팸 판매량 2위 국가입니다.

사실 스팸은 고향인 미국에서는 이제 그다지 큰 인기를 끌지 못하고 있습니다. 물론 여전히 탄탄한 수요층이 있기는 합니다. 하지만 미국에서 스팸은 주머니 사정이 어렵거나 유난히 스팸을 좋아하는 사람이 아니고는 잘 사 먹지 않는 식품이라고 합니다. 값싸고 영양 성분도 별로인 식품 정도로 인식하는 탓에 부모들은 아이에게 굳이 스팸을 먹이려 하지 않는다고 합니다.

그래서일까요. 미국에서는 한국인의 스팸 사랑을 의아하게 생각합니다. 심지어 명절용 고급 선물 세트로 활용되고 있다는 사실에 대해 무척 신기하다는 반응입니다. 「뉴욕타임스」 등 미국 언론에서도 여러 차례 한국인들의 스팸 사랑을 집중적으로 보도한 바 있습니다. 호멜사로서는 한국이 참 고마울 겁니다.

호멜사의 한국 사랑은 그들의 공식 홈페이지에 잘 드러나 있습니다. 호멜은 홈페이지에 스팸을 활용한 여러 레시피 중 하나로 부대찌개를 맨 먼저 소개하고 있습니다. 그곳에 소개된 부대찌개의 미국명은 'SPAM® Classic Budae Jjigae Army Stew'입니다. 상세한 레시피를 소개하고 직접 만들어 본 사람들이 별점을 매기도록 하고 있는데요. 부대찌개는 5점 만점에 4.9점을 기록하고 있습니다.

이 밖에도 일본에는 주먹밥인 '스팸 오니기리'가 있고, 중화권에서는 대만이나 홍콩에서 쉽게 만나볼 수 있다고 합니다. 뜻밖에 유럽에서는 영국에서 판매량이 꽤 많다고 하는데요. 자세한 이야기는 뒤에서 설명하겠습니다. 스팸을 활용한 요리 중 부대찌개처럼 유명한 것은 '무스비'가 있습니다. 일본 주먹밥의 영향을 받아 하와이에서 만든 요리인데 밥 위에 구운 스팸을 얹고 김으로 싼 음식입니다.

하와이는 미국 내에서도 스팸 소비량이 엄청난 곳으로 유명합니다. 맥도날드, 버거킹 같은 햄버거 프랜차이즈 업체도 하와이에서는 스팸을 넣은 햄버거를 개발해 판매할 정도니까요. 이 밖에 괌도 스팸 소비가 많은

SPAM

SPAM VARIETIES | RECIPES | ABOUT | SIZZLE | MUSEUM | SHOP | GLOBAL

SPAM® Classic Budae Jjigae Army Stew

★★★★★ 4.9 26 Reviews WRITE A REVIEW

This Korean hot pot favorite is the whole kit and canoodle. It's a flavorful medley of ramen noodles, meats, beans, tofu and veggies simmering in a savory chicken broth. Get jjigae with it.

🕐 30 min   🍴 4 servings   📋 16 ingredients

호멜사 홈페이지에 소개된 부대찌개.

곳입니다. 이들은 모두 태평양전쟁 당시 미군 주둔지라는 공통점이 있습니다. 스팸과 미군은 정말 떼려야 뗄 수 없는 관계인가 봅니다.

▶▶ 무차별적으로 발송하는 광고·홍보 메일이 스팸인 이유

스팸을 이야기할 때 늘 따라붙는 것이 있습니다. '스팸 메일'입니다. 다수에게 일방적으로 보내는 광고나 홍보성 메일, 문자에 왜 '스팸'이 붙었을까요? 그 이유를 설명하려면 다시 제2차 세계대전으로 돌아가야 합니다. 이번 무대는 제2차 세계대전 당시의 영국입니다. 제2차 세계대전으로 영국은 아주 박살이 납니다. 전쟁 초기 독일과의 전쟁에서 고전한데다 전쟁에 국가의 재정을 쏟아붓는 바람에 나라 전체가 휘청거렸습니다. 특히 식량난이 심각했죠. 가뜩이나 척박한 영국 땅에서 그나마 쉽게 재배해 먹을 수 있는 작물은 감자뿐이었습니다. 이때 연합국의 일원인 미국이 등장합니다. 당시 미국 대통령이던 루스벨트Franklin Roosevelt, 1882~1945는 대(對)연합국 물자지원 계획을 발표합니다.

영국은 이때 미국의 도움을 많이 받습니다. 특히 식량 수급 측면에서 미국에 많이 의존합니다. 당시 미국이 영국에 보낸 식량 중 하나가 바로 스팸입니다. 미국은 정말 영국에 차고 넘칠 만큼 스팸을 공급합니다. 영국민도 처음에는 좋아했습니다. 만날 감자만 먹다가 고열량 단백질 통조림을 만났으니 얼마나 좋았겠습니까? 하지만 입맛에도 한계효용의 법칙은 작용합니다.

처음에는 아무리 맛있어도 자꾸 먹다 보면 질립니다. 인간의 입맛은 그렇게 간사합니다. 영국은 전쟁 중은 물론 전쟁이 끝난 이후에도 국가에서 식

제2차 세계대전으로 심각한 식량난을 겪던 영국에 미국은 '대(對)연합국 물자지원 계획'에 따라 차고 넘칠 만큼 많은 스팸을 공급했다. 당시 영국에는 스팸이 넘치다 못해 남아돌아 영국민이 스팸 이야기만 들어도 진저리를 칠 지경이었다. 이때부터 스팸이라는 단어에는 '원하지 않는데 잔뜩 들어오는 물건'이라는 의미가 추가됐고 스팸 메일, 스팸 문자 등에 사용하기 시작했다.

량을 배급했습니다. 배급에서 스팸이 빠지는 법은 없었습니다. 그러다 보니 스팸은 차고 넘쳤고 영국민은 스팸이라면 기겁할 지경에 이르게 되죠. 당시 영국을 '스팸 랜드'라고 부를 정도였다니 영국에 얼마나 많은 스팸이 공급됐는지 짐작이 될 겁니다.

이처럼 스팸에 질린 영국민의 생각을 잘 표현한 TV 프로그램이 하나 있습니다. 영국을 대표하는 전설적인 코미디 그룹인 '몬티 파이선(Monty python)'이 연기했던 〈몬티 파이선의 날아다니는 서커스(Monty python's Flying Circus)〉입니다. 이 프로그램은 BBC에서 1969~1974년까지 총 45회 방송됐습니다. 영국 사회의 부조리를 잘 표현한 블랙 코미디 프로그램으로 유명합니다.

스팸 메일의 기원에 대해서는 여러 가지 설이 있습니다. 이중 〈몬티 파이선의 날아다니는 서커스〉 25회 '스팸' 편에서 나왔다는 것이 정설로 여겨집니다. 한 부부가 식당에서 음식을 주문합니다. 그러자 종업원이 가능한 메뉴를 불러줍니다. 총 10개인데 그중 8개에 스팸이 들어갑니다. 계란과 베이컨과 스팸, 계란과 베이컨과 소시지와 스팸, 스팸과 베이컨과

〈몬티 파이선의 날아다니는 서커스〉 25회 '스팸' 편에 나오는 스팸 일색의 메뉴판.

소시지와 스팸'……. 그만큼 당시 영국에는 스팸이 넘치다 못해 남아돌아 영국민이 '스팸' 소리만 들어도 진저리를 쳤다는 것을 우회적으로 표현한 겁니다. 이때부터 스팸이라는 단어에는 '원하지 않는데 잔뜩 들어 오는 물건'이라는 의미가 추가됐고 스팸 메일, 스팸 문자 등에 사용하기 시작했다고 합니다. 스팸은 단순한 식품이 아닌 당시의 시대 상황을 투영한 상징적인 제품인 듯합니다.

➤➤ 스팸 덮밥에 런천미트가 나왔다면?

대형마트에 스팸이 놓인 매대에서 '런천미트'라는 것을 보신 적 있을 겁니다. 얼핏 보기에는 스팸이나 런천미트나 비슷합니다. 그런데 자세히 살펴보면 가격 차이가 꽤 납니다. 스팸이 훨씬 비쌉니다. 사실 런천미트 (luncheon meat)의 범위는 매우 넓습니다. 런천미트는 미리 조리해 데우지 않고 바로 얇게 썰어서 먹을 수 있는 고기류를 통칭하는 콜드 컷(cold cut)

스팸은 조리되어 있어 데우지 않고 바로 먹을 수 있는 고기를 뜻하는 런천미트의 한 종류다. 시중에 판매되는 스팸과 런천미트에는 몇 가지 차이가 있는데, 스팸은 주재료가 돼지고기이고 런천미트는 돼지고기와 닭고기를 섞어 만든다. 또한 런천미트는 스팸보다 전분 함량이 높다.

에 속합니다. 주로 샌드위치나 빵에 넣어 점심으로 손쉽게 먹을 수 있어 런천미트 혹은 런치미트(lunch meat)라고도 불리죠. 스팸도 런천미트의 한 종류입니다. 다시 말해 런천미트가 더 큰 의미고 스팸은 그 안에 포함되는 겁니다. 다만 현재 시중에서 판매되는 스팸과 런천미트에는 분명한 차이가 있습니다. 가장 큰 차이는 주재료와 그 비율입니다.

스팸의 경우 주재료가 돼지고기입니다. 함량도 90%가 넘습니다. 반면 런천미트에는 돼지고기뿐만 아니라 닭고기가 섞여 있습니다. 스팸보다 돼지고기 함량을 낮추고 대신 그 자리를 닭고기로 채운 겁니다. 아울러 런천미트는 밀가루나 전분의 함량이 높습니다. 요약하면 스팸은 런천미트의 고급 버전입니다. 스팸을 비롯해 '리챔', '로스팜' 등의 통조림 햄은 스팸과 같은 고급형 런천미트입니다.

그런데 왜 고급형 런천미트에는 모두 다른 제품명을 붙였을까요? 런천미트는 누구나 쓸 수 있는 '일반명사'이기 때문입니다. '초코파이'라는 제품명을 오리온도 쓰고 롯데제과도 쓰는 것과 마찬가지입니다. 하지만 스팸, 리챔 등은 '고유명사'입니다. 따라서 CJ제일제당도 동원F&B도 고급 런천미트에는 스팸, 리챔이라는 고유명사를, 일반 런천미트는 그냥 런천미트라고 이름 붙여 판매합니다.

스팸과 런천미트는 맛에서도 차이가 납니다. 스팸의 경우 돼지고기와 지방으로 이뤄져 훨씬 기름지고 맛의 풍미가 깊습니다. 반면 런천미트는 돼지고기 함유량이 스팸에 비해 적기 때문에 풍미가 떨어집니다. 여기에 밀가루와 전분의 함유량이 많아 맛은 '그냥 햄' 정도입니다. 따라서 술집에서 스팸 안주를 시켰는데 런천미트가 나왔다면, 당당히 항의하셔도 됩니다. 스팸과 런천미트는 엄연히 다르니까요.

1-3

'양날의 검'이 된 짠맛

> ➤➤ **폭발적인 짠맛 덕분에 전 세계로 확산**

스팸은 짭니다. 짜도 너무 짭니다. 스팸을 떠올리면 '짜다'는 생각부터 납니다. 최근 들어 덜 짠 스팸이 나오고는 있지만 그래도 여전히 짭니다. 짠맛 탓에 스팸을 꺼리는 분도 많습니다. 당연합니다. 짠맛이 건강에 좋을리는 만무하니까요. 짜다는 것은 그만큼 소금이 많이 들어갔다는 것을 의미합니다. 소금은 우리 몸을 유지하는데 필수 불가결한 성분입니다. 하지만 많이 섭취하면 심각한 부작용이 일어납니다.

하지만 여기서 스팸을 위한 변명을 좀 해볼까요? 결론적으로 이야기하면 스팸은 짤 수밖에 없습니다. 스팸이 짤 수밖에 없는 이유는 스팸의 탄생 과정을 살펴보면 이해가 됩니다. 스팸은 통조림 햄의 일종입니다. 오랜기간 보관해야 합니다. 오랫동안 보관하려면 염분이 필수입니다. 몽골군이 고기를 염장해 육포로 만들어 먹으면서 유럽을 휩쓸었던 일화는 유명합니다.

스팸도 마찬가지입니다. 오랜 기간 보관하려면 염도가 높아야 합니다. 스팸이 제2차 세계대전 당시 맹활약했던 사실을 떠올리면 이해가 훨씬 쉬우실 겁니다. 총알이 빗발치는 전장에서 정해진 시간에 식사한다는 것은 어림없는 일입니다. 언제든 틈날 때 먹어야 합니다. 전쟁터에서 식품의 유통기한은 길수록 좋죠.

스팸이 미군의 비상식량으로 채택된 것도 이런 탁월한 보관성 덕분입니다. 염도가 높고 보관이 쉽다 보니 군인의 식량으로 제격이었습니다. 더불어 치열한 전투로 지친 몸에 염분을 공급하는 역할도 담당했습니다. 그러다 보니 스팸은 짜야 했습니다. 숙명이었던 셈입니다. 하지만 시간이 지나고 높은 염분이 건강에 치명적이라는 사실이 밝혀지면서 스팸의 짠맛은 기피 대상이 됩니다.

하지만 아이러니하게도 스팸의 짠맛은 스팸이 세계 각국에서 여전히 인기를 끄는 이유이기도 합니다. 우리나라를 예로 들어볼까요? 우리의 주식은 쌀입니다. 심심한 쌀밥은 기본적으로 짭짤한 반찬과 잘 어울립니다. 우리나라 음식이 대부분 염도가 높은 것도 이 때문입니다.

스팸이 우리나라에서 큰 인기를 끌고 있는 이유입니다. 오랜 시간 쌀밥과 짭짤한 반찬에 길들여 있었던 우리 소비자들에게 스팸의 짠맛은 큰 거부감이 없었던 거죠. 게다가 어찌 됐건 '고기'입니다. 전쟁 등을 거치면서 어렵게 살았던 우리 국민의 뇌리에 고기는 여전히 특별합니다. 스팸은 짭짤하게 조미된 고기입니다. '따뜻한 밥에 스팸 한 조각'. 한국인에게는 침이 고이는 조합입니다.

▶▶ 저염식 열풍에 지탄받는 스팸의 짠맛

문제는 짠맛의 주범인 나트륨입니다. 스팸에는 100g당 1080mg의 나트륨이 함유돼 있습니다. 성인의 하루 권장 나트륨양이 2000mg인 것을 고려하면 엄청난 양입니다. 스팸 100g을 먹으면 하루에 필요한 나트륨양의 절반을 먹는 셈이니까요. 그나마 한국산 스팸은 미국산 스팸보다 나트륨 함유량이 적은 편입니다. 미국산 스팸의 경우 112g당 1580mg의 나트륨이 포함돼 있습니다.

이뿐만이 아닙니다. 지방은 100g당 31g, 포화지방은 11g이 포함돼 있습니다. 각각 하루 권장량의 57%, 73%에 달합니다. 스팸을 먹으면 나트륨과 포화지방을 상당량 먹게 된다는 이야기입니다. 나트륨과 지방이 많이 함유된 만큼 건강에는 그다지 유익하지 않을 것으로 보입니다. 스팸의 본고장인 미국에서도 스팸을 꺼리는 이유이지요.

CJ제일제당도 이런 점을 알고 있습니다. 그래서 2020년 '스팸 마일드'의 나트륨 함량을 100g당 510mg으로 줄여 리뉴얼했습니다. 510mg은 국내 캔 햄 시장점유율 상위 3개 제품의 나트륨 평균보다 25% 이상 낮은 수치입니다. CJ제일제당도 '스팸=짜다'는 소비자의 인식을 바꾸고 싶을 겁니다. 최근 들어 나트륨 저감을 통한 건강한 식생활이 강조되다 보니 CJ제일제당도 많은 고민을 했던 것으로 보입니다.

▶▶ 돼지고기 함유량 92.44%의 비밀

그렇다면 스팸에는 어떤 것들이 들어 있을까요? 그래서 한번 후벼 파봤습니다. 스팸의 캔 뚜껑을 열 때의 복잡한 심경. 맛은 있는데 건강에는 왠지

스팸 원재료 및 영양정보

원재료 및 함량

돼지고기 92.44%

(지방일부사용/외국산: 미국, 스페인, 캐나다, 국산 등), 정제수, 정제소금(국산), 백설탕, 카라기난, 비타민C, 혼합제제(폴리인산나트륨, 피로인산나트륨, 메타인산나트륨), 아질산나트륨(발색제)

영양정보 총 내용량 340g(100g 당 340kcal)
나트륨 1080mg(54%), 탄수화물 2g(1%), 당류 2g(2%), 지방 31g(57%), 트랜스지방 0g, 포화지방 11g(73%), 콜레스테롤 60mg(20%), 단백질 13g(24%)

스팸 클래식 캔 뒷면에 표기된 원재료 및 영양정보.

좋지 않을 것 같은, 그러면서도 나도 모르게 집어 들게 되는 묘한 중독성의 기저에는 어떤 것들이 있는지 한번 알아봐야겠습니다. 적어도 스팸에 무엇이 들었고 그중 무엇이 우리 건강에 좋지 않다는 것인지는 알아야하니까요.

일단 기준으로 삼은 제품은 스팸하면 떠올리는 가장 기본적인 맛의 스팸 클래식(300g)입니다. 옆면을 보면 원재료 및 함량은 물론 영양성분에 관해 설명돼 있습니다. 우선 원재료 및 함량입니다. 가장 많이 사용된 것은 단연 돼지고기입니다. 돼지고기 함유량이 92.44%에 달합니다. 그런데 여기에 함정이 있습니다. 돼지고기 함유량이 92.44%라고 해서 여러분이 생각하시는 것처럼 92.44%가 모두 살코기는 아닙니다. 이중 상당량은 돼지 지방입니다. 스팸이 부드러운 건 돼지 지방 때문입니다.

스팸에 사용된 돼지고기는 미국, 스페인, 캐나다, 국산이 섞여 있습니다. 국산 돼지고기는 외국산보다 비쌉니다. 짐작건대 국산은 국산 돼지 지방을 사용한 것을 이렇게 표기한 것으로 보입니다. 국내 「식품위생법」상 육가공품에 돼지 살코기 60%, 돼지 지방 30%를 사용했다고 해도 표기는 '돼지고기 90%'로 할 수 있습니다.

참! 스팸 캔뚜껑을 따면 가장자리에 젤리 같은 것이 맺혀있습니다. 이것은 지방과 육즙, 뒤에 설명할 다양한 조미료들이 합쳐진 것입니다. 맛을 보면 입에 착 붙습니다. 아무튼 스팸에는 돼지고기와 함께 다량의 돼지 지방이 함유돼 있다는 사실을 잊지 마세요.

스팸은 고열량 제품입니다. 돼지고기와 돼지 지방이 주원료이기 때문이죠. 스팸의 열량은 100g당 340kcal입니다. 따라서 300g 한 통을 다 먹으면 1020kcal를 섭취하게 됩니다. 성인(남성) 1인당 하루에 필요한 열량 기준은 2500kcal입니다. 스팸 300g 한 통이면 하루에 필요한 열량의 약 절반가량을 먹는 겁니다. 제2차 세계대전에서 스팸이 맹활약한 이유를 또 하나 알게 됐습니다.

▶▶ 스팸에 들어 있는 6가지 식품첨가물

다음은 스팸에 포함된 첨가물들을 살펴볼 차례입니다. 스팸 캔 옆면에는 각종 첨가물이 좍 적혀있습니다. 스팸에 들어가는 첨가물은 총 6가지입니다. 폴리인산나트륨(Sodium Polyphosphate), 피로인산나트륨(Sodium Pyrophosphate), 메타인산나트륨(Sodium Metaphosphate), 카라기난(carrageenan), 비타민C, 아질산나트륨(sodium nitrite) 등입니다. 우선 스팸 캔에는 혼합제로 폴리인산나트륨, 피로인산나트륨, 메타인산나트륨이 적혀 있습니다. 이들은 산도조절제입니다. 즉 식품의 산도를 적절한 범위로 조정하는 식품첨가물입니다. 이들은 보존 효과를 높이기 위해 사용합니다. 더불어 식품의 색과 산화 방지에도 영향을 미칩니다. 산도조절제는 면이나 치즈, 발효유 등에도 많이 쓰입니다.

폴리인산나트륨의 경우 돈가스와 같은 튀김류를 바삭하게 만들거나 햄, 소시지 등의 육가공품과 어묵, 맛살, 치즈 등의 식품을 탱탱하고 쫄깃하게 해주는 작용을 합니다. 이뿐만이 아닙니다. 식품의 결착력을 높이고 미생물 번식을 억제하는 것은 물론 맛을 좋게 하는 역할도 하죠. 피로인산나트륨과 메타인산나트륨도 마찬가지입니다. 이들은 모두 '인산염'에 속합니다.

다음으로 카라기난이 있습니다. 카라기난은 유화제입니다. 스팸의 원재료를 보면 돼지고기와 정제수가 함께 들어가 있다고 씌어있습니다. 상식적으로 물과 지방은 섞이지 않습니다. 그런데 카라기난이 들어가면 이들을 잘 섞이게 해 하나의 형태로 유지해줍니다. 김이나 우뭇가사리와 같은 홍조류에서 추출합니다. 푸딩, 젤리, 잼, 아이스크림, 요구르트, 두유, 초코우유 등에 사용합니다. 햄과 소시지도 물론이고요.

뜬금없이 등장한 비타민C도 다 역할이 있습니다. 산화를 방지해 품질저하를 막아주는 산화방지제입니다. 이제 스팸에서 가장 문제가 되는 아질산나트륨 이야기를 할 차례입니다. 아질산나트륨은 발색제입니다. 우리가 접하는 햄과 소시지류가 붉은색을 띠는 것은 모두 아질산나트륨 때문입니다. 먹음직스러운 색을 내주는 역할이죠. 아울러 상품의 유통을 위한 보존료로도 사용합니다. 대부분의 육가공품에 쓰입니다.

▶▶ 건강에 해로운 첨가물은 몇 가지?

그렇다면 이들 식품첨가물이 모두 건강에 좋지 않은 것일까요? 꼭 그렇지는 않습니다. 식품의 보관, 유통 등을 위해 반드시 필요한 첨가물도 있죠.

반면 건강에 위협이 되는 첨가물들도 있습니다. 우리 몸에 좋지 않은 첨가물을 알아보기 위해서는 일단 기준이 필요합니다. 여기에서는 EWG 기준을 사용할까 합니다.

EWG는 'Environmental Working Group'의 약자로 미국의 공신력 있는 비영리 환경시민단체입니다. 8만 개 이상의 상품 분석 데이터와 2억 5000여 개의 연구 조사 결과를 바탕으로 안전한 식품 성분을 설명, 안내하고 있습니다. EWG에서는 'Food Score(식품 점수)'를 매깁니다. 특히 식품첨가물에 대해서는 체내에서 일으키는 부작용을 종합해 위험도에 따라 4가지로 분류해 표시합니다.

EWG의 식품첨가물 위해등급은 No Concern(무위험), Lower Concern(저위험), Moderate Concern(중위험), Higher Concern(고위험)으로 나뉩니다. 이중 문제가 되는 등급은 중위험과 고위험입니다. 중위험은 호흡기나 피부 염증과 같이 심각하지만 회복될 수 있는 신체적 불편함과 피부와 호흡기 알레르기 반응을 유발하는 경우입니다. 고위험은 암, 천식 등 치명적인 전신질환과 내분비계 교란, 발달 문제, 생식 문제를 포함한 악영향, 피부에 영구적인 손상 등을 줄 때 매겨집니다.

스팸에 포함된 식품첨가물의 경우 무엇이 어떤 등급을 받았을까요? 산도조절제인 폴리인산나트륨, 피로인산나트륨, 메타인산나트륨은 모두 중위험에 속합니다. 하지만 소화기관에 자극을 주는 첨가물인 만큼 섭취에 주의가 필요합니다. 카라기난은 저위험, 비타민C는 예상대로 무위험군에 속합니다. 참 다양하죠?

문제는 아질산나트륨인데요. 아질산나트륨은 EWG 등급에서 고위험군에 속합니다. 실제로 아질산나트륨은 세계보건기구 산하 국제암연구소

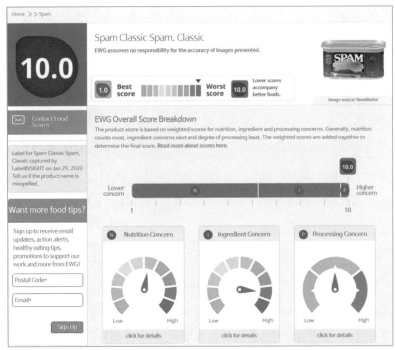

EWG에서 살펴본 스팸 클래식의 식품 점수. 1부터 10까지 있으며 숫자가 높을수록 건강에는 좋지 않은 음식이라는 의미다(사진 EWG 홈페이지).

(IARC)에서 '발암 가능성 있음'으로 분류하고 있습니다. 아질산나트륨은 자칫하면 사망에 이를 수 있을 정도로 치명적인 첨가제입니다. 그래서 우리나라에서도 제품별로 사용량을 엄격히 제한하고 있습니다. 우리나라의 기준은 해외와 비교하면 엄격한 편이라고 합니다. 참! 아질산나트륨의 순기능도 있습니다. 보툴리누스 식중독을 일으키는 박테리아의 성장을 막아준다고 합니다. 쓰기도 안 쓰기도 참 애매합니다.

1-4

스팸,
'따뜻한 밥'과
이별을 선언하다!

➤➤ 스팸은 어쩌다 과거 한국에서 부유층의 상징이 되었을까?

드라마 〈응답하라 1988〉에서 많은 사랑을 받았던 캐릭터 정봉이를 기억하시나요? 당시 정봉이의 연기 중에 폭소를 자아냈던 장면이 있습니다. 이른바 '스팸 먹방'으로 불리는 내용인데요. 정봉이는 긴장한 표정으로 스팸 통조림 캔을 한땀 한땀 돌려 땁니다. 예전 스팸은 철제 고리를 걸어 돌려 따야 했습니다. 그리고서는 숟가락으로 스팸을 한 입 크게 떠먹고 감동합니다. 이 스팸은 정봉이의 어머니인 라미란 여사가 큰맘 먹고 사둔 건데요. 이를 정봉이가 몰래 빼돌려 혼자 먹는 장면이라는 점에서 큰 웃음을 줬습니다.

요즘 스팸은 소비자에게는 '국민 반찬' 정도로 여겨집니다. 물론 끼니마다 먹을 수 있을 정도로 저렴한 편은 아닙니다. 하지만 그렇다고 해서 부담스러울 정도로 비싸지도 않습니다. 그래서 명절 선물로도 각광 받고 있고요. 부담 없이 주고 받을 수 있는 '실속형' 선물로 제격입니다. 그런데 과거에는 왜 스팸이 그처럼 고급 제품으로 여겨졌을까요? 단순히 먹고살기 어려웠던 시절에 스팸 같은 가공육 제품이

드라마 <응답하라 1988>에서 스팸이 나오는 장면.

흔하지 않았기 때문일까요? 아니면 선진국인 미국에서 들어온 제품은 무조건 좋을 거라는 '선입견' 때문이었을까요?

1989년 국내 한 매체가 소개한 미국 「월스트리트저널」 기사를 한 번 살펴보겠습니다. 우리에게 반가운 기사는 아니지만, 당시 분위기를 엿볼 수 있는 자료입니다. 제목부터가 '창피한 외제 음식 선호'입니다. 「월스트리트저널」은 "한국인들은 요즘 외제 식품인 스팸을 즐겨 찾는다. 그것은 한국인이 가난해서가 아니라 이제는 가난을 벗어났기 때문"이라고 꼬집었습니다. 미국이나 유럽에서는 값싼 통조림 식품을 한국에서는 부유층의 상징처럼 생각하고 있다는 조롱 섞인 기사입니다.

기사는 스팸이 '대접(?)'받는 이유를 이렇게 분석합니다. 우선 외제 식품이면 무조건 고급이라는 잘못된 인식 때문이라는 지적입니다. 여기에 더해 외국 제품을 수입·판매하는 국내 기업의 '광고 작전'에서도 비롯됐다고 분석했는데요. 당시 제일제당은 스팸 전체 판매액의 30%를 광고비로 할당할 정도로 대대적인 마케팅을 펼쳤다고 합니다. 이를 통해 제일제당

이 판매를 시작한 1987년에는 애초 예상치보다 3배 이상인 500톤을 팔아 치웠고, 다음 해인 1988년에는 판매액이 두 배로 늘었습니다.

▶▶ 소비자들의 잘못된 인식을 사업 기회로 삼아

당시 우리나라에서는 스팸이 미국에서 들여온 고급 제품이라는 인식이 있었다고 합니다. 미군 부대 등에서 구할 수 있는 사람만 맛볼 수 있는 일종의 특권층 음식이었던 겁니다. 제일제당은 이런 점에 착안해 발 빠르게 움직였습니다. 1986년 스팸을 생산하는 미국 호멜사와 제휴를 맺고 다음 해부터 제품을 본격적으로 생산·판매하기 시작했습니다. 앞서 소개한 외신 기사는 스팸을 고급 제품으로 여기는 게 '소비자들의 잘못된 인식' 때문이라고 탓했는데요. 제일제당은 이를 되레 사업의 기회로 삼은 셈입니다.

제일제당이 당시 신문 등에 내놨던 광고에도 이런 점이 잘 드러납니다. 광고에는 "세계적인 명성, 세계적인 품질!"이라는 홍보 문구가 가장 눈에 띕니다. 제일제당은 "올림픽 공식 햄의 긍지로 만드는 스팸, 가까운 수퍼에서 손쉽게 구입하세요"라고 설명하고 있습니다. 그간 쉽게 구하기 어려웠던 고급 제품을 이제는 누구나 동네 슈퍼마켓 등에서 구입할 수 있나고 강조합니다. 요즘으로 치면 해외 여행을 가야 살 수 있던 '희귀템'을 동네 편의점에서 구입할 수 있게 된 셈이죠. 물론 가격은 조금 비싸겠지만요.

그간 특권층만 누릴 수 있던 스팸은 제일제당이 판매한 뒤부터는 비싸지만 살 수 있는 음식이 됐습니다. 〈응답하라 1988〉에는 이런 장면도 나옵니다. 극 중 선우 엄마는 친정엄마가 갑작스럽게 방문한다는 전화를 받고는 급하게 정봉이네 집으로 달려가 스팸을 빌려 갑니다. 어렵게 사는 모습을 어머니에게 보여주고 싶지 않은 마음에서 비롯된 행동이었는데요. 당시 스팸이 서민들에게 어떤 존재였는지 가늠해볼 수 있는 장면입니다. 쉽게 구매하기는 여전히 어려웠지만, 여유 있는 이웃집에서 빌릴 수 있을 정도는 된 듯합니다.

▶▶ 한국 경제사가 녹아든 상징적인 명절 선물

CJ제일제당은 이후 스팸의 고급 이미지는 유지하면서도 수요층을 차츰 확대하는 마케팅 전략을 썼습니다. 우선 1990년대에 들어서면서 CJ제일제당은 스팸을 명절 선물 아이템으로 내세웠습니다. 사실 그전에도 스팸은 명절에 직장 상사에게 주는 선물 중 하나로 여겨졌습니다. CJ제일제당은 이런 점에 착안해 아예 명절용 선물 세트를 만들어 소비자를 끌어들이기 시작한 겁니다.

스팸 선물세트가 처음부터 크게 인기를 끌었던 것은 아닙니다. 하지만 1997년 IMF 사태가 터지면서 스팸이 주목받기 시작했습니다. 스팸이 '실속형 중저가 선물세트'로 자리매김하게 된 건데요. 10년 전까지만 해도 '고급 선물'이었던 제품이 이번에는 '실속형 제품'으로 탈바꿈하면서 저변 확대에 나선 겁니다.

이른바 IMF 체제에서 처음 맞게 된 추석은 1998년입니다. 당시 LG백화점이 수도권 주부를 대상으로 조사한 결과 적당한 선물 비용을 3만~5만원대라고 대답한 비율이 39.6%로 가장 많았다고 합니다. IMF로 지갑이 얇아진 때였습니다. 이때 스팸 선물세트는 2만 원대에 팔렸는데요. 명절에

CJ제일제당이 2020년 추석에 내놓은 선물세트(사진 CJ제일제당). 스팸은 서구에서는 저가의 캔 햄
으로 인식되지만, 한국에서는 고급스러운 이미지 때문에 명절 대표 선물로 소비되고 있다.

부담 없이 주변 지인들에게 선물할 만한 수준입니다.

이런 전략은 주효했습니다. 2014년 미국 「뉴욕타임즈」가 우리나라의
'스팸 사랑'에 대해서 다뤘는데요. 이 기사에도 명절 선물에 대한 이야기
가 나옵니다. 기사는 "한국에서 스팸의 위상은 남다르다"면서 "특히 명절
에 소중한 사람들에게 전하는 고급스러운 선물세트로 큰 인기를 끌고 있
다"라고 소개합니다.

그만큼 스팸은 이제 우리나라의 상징적인 명절 선물로 자리 잡았다고
볼 수 있습니다. CJ제일제당에 따르면 실제 스팸의 연간 매출에서 명절 선
물세트가 차지하는 비중은 60%가량 된다고 합니다. 이에 따라 CJ제일제

당은 여전히 명절 선물세트 판매에 공을 들이고 있습니다. 명절을 앞두고 광고를 집중적으로 내보내는 경우가 많고요. 2019년 추석에는 스팸을 포함한 선물세트를 130여 종이나 선보였다고 합니다.

▶▶ 국민 밥반찬에서 만능 식재료로 변신 중

CJ제일제당은 2000년대 들어서면서 한 걸음 더 나아갑니다. 스팸을 국민 반찬으로 각인시키기 위한 마케팅에 돌입합니다. 지금 우리가 스팸 하면 가장 먼저 떠올리는 문구가 있죠. "따뜻한 밥에 스팸 한 조각"이라는 광고 문구가 2002년에 처음 등장합니다. 당시 모델은 배우 김원희 씨였습니다.

이 광고는 말 그대로 '신의 한 수'였다는 평가를 듣습니다. 이로써 스팸은 특권층만 구할 수 있는 고급 제품에서 실속형 명절 선물로, 다시 언제나 밥상에 올려놓고 먹을 수 있는 '밥반찬'으로 소비자에게 각인되기 시작합니다.

그런데 "따뜻한 밥에 스팸 한 조각"이라는 광고 문구를 쓴 건 2011년까지였습니다. 이 광고 문구를 쓰지 않은 지가 어느덧 10년이 넘었습니다. 그럼에도 여전히 기억되는 것을 보면 이 광고는 아주 성공적이었다고 평가할 수 있겠습니다.

CJ제일제당은 밥반찬 마케팅이 어느 정도 효과를 거뒀다고 판단했습니다. 이후 다시 선물세트 수요 확대에 나섰는데요. 2018년에는 "어떻게 먹어도 맛있는 맛, 절대 선물세트"라는 문구를 선보입니다. 스팸을 밥반찬뿐만 아니라 다양한 방법으로 요리해 먹을 수 있다는 점을 강조하기 시작한 겁니다. 2020년부터는 "절대 맛 스팸"이라는 슬로건을 내세웠습니다.

CJ제일제당은 2002년 "따뜻한 밥에 스팸 한 조각"이라는 광고 문구를 통해 스팸을 언제나 밥상에 올려놓고 먹을 수 있는 '밥반찬'으로 소비자에게 각인시켰다.

국내 식품 업계에서는 가정간편식(HMR)이 주목받고 있습니다. 집에서 품을 들여 조리해야 하는 다양한 음식을 '간편하게' 해먹을 수 있다는 점에서 소비자들에게 큰 인기입니다. 여기에 코로나19까지 겹치면서 국내 HMR 시장은 폭발적으로 성장 중입니다. HMR 제품들은 주로 국이나 밥반찬인 경우가 많습니다.

이 때문에 소시지나 햄, 참치 등 가공식품의 입지가 예전만 못합니다. 스팸도 마찬가지입니다. "절대 맛 스팸"이라는 슬로건은 이런 흐름에서 나왔습니다. '반찬'으로서의 입지가 흔들린다면, 소비자가 스팸을 반찬뿐만 아니라 다양한 조리법으로 즐길 수 있도록 하겠다는 것이 CJ제일제당의 복안입니다.

▶▶ 식생활 트렌드에 맞춰 스팸의 정체성도 계속 변화

스팸은 다시 변신을 시도하고 있습니다. '국민 밥반찬'에서 '만능 요리 재료'로 말입니다. 다양한 변신을 시도하고 있는 스팸의 마케팅 전략에 대해 좀 더 자세히 듣고 싶었습니다. 그래서 만나봤습니다. 그 주인공은 2007년 스팸 마케팅팀에 합류해 지금까지 스팸 마케팅의 변화를 지켜봐 온 김세원 CJ제일제당 육가공 마케팅 팀장입니다.

Q. 최근에는 어떤 부분에 주안점을 두고 마케팅 활동을 전개하고 있나요?

A. 국내 식품 시장에는 HMR 등 반찬으로 먹을 게 많아지는 추세입니다. 이에 따라 스팸을 반찬뿐만 아니라 간식 등 다양한 용도로 즐길 수 있도록 한다는 게 최근 마케팅 포인트입니다. 2020년 7월부터 "절대 맛 스팸"이라는 슬로건으로 광고하는 것도 이런 마케팅의 일환입니다. 2020년에는 명절 선물세트 판매보다 레시피 확대에 더욱 주력했던 만큼 광고도 오히려 명절을 피해 6~8월 바캉스 시즌에 집중해 내보냈습니다.

내부적으로는 광고 효과가 괜찮다고 판단하고 있습니다. 2019년 58%에서 2020년 59% 정도로 점유율이 높아졌습니다.

Q. 요즘 식품 업계에서는 개성 있는 광고를 하는 사례가 늘고 있습니다. 스팸의 경우 그렇지 않은 것 같습니다.

A. 동원에서 배우 조정석 씨를 발탁해서 재미있게 풀어낸 광고를 인상적으로 봤습니다. 스팸의 경우에는 조금 진중하게 할 필요가 있다고 판단하고 있습니다. 스팸이 정말 맛있다는 점을 강조하는 기본 콘셉트를 버릴 수는 없다는 판단에서죠.

Q. 스팸의 경우 워낙 잘 알려진 제품이라 과연 마케팅 효과가 있을까 하는 생각이 듭니다.

A. 광고 자원을 투입했을 때 매출 신장이라는 재무 성과가 즉각적으로 나타나는 제품은 아닙니다. 신제품의 경우 급격하게 올라가는 경우가 있는데 스팸은 모르는 사람이 거의 없기 때문이죠. 그래서 마케팅을 하는 처지에서 조금 허탈한 면도 있습니다. 하지만 효과가 전혀 없는 것은 아니고 천천히 나타납니다.

Q. 스팸의 주요 고객층은 누구인가요?

A. 아무래도 주부들입니다. 저희가 조사해본 결과 스팸 구매의 주요인 중 하나가 집에서 자녀가 원해서입니다. 주로 자녀가 초등학생부터 고등학생일 때 가장 많이 이용합니다. 초등학교 입학 전에는 가공식품을 잘 안 먹으려 하고, 대학생이 되면 집에서 밥을 안 먹는 경우가 많기 때문입니다.

Q. 최근 마케팅 타깃이 젊은층으로 변화하는 것 같습니다.

A. 스팸 캔 모양의 이어폰 케이스, 스팸 로고를 활용한 무선 충전기 등 젊은 세대를 겨냥한 굿즈를 내놓고 있습니다. 또 레시피 확대를 위해 스팸 모델 유연석 씨와 온라인 쿠킹 클래스를 진행했습니다. 인스타그램 등 SNS에도 다양한 레시피를 제안하고 있습니다. 아울러 주부뿐 아니라 10~20대 등 잠재 고객에게 브랜드를 노출하는 노력도 지속할 예정입니다. 이런 일환으로 웹드라마 <솔로 말고 멜로>라는 작품에 스팸을 PPL로 광고하기도 했습니다.

스팸 굿즈 중 하나인 스팸 캔 모양의 이어폰 케이스.

DECISIVE SHOT

스팸의 결정적 한 끗

철저한 소비자 지향

정크푸드 vs. 선물세트, 스팸의 두 얼굴

혹시 명절에 스팸 선물세트를 받아보셨나요? 주방을 꾸리는 입장에서 유독 반가운 선물이 스팸입니다. 마트에서 흔히 살 수 있는 제품임에도 말입니다. 사실 미국에서 탄생한 스팸은 정크푸드의 대명사로 꼽힙니다. 짠맛이 강하다 보니 생고기의 다양한 풍미를 기대하기도 힘들고 갈아서 만들기 때문에 스테이크 등 미국식 요리법에는 적합하지 않습니다. 하지만 우리나라에서는 인기가 많은 제품입니다. 명절 기간에만 연간 매출의 60%가 팔립니다. 한국산 스팸만의 특별한 비결이 뭘까요?

1937년 출시된 스팸은 제2차 세계대전에서 1억 개나 팔리는 대박을 쳤습니다. 전쟁이 끝난 뒤에도 미국 내에서 저렴한 가격을 내세워 저소득층이 즐겨 먹는 식품으로 자리를 잡게 됩니다. 스팸이 한국에 유입된 것도 한국전쟁에 참전한 미군의 보급로를 통해서입니다. 미군이 가져오기 시작한 스팸은 고기를 먹기 힘들었던 전쟁세대에게 큰 인기를 끌었습니다. 그 결과 스팸은 부유층이나 미군 부대와 연줄이 있는 사람만 맛볼 수 있는 귀한 음식이 됐습니다.

그래서 미국에서는 정크푸드지만 한국에서는 고급 식재료로 통했습니다. '미국 제품'이라면 무조건 믿고 동경했던 시절이었던 만큼 우리 국민은 스팸을 고급 식재료로 인식했습니다. 스팸은 전쟁이 끝난 이후에도 여러 유통 경로를 통해 한국에서 소비됐습니다.

이후 제일제당(현 CJ제일제당)이 호멜사와 기술 제휴를 통해 1987년 5월부터 스팸을 국내에서 직접 생산하기 시작합니다. 당시 스팸 가격은 일반적인 햄 가격보다 비쌌다고 합니다. 하지만 출시 첫해에만 500톤이 판매되면서 대박을 터트립니다. 스팸은 미국에서와 달리 한국에서는 고급스러우면서도 친근한 이미지를 갖게 됐습니다.

1mm³의 차이를 느끼는 예민한 입맛의 한국인

그런데 맛도 달랐을까요? 사실 한국산 스팸이라고 해서 미국산과 맛의 차이가 크지는 않습니다. 2008년부터 다양한 맛의 스팸이 시장에 출시되고 있지만 기본이 되는 스팸 클래식은 미국 제품과 맛을 동일하게 유지하는 게 목표입니다. 다만 한국산 스팸 클래식은 미국의 스팸 라이트와 맛이 비슷합니다.

맛은 같지만 품질은 다릅니다. 이것이 인기 비결입니다. 혀에서 느끼는 맛은 같을지라도 입안에 넣고 씹을 때 느껴지는 식감과 풍미, 향 등 전체적인 품질에서 미국 제품과 차이가 있다는 게 CJ제일제당 관계자의 설명입니다.

우선 한국산 제품은 스팸을 만들 때 고기를 자르는 크기가 미국과 다릅니다. 미국산 스팸은 $4mm^3$로 고기를 조각내 스팸을 만듭니다. 하지만 한국은 $3mm^3$로 자릅니다. 이유는 까다로운 한국 소비자들 때문입니다. $4mm^3$로 제품을 생산할 때는 이물감이 느껴진다며 항의하는 경우가 많았다고 합니다. 실제로 고기 외에 이물질이 있는 것은 아니지만 힘줄이나 연골 등을 혀로 느낀 섬세한 소비자들이 있었습니다.

이에 CJ제일제당은 연구 끝에 고기 입자 크기를 $3mm^3$로 바꿉니다. 단 $1mm^3$의 차이가 무슨 대수겠느냐고 하겠지만, 제조사 입장에서는 쉬운 일이 아닙니다. $4mm^3$를 $3mm^3$로 바꾸면 재료 크기가 4분의 1이나 변합니다. 이는 재료의 배합비와 순서, 온도 등 전 공정이 영향을 받는다는 이야기죠. 연구진 입장에서는 할 일이 많았습니다.

미국 스팸에는 있는데 한국 스팸에는 없는 한 가지

재료의 차이도 있습니다. 미국 스팸의 주요 재료는 총 6가지입니다. 돼지고기와 소금, 전분, 물, 아질산나트륨 그리고 설탕입니다. 전분은 스팸 속의 수분을 유지하기 위한 재료입니다. 전분과 소금이 만나면 스팸이 더 쫄깃해지는 효과도 있습니다. 아질산나트륨은 육가공제품에서 보툴리누스균이 생기는 것을 막고 지방의 산화를 방지합니다.

반면 한국 스팸의 주재료는 5가지입니다. 돼지고기와 소금, 물, 아질산나트륨, 설탕입니다. 한국 스팸에는 전분이 들어가지 않습니다. 스팸은 오리지널이 있는 제품입니다. 그리고 맛과 품질을 그대로 유지하는 게 목표입니다. 당연히 주요 재료 중 하나를 빼고 만드는 일은 쉽지 않습니다.

과거 CJ제일제당이 미국 스팸과 같은 레시피로 스팸을 만들 때에는 '스팸은 고급 햄인데 왜 밀가루가 들어가느냐'는 항의가 종종 있었다고 합니다. 제품성분표의 '전분'을 밀가루와 동급이라 생각하고 항의를 한 겁니다. 한국은 가공식품에 '가루'가 들어가는 것을 싫어하는 소비자가 많습니다. 과거 경제가 좋지 못했던 시절 어육에 밀가루와 각종 첨가물을 혼합한 소시지가 한국에서 대거 유통되었습니다. 일명 '분홍 소시지'입니다. 밀가루가 들어가다 보니 소시지를 먹고 소화가 잘 안 되는 사람도 많았습니다. 전분은 밀가루보다 소화가 잘되지만 소비자 입장에서는 전분에도 거부감이 높았습니다.

CJ제일제당은 연구 끝에 스팸에 전분을 넣지 않고도 수분을 유지할 수 있도록 하는 비결을 찾아냅니다. 바로 '숙성'입니다. 한국산 스팸은 재료를 모두 섞어 조리한 뒤 하루 정도 숙성 과정을 추가로 거칩니다. 숙성이 끝난 뒤에야 캔에 담고 밀봉한 뒤 고온살균 과정을 거쳐 완제품이 됩니다. 숙성은 다른 나라에서 생산되는 스팸에서는 하지 않는 과정입니다. 그 결과 한국산 스팸은 전분이 들어가지 않고도 전분이 들어간 미국 제품처럼 촉촉하고 탄력이 있는 식감을 유지하게 됐습니다.

원조도 벤치마킹하는 까다로운 품질 관리

스팸은 한국에서 특별하게 성장해왔습니다. 단순히 제품을 많이 팔기 위한 선택이 아니라 소비자의 높은 품질기준을 만족시키기 위한 진화입니다. 스팸을 만드는 방법을 처음 전수해 준 호멜사는 원래 제조법으로 제품

CJ제일제당의 스팸은 국내 캔 햄 시장에서
점유율이 50%가 넘는 시장지배자이다.

을 만들라고 강요하지 않습니다. 다만 세계 각국에서 만든 완제품을 받아
검수한 뒤 출시해도 좋다는 협의를 해줍니다.

호멜사가 허용해 준 자율성과 CJ제일제당의 품질향상을 위한 노력 덕
분에 한국산 스팸이 특별해졌습니다. 현재 CJ제일제당이 스팸에 적용하고
있는 이물질 선별 프로세스와 품질·기준규격 관리 노하우 등은 호멜사
도 벤치마킹할 정도입니다.

이는 CJ제일제당의 자부심입니다. CJ제일제당은 스팸 제조 과정에 들어
간 각종 기술에 대해 특허를 신청하지 않았습니다. 제조 과정의 운용과 관
리, 재료의 취급 역량 등은 경쟁사가 안다고 해서 따라 할 수 있는 것이 아

니라는 게 CJ제일제당의 입장입니다. 실제 스팸은 국내 캔 햄 시장에서 점유율이 50%가 넘는 시장지배자입니다.

한국산 스팸이 특별해진 것은 CJ제일제당 식품연구소의 공이 큽니다. 2002년부터 CJ제일제당의 육가공식품 연구에 매진하고 있는 송민석 육가공식품팀 부장을 만나봤습니다.

Q. 미국 스팸과 한국 스팸의 가장 큰 차이가 무엇인가요?

A. 얼핏 맛만 본다면 큰 차이가 없습니다. 하지만 자세하게 들여다보면 큰 차이가 있습니다. 우선 품질이 다릅니다. 한국 소비자는 굉장히 까다롭습니다. 클레임도 활발하고요. 스팸이 미국에서는 정크푸드지만 한국에서는 고급 식품이라는 이미지 때문인 것 같습니다. 그 결과 품질관리를 위한 연구가 활발하게 이뤄져 현장에 적용됐습니다. 전분도 뺐고 재료의 크기도 줄였습니다. 그러면서 맛은 유지하고 있습니다.

Q. 스팸은 육가공제품 중에서도 짠 편입니다. 나트륨이 과다하다는 소비자들의 지적도 있을 텐데 여전히 스팸이 짠 이유는 무엇인가요?

A. 스팸을 만들 때 공정을 그대로 유지하더라도 소금만 확 줄이면 일단 수분 유지가 안 됩니다. 과일 통조림처럼 흥건한 물이 생기죠. 수분이 빠지다 보니 탱탱한 식감도 유지할 수 없게 됩니다. 퍽퍽한 고기만 남게 되지요. 또 소금을 넣지 않으면 비린내도 올라옵니다. 결과적으로 현재 스팸과는 전혀 다른 고깃덩어리가 됩니다. 현재 스팸은 품질을 유지하기 위한 최소한의 소금만 사용합니다. 스팸을 물에 데친 뒤 조리하거나, 다른 간을 하지 않고 스팸의 소금기만으로 요리하는 등 다양한 방법으로 소금 섭취량을 조절하는 것을 권합니다.

Q. 통조림에 들어간 햄 제품 자체가 건강에 좋지 않다는 편견이 있습니다. 스팸은 건강에 나쁜 음식인가요?

A. 아닙니다. 스팸은 오히려 안전한 음식입니다. 스팸 한 캔이 완성되기까지 안전을 위해 15가지가 넘는 검사 항목을 거쳐야 합니다. 그 기준도 한국이 유독 높습니다. 그리고 사실 캔으로 만든 식품이라는 것은 '안전'할 수밖에 없습니다. 장기간 보존하기 위해 제품의 품질을 변하게 할 수 있는 요인을 다 제거했기 때문입니다. 캔은 완전 밀봉이 되다 보니 방부제 등을 쓰지 않아도 되고, 제품의 변형 없이 고온고압의 살균처리도 할 수 있습니다. 산소 접근을 완전히 차단해 산화도 막고요. 철저한 안전식품이다 보니 상온에서 3년 넘게 보관해도 품질에 변화가 없습니다. 최근 논란이 된 아질산나트륨 등의 첨가물도 최소한으로 사용합니다. 스팸보다 오히려 시중에 유통되는 김치에 아질산나트륨이 더 많이 들어 있습니다.

Q. 최근 다양한 스팸 제품을 출시하는 계기가 있나요?.

A. 2008년까지는 스팸 맛을 유지하고 품질을 높이는 데 연구 역량이 집중됐다면, 이후에는 소비자의 입맛이 다양화되면서 제품 라인업도 확대해보려는 노력을 많이 하고 있습니다. 그 결과 베이컨맛, 치즈맛, 양파맛, 마늘맛 등 다양한 스팸 제품을 만들었습니다. 이런 제품은 한번 출시하고 끝이 아니라 소비자의 입맛이 변하는 만큼 계속 연구개발을 통해 새로운 제품을 만들어 내는 것이 목표입니다.

CJ CHEILJEDANG
SPAM® 키워드

#두 차례의 세계대전

제1차 세계대전에 병참 장교로 참전했던 제이 호멜이 '좀 더 쉽고 간편하게 고기를 먹을 수 없을까?'라는 고민을 해결하기 위해 만든 것이 스팸. 제2차 세계대전 때 미군의 전투식량으로 채택되며 전 세계로 뻗어 나감.

#한국인의 스팸 사랑

한국은 미국에 이어 스팸 판매량 2위 국가. 탄생지 미국에서는 정크푸드의 대명사로 꼽히지만, 한국에서는 고급 제품, 실속형 명절 선물, 밥과 잘 어울리는 밥반찬으로 포지셔닝.

#따뜻한 밥에 스팸 한 조각

한국전쟁 때 한국에 유입. 스팸의 짠맛이 쌀밥과 조화를 이루며 한국인의 입맛을 사로잡음. 제일제당이 호멜사와 제휴를 맺고 1987년부터 생산 판매.

#전쟁 영웅

제2차 세계대전 때 연합군에 육류를 효율적으로 공급해 전쟁을 승리로 이끌었다며 아이젠하워 장군에게 감사장을 받음.

1mm^3

예민한 한국인의 입맛에 맞춰 미국 스팸보다 고기 입자 크기를 1mm^3 더 작게 바꾸고, 전분을 빼고 숙성 과정을 거침.

DECISIVE SHOT

2

73년 동안 지구를 98바퀴* 돈

칠성사이다

• Since 1950 •

* 2020년 4월 30일까지 칠성사이다의 누적 판매량은 약 295억 캔이다. 높이가 13.3cm(250ml)인 캔 제품 295억 개를 일렬로 쌓으면 길이가 392만km로, 지구 둘레를 98바퀴 도는 길이다.

"

칠성사이다 성공의 핵심은 '야성(野性)'입니다. 전 세계에서 가장 인기 있는 청량음료인 코카콜라를 비롯해 스프라이트, 세븐업, 맥콜 등 국내외 유수의 제품과 치열한 경쟁을 벌인 끝에 지금의 자리에 섰습니다. '사이다하면 칠성사이다'라는 인식은 여러 차례의 전쟁을 통해 얻은 영광스러운 전리품입니다.

김 빼기 전략과 칠성사이다에 맑고 깨끗한 이미지를 부여한 마케팅도 오늘의 칠성사이다를 있게 한 주역입니다. 여기에 품질에 대한 고집스러움은 70여 년 동안 소비자를 매료시킨 제1 요인입니다.

"

2-1
칠성사이다는
'사이다'가 아니다!

➤➤ 사이다는 원래 '술'

우리에게 사이다는 '칠성사이다'입니다. 부정할 수 있는 분은 많지 않으실 겁니다. 물론 '킨사이다'도 있고 '스프라이트'도 있습니다. 그럼에도 대한민국 사람들에게 '사이다' 하면 단연코 칠성사이다입니다. 그 맛에 길든지가 벌써 70년이 넘었습니다. 칠성사이다의 맛은 국내에 시판되는 모든 사이다의 기준이 됐습니다.

하지만 칠성사이다는 사이다가 아니라는 사실을 혹시 알고 계셨나요? 무슨 소리냐고 하실 분도 계실 듯싶습니다. 사이다(cider)는 라틴어 '시케라(sícĕra)'에서 나온 말입니다. 라틴어 사전을 찾아보면 시케라는 '(포도주 이외의) 알코올음료, 취하게 하는 음료 혹은 독주(毒酒)'를 의미합니다. 즉, 사이다는 술입니다.

유럽과 미국 등에서는 사이다를 탄산음료로 생각하지
않는다. 사이다는 사과 발효주 혹은 사과주를 일컫는다.

시케라는 사과로 유명한 이탈리아 북부의 사과 발효술이 프랑스로 넘어
가 '시드로(cidre)'로 바뀐 겁니다. 시드로는 '능금(사과)주'라는 뜻입니다.
시드로는 다시 영국으로 건너가 'cider'가 됐죠. 그리고 영국이 전통주로
정착합니다. 사이다는 영국을 통해 전 세계로 뻗어 나갔고 미국에서 대중
화됩니다. 따라서 사이다는 '술'인 겁니다.

그런데 이 사이다는 어떻게 탄산음료가 됐을까요? 그걸 알기 위해선 먼
저 일본으로 가야 합니다. 1868년 일본 요코하마 외국인 거류지에서 존 노
스John North와 레이Ray가 '노스 앤 레이 무역회사'를 설립합니다. 당시 노스

앤 레이에서는 외국인 거류지에 사는 외국인들을 위해 파인애플과 사과 향을 곁들인 '샴페인 사이다'를 판매했습니다. 그런데 이 샴페인 사이다가 일본 상류층에게 폭발적으로 인기를 끕니다. 난생처음 맛본 탄산의 맛에 일본인들이 매료된 거죠.

그러자 1899년 왕관 모양의 뚜껑을 사용한 병에 든 사이다가 일본 전역에 유통됩니다. 이 제품은 기존 샴페인 사이다와 달리 사과 향만 사용했습니다. 이름도 샴페인을 빼고 '사이다'라고 썼습니다. 이때부터 사이다는 사과술이 아니라 탄산음료, 즉 '소다(soda)'로 인식되게 됩니다. 현재 사이다를 탄산음료로 통용하는 곳은 한국과 일본뿐입니다.

▶▶ 사이다는 왜 하필 '인천 앞바다'에 떴을까?

그렇다면 사이다는 우리나라에 언제, 어떻게 들어왔을까요? 사이다가 우리나라에 들어온 것은 1905년입니다. 히라야마 마쓰다로平山松太郞라는 일본 사람이 인천 신흥동 해광사 인근에 '인천 탄산수 제조소'를 만들면서 한국 사이다의 역사가 시작됐습니다. 당시 인천 탄산수 제조소에는 미국식 탄산수 제조기와 5마력짜리 발동기가 있었다고 합니다. 그때 처음 생산된 사이다가 '별표(星印慓) 사이다'였습니다.

당시 별표 사이다는 큰 인기를 끌었습니다. 그러자 또 다른 일본인 나카야마 우노키치中山宇之吉가 1910년 '라무네 제조소'를 열고 '라이온'과 '헬스표' 사이다를 제조해 판매하기 시작했죠. 라무네는 '레모네이드'의 일본식 발음입니다. 일제강점기였던 만큼 일본을 통해 사이다가 유입된 것은 자연스러운 일이었을 겁니다. 이 밖에도 일본에서 여러 종류의 사이다가 조

경인합동음료의 스타사이다가 국내 사이다 시장을 석권하자, 유사 제품이 난립하는 등 경인합동음료는 골머리를 앓았다. 당시 스타 사이다 유사품과 사기에 주의하라는 내용의 신문 광고를 대대적으로 게재하기도 했다. 스타사이다가 얼마나 인기가 있었는지를 보여 주는 대목이다(1948년 5월 23일자 「동아일 보」, 사진 네이버 뉴스라이브러리).
아래 사진은 1960~1970년대 경인사이다 병에 부착되어 있던 상표(사진 인천시립박물관).

선 땅에 들어오기 시작하면서 경쟁이 치열해졌습니다.

사이다의 인기가 치솟자 조선 곳곳에 사이다 공장이 들어섰습니다. 1930년대에는 전국에 사이다 공장만 58개가 있었다고 전해집니다. 대부분 일본인이 경영하던 곳이었습니다. 조선 사람이 운영했던 곳은 당시 경성에 '감천사'라는 곳이 유일했습니다. 그러다 1937년 감천사를 비롯해 인천 탄산수 제조소 등 8개 업체가 연합해 '경인합동음료주식회사'를 만들어 조선 최대 음료 업체로 발돋움합니다.

경인합동음료는 해방 후에도 일제강점기 때 생산했던 별표 사이다를 생산했습니다. 그때는 제품명을 '스타사이다'로 바꿨고, 별표 사이다의 상표를 그대로 가져와 라벨 한가운데에 별을 박았죠. 스타사이다는 당시 서울의 '서울사이다'와 함께 해방 이후 우리나라의 사이다 시장을 양분했습니다. 롯데칠성음료의 전신인 동방청량음료가 설립되기 전까지 말이죠.

➤➤ 7인의 동업자가 모여 순수 국산 사이다를 만들다

국내 사이다 시장은 고속 성장했습니다. 하지만 앞서 설명했듯이 대부분 일본 기술로 만든 것이었죠. 그때 국산 사이다를 만들어보자고 생각한 사람이 있었습니다. 빵과 음료수를 팔던 최금덕과 장계량입니다. 이들은 일본에서 청량음료학을 전공하고 평양에서 '금강사이다' 공장장을 하던 박운석을 만나 국산 사이다 개발에 착수합니다.

박운석은 청량음료 제조설비를 가지고 1947년 월남해 최금덕, 장계량, 정성면, 김명근, 우상대, 주동익 등과 동업으로 '동방청량음료합명회사'를 만듭니다. 이곳이 현재 롯데칠성음료의 전신이자 처음으로 칠성사이다를 만든 곳입니다. 일곱 개의 별을 뜻하는 '칠성(七星)'은 어디서 나온 것일까요? 원래 일곱 명의 각기 다른 성씨를 가진 사람들이 만나 만들었다고 해서 '칠성(七姓)'으로 하려다 '번영'을 상징하는 '별 성(星)'으로 바꿨다는 일화가 있습니다.

당시 국내 사이다 시장은 스타사이다가 장악하고 있었던 만큼 '별'을 트레이드 마크로 하는 것이 트렌드였을 수도 있습니다. 어쨌든 이렇게 모인 일곱 명은 1950년 5월 마침내 칠성사이다를 출시합니다. 칠성사이다는 다

1950년대 첫 출시 당시의 칠성사이다(사진 롯데칠성음료).

칠성사이다 병은 처음에는 갈색이었다가 1960년대에는 하늘색, 1970년대부터 초록색으로 바뀌었다.

른 제품에 비해 품질이 뛰어났는데요. 당시 사이다에 사용된 지하수에 불
순물 문제가 많았던 반면, 칠성사이다는 지하수 정제에 공을 들였고 재
료 배합 비율에 대한 노하우가 남달랐다고 합니다.

칠성사이다는 세상에 나오자마자 시련을 겪습니다. 출시 한 달 만에 한
국전쟁이 발발했습니다. 하지만 동방청량음료는 이를 기회로 삼았습니다.
경쟁사가 전쟁으로 문을 닫을 때에도 꾸준히 제품을 생산해 마침내 스타
사이다를 제쳤습니다. 전쟁 후 음료수에 대한 수요가 폭발적으로 늘면서
칠성사이다는 급성장합니다. 이후 동방청량음료는 한미식품공업(1968년),
칠성한미음료(1973년)를 거쳐 1974년 롯데그룹에 인수됩니다.

참, 여담으로 한때 전성기를 구가했던 스타사이다를 제조한 경인합동음
료는 칠성사이다와의 결투에서 패배하고 1975년 진로(현 하이트진로)에 매
각됩니다. 진로는 국산 양주 시장의 성장에 발맞춰 믹스 음료 시장에 진출
하기 위해 경인합동음료를 인수했죠. 그래서 내놓은 제품이, 지금은 하이
트진로에서 생산하는 '토닉워터'입니다. 토닉워터에는 인천 탄산수 제조
소에서 시작된 사이다의 역사가 녹아있는 셈입니다.

2-2

롯데 품에 안긴
'칠성사이다'

>> "코카콜라 따위가", 1970년대 청량음료 전성기

"구수한 보리 숭늉만을 최고의 맛으로 인식해 왔었으며, 시원한 냉수에 설탕을 타 마시던 식성이 몇 년 사이에 콜라나 사이다, 즉 청량음료를 마시는 사람이 크게 늘어나고 있다." (1970년 7월 11일자 「매일경제」 기사 중)

1970년 국내 청량음료 업계는 호황을 맞았습니다. 애초 사이다나 콜라 같은 청량음료는 아무나 마시지 못하는 고급 제품이었죠. 그러던 것이 1960년대를 지나면서 소득이 증가하고 제품 가격이 안정화하면서 청량음료가 대중화하기 시작했습니다.

당시 국내 청량음료 시장의 선두주자는 단연 칠성사이다였습니다. 칠성사이다를 만드는 동방청량음료는 1963년 사이다 시장의 유력 경쟁자였던 '서울청량음료'를 인수하며 몸집을 불렸습니다. 1960년대 말에는 국내 음료 업계 최초로 해외(베트남) 수출에 성공하는 등 그야말로 승승장구했죠.

동방청량음료의 기세는 세계 최대의 청량음료 업체인 코카콜라와의 일화에서도 확인할 수 있습니다. 당시 코카콜라는 한국에 진출하기 위해 동방청량음료에 기술 제휴를 타진합니다. 하지만 동방청량음료는 콧방귀를 뀝니다. 이미 칠성사이다가 불티나게 팔리는 터라 아쉬울 게 없었거든요. 자사의 콜라 제품인 '스페시코라'도 없어서 못 팔 정도였으니까요. 결국 코카콜라는 국내 주류 업체인 동양맥주(현 오비맥주)와 손을 잡습니다. 코카콜라가 '의문의 1패'를 당한 거죠.

결과론적이지만 돌이켜보면 이 결정이 합리적인 것만은 아니었습니다. 코카콜라가 국내에 공격적으로 진출하자 동방청량음료는 위기를 느끼기 시작합니다. 동방청량음료는 결국 코카콜라와 글로벌 시장에서 경쟁을 벌이던 펩시콜라와 손을 잡았습니다. 동방청량음료가 보유한 영업력과 인프라 등으로 펩시를 국내에서 성공적으로 안착시켰습니다. 하지만 처음부터 코카콜라와 손을 잡았다면 조금 더 편한 길을 걸었을지도 모릅니다.

▶▶ 콜라에 밀리고 주주 갈등까지

코카콜라(1968년)와 펩시콜라(1969년)의 등장은 국내 청량음료 시장의 판도를 바꾸기 시작합니다. 세계 최대 기업에 맞서려면 몸집을 키워야 했습니다. 엄청난 자금력으로 밀어붙이는 데에는 장사가 없습니다. 작은 업체는 갈수록 살아남기 어렵습니다. 동방청량음료는 이례적으로 펩시콜라를 시장에 성공적으로 안착시켰지만 주력 제품인 칠성사이다는 힘을 잃어갔습니다. 청량음료 시장을 주름잡았던 사이다는 점점 콜라에 밀리기 시작했습니다.

설상가상으로 1970년대 초에는 제1차 석유파동이 벌어졌습니다. 세계 경제가 흔들리면서 국내 청량음료 산업도 타격을 받았죠. 유리병 업체들은 공병 생산을 대폭 줄였습니다. 사이다의 원료 중 하나인 설탕 생산량도 크게 줄었습니다. 결국 1973년 56억 원을 기록했던 칠성한미음료(구 동방청량음료)의 연 매출액은 다음 해 47

「동아일보」 1965년 12월 20일자에 실린 칠성 스페시코라 광고. "연말연시 선사품에"라는 문구가 스페시코라의 인기를 짐작하게 한다 (사진 네이버 뉴스라이브러리).

억 원으로 축소됐습니다. 두 차례에 걸쳐 가격을 인상했는데도 매출이 줄었습니다.

결국 경영진들은 1974년 회사 매각을 결정합니다. 갑작스러운 일이었습니다. 1950년 설립해 20여 년간 국내 최대 음료 회사로 기업을 키워왔습니다. 하지만 이런 결정을 할 수밖에 없었던 데에는 사실 근본적인 이유가 있었습니다. 동방청량음료는 각각 성이 다른 일곱 명이 설립한 회사입니다. 여러 주주가 함께 회사를 이끄는 경영 방식이었죠. 그러다 보니 주주 간 갈등이 많았습니다. 서울청량음료 인수 때도, 펩시콜라와 손을 잡을 때도 갈등이 있었습니다.

갈등의 골이 깊어지자 동방청량음료는 일부 주주가 새로 법인을 만들어 독립했다가 다시 합병하는 등 '분리와 통합'을 반복합니다. 그러다가 다시

회사가 어려워지자 1973년 '칠성한미음료'로 통합했고요. 동시에 기업공개를 하며 진의를 다졌지만 깊어진 내부 갈등을 근본적으로 해결할 수는 없었습니다.

≫ 음료 산업을 바라던 신격호, 칠성 인수

그즈음 국내 식품 시장의 한쪽에서는 신흥 업체가 떠오르고 있었습니다. 고 신격호¹⁹²²⁻²⁰²⁰ 롯데그룹 회장이 1967년 만든 '롯데제과'입니다. 껌 사업으로 이름을 알리기 시작한 신 회장은 음료 산업에도 진출하기 위해 기회를 엿보고 있었습니다. 실제로 롯데제과를 창립할 당시 사업 목적에 '기호 음료 판매업'을 명기하기도 했습니다. 이미 음료 시장 진출을 염두에 두고 있었던 셈입니다.

이때 경영난에 빠진 칠성한미음료가 롯데제과에 경영권 인수를 제안했습니다. 이 과정에서도 칠성한미음료의 주주들은 의견을 하나로 모으지 못했습니다. 한쪽은 해태제과에 인수를 타진했는데요. 당시 김영태 칠성한미음료 사장이 박병규¹⁹²⁵⁻¹⁹⁷⁷ 해태제과 사장과 친분이 있어 접촉했다고 합니다. 반면 다른 주주들은 이에 반발하며 롯데제과에 인수를 제의했습니다. 이후 칠성한미음료는 해태제과가 인수합니다.

하지만 신 회장은 포기하지 않았습니다. 해태제과를 상대로 다시 인수 협상을 벌인 겁니다. 당시 해태는 경기도 부평에 추가로 생산 공장을 짓느라 자금 여력이 많지 않았습니다. 결국 칠성한미음료를 롯데제과가 다시 가져가게 됩니다. 롯데는 사명을 '롯데칠성음료'로 바꾸고 새로운 길을 걷기 시작했습니다.

➤➤ 적극적인 투자를 발판으로, 70여 년간 사이다 시장 1위

롯데는 칠성한미음료와 달리 철저한 오너십에 기반을 둔 회사입니다. 그 덕분에 적자 속에서도 적극적인 투자를 이어갈 수 있었습니다. 롯데칠성음료는 1975년 부산·경남 지역에 공장을 세웠고 같은 해 영남지역에서 오랜 기간 사업을 해왔던 '합동음료공업'을 인수했습니다. 이후 전국적으로 생산시설을 확대하는 투자를 지속했습니다.

이 밖에 청량음료에 과일 향과 맛 등을 더한 '플레이버 음료' 신제품이나 과즙 음료 신제품을 발 빠르게 내놓는 등 시장의 변화에 적극적으로 대응했습니다. 그 결과 적자투성이였던 롯데칠성음료의 재무 구조는 점점 탄탄해졌습니다. 이를 바탕으로 사이다 시장에서 칠성사이다의 위상을 계속 지켜갈 수 있었습니다.

칠성사이다는 처음 세상에 선보인 뒤 지금까지 70여 년간 사이다 시장의 왕좌를 지켜왔습니다. 세븐업과 킨사이다, 스프라이트 등 경쟁 제품이 잠시 인기를 끌기도 했지만 꾸준히 사이다 시장점유율 60% 이상을 유지하며 1위 자리를 지켰습니다. 지금도 시장점유율 70%가량을 기록하고 있고요. 이제 국내 소비자들은 '사이다 = 칠성사이다'라는 공식에 익숙합니다. 한국인의 입맛을 사로잡은 셈입니다.

그런데 사실 사이다는 청량음료의 한 종류일 뿐입니다. 청량음료에는 코카콜라나 펩시 같은 '콜라 제품군'이 있습니다. 그리고 환타나 오란씨 같은 '가향 탄산음료 제품군'도 있습니다. 한때는 탄산에 보리 원액을 더한 '맥콜'도 주목받았습니다. 사이다는 이런 경쟁자들 사이에서도 살아남아야 했습니다. 칠성사이다는 과연 콜라와 환타의 공세를 어떻게 막아냈을까요? 그 흥미진진한 이야기가 펼쳐집니다.

2-3

칠성사이다를
국가대표 사이다로 만든
'김 빼기 전략'

➤➤ **청량음료 대전에 한 번도 참전한 적 없이**

  1위를 수성한 칠성사이다

'탄산음료'하면 콜라와 사이다가 떠오릅니다. 콜라하면 코카콜라와 펩시
콜라가 자연스럽게 연상되고요. 그런데 사이다는 어떠신가요? 칠성사이
다가 가장 먼저 떠오르실 겁니다. 글로벌 1위 사이다 스프라이트도 국내
에서는 맥을 못 춥니다. 킨사이다나 세븐업 같은 제품은 이미 추억 속 이
름이 돼 버렸죠. 어떻게 이런 일이 가능했을까요?

  결론부터 말씀드리면 이는 칠성사이다의 '큰 그림'입니다. 칠성사이다
는 73년 동안 수많은 경쟁 제품을 만나왔습니다. 하지만 경쟁 전면에 직접
등판한 적은 없었습니다. 이들을 상대한 것은 항상 다른 제품이었습니다.
심지어 펩시콜라를 국내에 출시한 것도 칠성사이다의 계획이었죠. 칠성사

이다는 왜 펩시콜라와 손을 잡았을까요? 지금부터 칠성사이다식 '김 빼기 전략'의 역사를 한 번 들여다 보겠습니다.

▶▶ 오랜 밀월 관계인 칠성과 펩시

칠성사이다는 1965년 첫 라이벌을 만납니다. 코카콜라가 국내 진출을 타진한 겁니다. 코카콜라는 첫 파트너로 칠성사이다를 생산하던 동방청량음료를 선택했습니다. 하지만 동방청량음료는 코카콜라와 비슷한 제품인 스페시코라에 집중하기 위해 이를 거절하죠. 그러자 코카콜라는 동양맥주와 손잡고 코카콜라 국내 유통에 나섭니다. 업계가 반발했지만 정부는 외화벌이를 판매 근거로 내세운 동양맥주의 손을 들어줍니다.

국내 탄산음료 업계에는 비상이 걸립니다. 스페시코라만으로 '원조'인 코카콜라를 상대하기는 역부족이었기 때문입니다. 이때 대안으로 펩시콜라가 떠오릅니다. 동방청량음료는 1967년 펩시콜라 보틀러(완제품을 생산, 유통, 판매할 수 있는 권리를 가진 회사) 법인인 '한미식품공업주식회사'를 설립하고, 1969년 2월 펩시콜라를 국내에 시판합니다. 코카콜라가 국내에 출시된 지 8개월 만의 일이었습니다. 한미식품공업주식회사는 같은 해 6월 서울 양평동에 펩시콜라 생산 공장도 마련합니다. 수십 년 라이벌의 첫 전면전이 시작됐습니다.

펩시콜라는 '루트 세일(route sale) 시스템'을 통해 시장을 장악합니다. 중간상을 거치지 않고 영업사원이 판매 전반을 책임지는 이 시스템은 당시만 해도 혁신적이었습니다. 루트 세일 시스템은 중간 마진을 없애 압도적인 가격 경쟁력을 가집니다. 당시 코카콜라는 190ml 한 병을 30원에 팔았습니다. 반면 펩시콜라는 같은 가격에 236ml를 판매했습니다. 소비자들은 당연히 펩시콜라에 열광합니다.

펩시콜라는 국내 진출 첫해부터 코카콜라를 앞섭니다. 이듬해인 1970년에도 시장점유율 31%를 기록하며 29%에 그친 코카콜라에 우세승을 거두죠. 펩시콜라가 코카콜라를 이긴 것은 전 세계 시장에서 우리나라가 처음이었습니다. 이에 고무된 펩시콜라 본사의 도널드 M.켄달 부사장이 1972년 국내에 방문하기도 했습니다. 그 결과, '콜라'는 사이다와는 다른 별도의 카테고리로 자리를 잡았습니다. 덕분에 칠성사이다는 브랜드 가치를 지켜낼 수 있었습니다.

▶▶ '펩시'를 살려야 '칠성'이 산다!

하지만 아쉽게도 황금기는 오래가지 못했습니다. 1974년 칠성사이다를 생산하던 동방청량음료는 경영난을 이기지 못하고 롯데그룹에 합병됩니다. 우리가 아는 롯데칠성음료의 탄생이었죠. 공교롭게도 이때는 동방청량음료와 펩시콜라의 계약이 종료되는 시기였습니다. 합병으로 어수선한 가운데 이해관계자 사이의 갈등까지 나타나며 동방청량음료와 펩시콜라는 재계약에 실패합니다. 칠성사이다와 펩시콜라의 첫 이별이었습니다.

펩시콜라는 진로와 손잡고 국내 사업 지속을 모색합니다. 진로도 경기도 부천에 펩시콜라 생산 공장을 건설하는 등 의욕적이었습니다. 하지만 진로는 정작 중요한 청량음료 면허 취득에 실패합니다. 결국 펩시콜라는 1년 반 만에 롯데칠성음료에 다시 손을 내밀었습니다. 롯데칠성음료에도 달콤한 제안이었습니다. 펩시콜라의 후속작 '롯데콜라'로 코카콜라를 견

코카콜라와 펩시콜라는 산업계에서 세기의
라이벌을 논할 때 빼놓을 수 없는 사례다. 롯
데칠성음료는 펩시콜라를 국내에서 판매하
며 '코카콜라 vs. 펩시콜라' 경쟁 구도를 국내
에서 재현한다. 그 결과 '콜라'는 사이다와는
다른 별도의 카테고리로 자리를 잡으며, 롯데
칠성음료는 칠성사이다를 지켜낼 수 있었다.

제하기에는 역부족이었거든요. 이해관계가 일치한 양사는 1976년 7월 재회하게 됩니다.

당시 시장 상황은 녹록지 않았습니다. 1년 반 사이 펩시콜라의 시장점유율은 3%까지 떨어져 있었습니다. 이때 롯데칠성음료의 선택은 '펩시콜라 올인'이었습니다. 롯데콜라의 생산을 중단하면서까지 펩시콜라에 전사 역량을 투입합니다. 납품 트럭을 펩시의 색상으로 도색해 전국에 투입하며 '펩시의 귀환'을 알렸습니다. 펩시콜라는 1979년 전년 대비 150% 늘어난 판매 실적을 기록하며 재도약합니다.

1980년대부터는 '역습'이 시작됩니다. 롯데칠성음료는 1975년 미국에서 시작된 '펩시 챌린지' 마케팅을 국내에 도입합니다. 펩시 챌린지는 코카콜라와 펩시콜라의 블라인드 테스트를 담은 광고입니다. 당시 진위 논란과 과장광고 논쟁이 있었지만, 펩시 챌린지는 소비자의 관심을 펩시콜라에 집중시키는 데 성공하죠. 펩시콜라는 다시 코카콜라의 라이벌로 각인됩니다. 이를 계기로 칠성사이다는 코카콜라와의 경쟁 부담을 완벽하게 털어낼 수 있었습니다.

▶▶ 칠성의 미래를 바꾼 '무대 바꾸기'

칠성사이다는 이후의 경쟁에서도 펩시콜라에서 얻은 노하우를 활용합니다. 1980년대 '보리 음료'가 탄산음료 시장을 강타합니다. 일화의 '맥콜'이 인기를 끌며 칠성사이다의 경쟁 제품으로 떠올랐습니다. 이때 롯데칠성음료의 전략은 맥콜과 유사한 '비비콜' 출시였습니다. 경쟁 무대를 바꿔버린 것이죠.

1992년 코카콜라가 스프라이트를 국내에 투입하자 롯데칠성음료는 스프라이트와 이름은 물론 포장과 제조 방식마저 비슷한 '스프린트'를 출시해 맞불을 놓는다. 칠성사이다의 대항마였던 스프라이트는 스프린트와 경쟁하다 얼마 후 국내에서 잠정 철수한다. 롯데칠성음료의 '무대 바꾸기' 전략으로 칠성사이다는 생채기 하나 나지 않고 스프라이트와의 경쟁에서 승리한다.

이 선택은 1980년대 후반 보리 음료의 인기가 식자 빛을 발합니다. 맥콜이 시장 지배 제품이 됐고, 비비콜은 단종됩니다. 하지만 그 사이 보리 음료는 사이다와 별개의 카테고리가 됩니다. 칠성사이다는 이번에도 타격을 피합니다.

스프라이트와의 경쟁도 눈여겨볼 만합니다. 1992년 코카콜라는 킨사이다의 실패를 만회하기 위해 스프라이트를 국내에 투입합니다. 롯데칠성음료는 여기서 '역대 최고의 김 빼기' 전략을 선보입니다. 롯데칠성음료는

'스프린트'라는 제품을 출시합니다. 이 제품은 이름은 물론 포장과 제조 방식마저 스프라이트와 비슷했습니다. 코카콜라는 분노했습니다. 1992년 2월 15일자 「경향신문」에 따르면 코카콜라 관계자는 "상도의상 있을 수 없는 일"이라며 격정을 토로했습니다.

롯데칠성음료의 전략은 더 치밀했습니다. 두 달 후 스프린트의 이름을 '스프린터'로 슬쩍 바꿉니다. 코카콜라는 스프린터에 판매금지 가처분 소송을 냅니다. 하지만 법원은 롯데칠성음료의 손을 들어줍니다. 디자인과 제조법이 코카콜라만의 것이 아니라는 이유로 이를 기각합니다. 칠성사이다의 대항마였던 스프라이트는 졸지에 스프린터와 경쟁하는 운명이 됐습니다. 결국 스프라이트는 얼마 후 국내에서 잠정 철수하게 됩니다. 제 역할을 완수한 스프린터도 얼마 후 '아름답게' 퇴장했습니다. 칠성사이다는 생채기 하나 나지 않고 경쟁에서 승리합니다.

롯데칠성음료의 이런 전략은 당시 많은 비난을 받기도 했습니다. 하지만 이를 통해 칠성사이다의 라이벌을 이겨낸 것도 사실입니다. 칠성사이다가 정면 대결에 나섰다면 무너졌을지도 모릅니다. 실제로 스프라이트는 진출한 시장마다 1위를 차지하는 브랜드였으니까요. 칠성사이다가 '국가대표 사이다' 자리를 지켜낼 수 있었던 것은 '마케팅의 승리' 덕분이라고 해도 과언이 아닙니다. 다음 도전자는 누구일까요? 칠성사이다는 이들을 어떻게 상대할까요? 무척 궁금해집니다.

2-4

'칠성사이다 = 깨끗함'에
숨겨진 전략

➤➤ '고급 제품'에서 '익숙한 맛'으로

과거 사이다는 고급 제품이었습니다. 소풍이나 여행 등 특별한 날에만 먹을 수 있었죠. 소풍에서 사이다를 꺼내 들면 친구들로부터 부러운 눈길을 받곤 했습니다. 동방청량음료는 이런 점을 마케팅 포인트로 잡았습니다. 1965년 칠성사이다의 신문 광고에는 "휴대용 순설탕제"라는 문구가 실렸습니다. 당시는 설탕 한 포대가 고가(高價)의 선물이던 시절입니다. 칠성사이다에 '고급' 설탕이 들어갔다는 점을 강조한 겁니다.

칠성사이다는 1960년대부터 국내 대표 청량음료 제품으로 자리 잡습니다. 국내에서 경쟁하던 사이다 제품 중 가장 두각을 나타냈고요. 정부가 1961년 국내 산업을 보호한다며 코카콜라의 수입을 금지하면서 더욱 안정적으로 입지를 굳혀갔습니다.

칠성사이다의 탄탄한 입지는 당시 광고 전략에도 잘 드러납니다. 동방청량음료는 신문 광고 등을 통해 "뭐니 뭐니 해도 제일"이라는 문구로 칠성사이다를 소개했습니다. 한쪽에는 "유사품에 주의하십시오"라는 문구도 넣었습니다. 보통 뒤처진 업체들은 1위 제품을 따라 하는 경우가 많습니다. 일종의 미투 제품을 내놓는 전략입니다. 유사품에 대한 경고는 칠성사이다가 이미 이때부터 확고한 1위 자리에 있었다는 방증입니다.

동방청량음료는 칠성사이다가 많은 이들에게 익숙한 맛의 제품이라는 점을 지속해 강조했습니다. 식품 시장에서는 무엇보다 '익숙한 맛'으로 먼저 자리 잡는 게 중요합니다. 소비자들은 특정 제품에 맛을 들이면 계속 그 제품을 찾는 경향이 강합니다. 동방청량음료는 1971년 칠성사이다의 병 모양을 바꾸면서 "시원한 그 맛"이라는 문구를 써넣었습니다. 병 모양은 바뀌었지만, 모두가 다 아는 '그 맛'은 여전하다는 점을 강조한 거죠.

▶▶ 보이지 않는 것으로
   세계적 음료 코카콜라에 맞서다!

다만 적수(敵手)가 없는 시절은 오래가지 않았습니다. 세상에 없던 '콜라'가 등장했기 때문입니다. 동방청량음료는 펩시와 협력 관계를 형성하기는 했지만 칠성사이다만의 고유한 위상을 지킬 필요가 있었습니다. 이때부터 동방청량음료의 마케팅 전략이 변화하기 시작합니다. 그동안은 친숙함을 강조했다면 이때부터는 본격적으로 공격적인 마케팅을 펼칩니다. 익숙한 맛을 강조하는 동시에 경쟁사를 직접 타격하기 시작합니다.

1974년 6월 칠성한미음료(옛 동방청량음료)는 당시로써는 파격적인 광고를 내보냅니다. 광고 지면을 이미지 없이 비워놓았습니다. 요즘 시각에서

국내에 코카콜라가 진출한 뒤 칠성한미음료가 일간지(1974년 6월 8일자 「동아일보」) 1면에 내보낸 광고(사진 네이버 뉴스라이브러리). '칠성사이다=깨끗함'이라는 메시지를 전달하고자 광고 지면의 대부분을 비워놓는 파격적인 디자인을 감행했다.

봐도 매우 파격적인 광고입니다. 하지만 이 안에는 숨은 뜻이 있습니다. 광고 한쪽 구석에 작게 문구를 넣었습니다. "보십시오. 보이지가 않습니다." 칠성사이다가 콜라와는 달리 '무색'이라는 점을 강조한 겁니다. 소비자들의 뇌리에는 '무색=깨끗함'이라는 공식이 자리 잡고 있습니다. 이를 십분 활용한 광고였던 셈입니다.

콜라, 특히 글로벌 1위인 코카콜라는 국내 청량음료 시장에서 칠성사이다를 위협하는 가장 강력한 존재였습니다. 그래서 이때부터 코카콜라를 견제하는 광고가 반복적으로 등장합니다. 이중 가장 이슈가 된 건 1998년 광고입니다. 롯데칠성은 "콜라를 마실 것인가? 사이다를 마실 것인가?"라는 제목의 광고에 "우리나라에는 칠성사이다가 있습니다"라는 문구를 넣었습니다. 일종의 애국심에 호소하는 마케팅입니다. 당시 이 광고를 두고 '영토 전쟁'이 벌어졌다는 식의 기사들이 쏟아져 나오면서 더욱 주목받았습니다.

칠성사이다는 이제 '국산' 청량음료의 대표주자로 자리 잡았다고 해도 과언이 아닙니다. 이는 사실 오래전부터 지속해오던 마케팅 전략이기도 했고요. 롯데칠성음료가 1976년 내놓은 광고에는 "세계적으로 유명한 사이다들"이라는 문구가 눈에 띕니다. 롯데칠성은 "세계 각국에는 그 나라 고유의 사이다가 있다"며 "한국에는 칠성사이다가 있다"고 강조했습니다. 우리나라도 우리만의 '사이다 보유국'이라는 점을 부각한 거죠. 재미있는 발상인 듯합니다.

➤➤ 칠성사이다에 없는 세 가지

칠성사이다는 색소, 카페인, 인공향료 세 가지가 없는 제품입니다. 롯데칠성음료는 1980년대 말부터 칠성사이다의 3무(無)를 차별화 포인트로 삼고 '맑고 깨끗한' 이미지를 내세우기 시작합니다. 이 역시 코카콜라를 견제하는 전략의 일환이었을 겁니다. 1999년 내놓은 칠성사이다의 '카페인편' 광고 영상에는 롯데칠성 광고 전략의 정수(精髓)가 담겨 있습니다. "칠성사이다는 (코카콜라와는 달리) 카페인도, 색소도 없고 로열티도 지불하지 않는다"는 내용입니다. 영상 마지막에서는 "맑고 깨끗한 맛 칠성사이다"라는 슬로건을 보여주며 카운터 펀치를 날리죠.

2000년대 이후에는 주로 자연을 담은 장면을 보여줍니다. 칠성사이다의 맑고 깨끗한 이미지를 강조하기 위해서입니다. 동시에 환경 보호 메시지도 전달합니다. 2019년 칠성사이다의 상징과도 같은 초록색 페트병을 재활용이 쉬운 무색 페트병으로 바꾼 것도 이런 전략의 일환입니다. '칠성사

롯데칠성음료가 1999년 내보낸 코카콜라와의 비교 광고 영상 '카페인편'(사진 롯데칠성음료 유튜브). 롯데칠성음료는 1980년대 말부터 칠성사이다의 3무(무색소·무카페인·무인공향료)를 코카콜라와의 차별화 포인트로 삼고 '맑고 깨끗한' 이미지를 내세우기 시작했다.

이다는 깨끗하고 순수하며 이는 곧 환경을 생각하는 정신이 담긴 음료'라는 짐을 패키지를 통해 에둘러 표현한 겁니다.

최근 들어서는 젊은 층을 겨냥한 마케팅 전략도 병행하고 있습니다. 칼로리 부담을 낮춘 '칠성사이다 로어슈거'와 '칠성사이다 제로'가 대표적인 제품입니다. 탄산이 더 강한 '칠성사이다 스트롱'도 젊은 소비자를 타깃으로 한 제품이죠. 칠성사이다의 모델로 세계적인 K팝 그룹 BTS를 발탁하거나 칠성사이다를 모티브로 한 향수를 내놓는 것도 이런 마케팅의 연장선입니다.

▶▶ ESG 경영 시대에 더 빛나는 '맑고 깨끗한' 브랜드 이미지

칠성사이다처럼 오랫동안 소비자에게 꾸준히 사랑받아 온 브랜드의 경우 공통적인 고민이 있습니다. 바로 브랜드 노후화입니다. 오랜 기간 사랑받아온 만큼 젊은 층에는 '옛날 제품'으로 인식될 수 있습니다. 스테디셀러들을 보유한 업체들은 이러한 인식을 바꾸기 위해 부단히 노력합니다. 롯데칠성음료도 마찬가지입니다. 그렇다면 현재 칠성사이다의 마케팅 목표는 무엇일까요? 현장의 생생한 이야기를 듣기 위해 송민석 롯데칠성음료 음료BM(Brand Management) 탄산 담당 매니저를 만나봤습니다.

Q. 칠성사이다는 출시된 지 70년이 넘은 국내 대표 장수 제품입니다. 한국인이라면 누구나 알 만한 제품이죠. 이런 제품을 마케팅하는 데 자부심이 있을 것 같습니다. 어떠신가요?

A. 칠성사이다는 자사의 대표 브랜드입니다. 이런 브랜드를 담당한다는 건 큰 영광

이자, 막중한 책임감을 느끼게 합니다. 100년을 넘어 장수하는 브랜드가 될 수 있도록 보탬이 되는 것이 목표입니다. 얼마 전 친환경 정책에 발맞춰 칠성사이다 페트병을 초록색에서 투명으로 변경했는데요. 이때 어느 소비자분께서 연락을 주셨습니다. 투명 페트병으로 생산된 제품을 구매하셨는데 페트병 컬러는 바뀌어도 칠성사이다 맛은 변함없이 유지해 달라고 당부해 주셨습니다. 이렇게 제품에 대한 소비자의 애정을 느낄 수 있는 경우가 많습니다.

Q. 최근 진행한 마케팅 중 기억에 남는 에피소드가 있나요?

A. 오래전부터 사이다를 드셨던 고객층뿐만 아니라 젊은 층에도 사랑받는 브랜드가 되기 위한 마케팅을 이어가고 있습니다. 2021년은 칠성사이다 70주년이었습니다. 이에 다양한 마케팅 활동을 했는데요. 신제품을 내놓고 향수 등 다양한 굿즈를 출시해 MZ세대에게 큰

칠성사이다가 2021년 출시한 70주년 기념 한정판 굿즈 중 '뉴트로'를 콘셉트로 제작한 미니 사이다 세트. 1960~1980년대 로고 디자인이 들어가 있다.

관심을 받았습니다. 그중 한정판으로 '칠성사이다 미니병 에디션'을 발매했습니다. 누구나 소장하고 싶은 작고 귀여운 미니병 제품이었죠. 많은 분이 추가 생산을 요청하시고 판매 대란이 있을 정도로 매우 좋은 반응을 얻어서 놀랐습니다. 너무나 익숙한 제품을 소비자가 원하는 콘셉트에 맞춰 발매한 점이 주효했던 것 같습니다.

Q. 칠성사이다를 마케팅하는 데 가장 중요하게 여기는 부분은 무엇인가요?

A. 칠성사이다가 오랫동안 사랑받을 수 있었던 이유는 상쾌하고 짜릿한 맛을 일관성 있게 지켜왔기 때문이라고 생각합니다. 칠성사이다의 고유한 맛을 지키기 위한 노력은 계속될 것입니다. 칠성사이다를 떠올렸을 때 생각나는 '초록색, 별, 사선 모양의 칠성사이다 로고'는 앞으로도 브랜드 자산으로 유지해야 합니다. 또 칠성사이다 브랜드가 추구하는 '맑고 깨끗한'이라는 가치를 향후에도 잘 지켜나갈 계획입니다. 녹색이라는 브랜드 컬러를 환경 경영과 선한 영향력으로 실천하는 것 역시 마찬가지입니다.

Q. 칠성사이다를 마케팅하는 데에도 시대적인 흐름이 있을 것 같습니다. 어떤 변화가 있었나요?

A. 제 업무 초창기에는 칠성사이다 오리지널에 초점을 맞춰 회사의 역량을 집중했습니다. 하지만 시간이 흐르며 음료 트렌드도 빠르게 바뀌고 소비자의 니즈 또한 다양해졌습니다. 이에 맞춰 강력한 탄산의 '스트롱' 제품이나 국내산 과즙을 담은 '청귤' 같은 제품, 그리고 '칠성사이다 제로'까지 포트폴리오를 확장하고 있습니다. 현재는 다양한 제품 타깃과 니즈에 맞춰 마케팅 활동을 진행하고 있습니다. 오리지널 제품만 있을 때는 다소 정적인 이미지였지만 지금은 여러가지 맛은 물론 칠성사이다 굿즈 출시 등 다양한 마케팅 활동이 이루어지면서 보다 역동적으로 소비자에게 다가서고 있습니다.

롯데칠성음료가 70주년 한정판 향수에 이어 향수 브랜드 '살롱 드 느바에'와 손잡고 내놓은 '오드 칠성 바이 살롱 드 느바에(EAU DE CHILSUNG et Salon de Nevaeh)'(사진 칠성살롱).

2-5

'설탕 고집'을 지킨
칠성사이다

➤➤ 73년 역사를 만든 타협 없는 제조 원칙

칠성사이다와 신라면 · 초코파이 · 미원의 공통점은 뭘까요? 오랫동안 소비자의 사랑을 받아 온 '장수 제품'이라는 점입니다. 이 제품들은 시장을 개척한 후 선두권에서 내려오지 않고 있죠. 어찌 보면 선점 효과를 톡톡히 누리고 있는 셈입니다. 그렇다면 선점 효과만이 이 제품들의 성공 비결일까요?

아닙니다. 이 제품들은 수많은 라이벌과의 경쟁에서 살아남았습니다. 훨씬 더 큰 기업을 상대해야 했던 적도 많았죠. 원조라는 이유만으로 지금까지 살아남을 수 있었던 것이 아니라는 이야기입니다. 그렇다면 생존 비결은 무엇일까요? 바로 '변하지 않는 맛과 품질'입니다. 부모님이 즐기던 제품과 그 아이들이 즐기는 제품이 크게 다르지 않습니다. 그 배경에는 타협하지 않는 장인 정신이 있습니다.

➤➤ 최초의 '믿을 수 있는' 사이다

우리나라 탄산음료의 역사는 1900년대 초반부터 시작됩니다. 대한제국 시기 일본인들이 '별표 사이다', '라무네', '라이온' 등의 상표로 탄산음료를 생산했죠. 특히 사이다는 출시 초기부터 톡 쏘는 맛을 앞세워 높은 인기를 끕니다. 1920년대 들어서는 전국에서 6개의 청량음료 제조 업체가 운영될 만큼 시장에 자리를 잡습니다.

이 업체들은 해방 이후 한국인들에게 불하(拂下 : 국가나 공공 단체의 재산을 민간에 팔아넘기는 일)됩니다. 1948년에는 전국 시장을 12개 청량음료 제조사가 나눠 가지는 구도가 형성됐습니다. '스타 상품'이 등장한 것도 이때입니다. 서울은 '서울사이다', 인천은 '스타사이다', 평양은 '금강사이다' 등이 시장을 지배했습니다. 특히 스타사이다는 전국구 사이다로 자리를 잡기도 했습니다.

하지만 초창기 사이다는 사카린을 녹인 물에 탄산가스를 주입해 만드는 단순한 제품이었습니다. 현재 과학실에서도 만들 수 있는 수준이었죠. 심지어 병뚜껑은 미군에서 나온 폐품을 재활용해 조잡하게 만들어진 터라 품질에 대한 불만의 목소리도 컸습니다. 1946년 5월 7일자 「동아일보」는 "제조소 불명인 식초 색소로 만든 과물수(果物水 : 과일로 만든 음료수) 같은 것이 (시장에) 나와 돌고 있다. 그중에는 불량품도 있다"고 보도하기도 했습니다.

사이다가 믿을 수 있는 음료가 된 것은 한국전쟁 이후입니다. 칠성사이다 제조사 동방청량음료는 전후 공장을 재건하면서 반자동 혼합기를 수입해 설치합니다. 이 기계는 안정적으로 품질을 관리하며 분당 18~20병을 생산할 수 있었습니다. 소비자들은 처음으로 만난 고품질 사이다에 기꺼이 지갑을 열었습니다. 칠성사이다는 단숨에 사이다 시장에서 선두권 제품으로 성장합니다.

▶▶ 예방접종이 만든 장인 정신

1956년 10월 17일자 「조선일보」에 따르면 동방청량음료는 칠성사이다의 당분 함량인 8%를 지키지 않아 당국의 행정처분을 받습니다. 칠성사이다에서 검출된 당분은 2.6%에 불과하고, 나머지는 사카린이라는 혐의를 받았죠. 이 사건은 한 달 후 '해프닝'으로 끝납니다. 실사 결과 칠성사이다에서 사카린이 전혀 나오지 않았기 때문입니다. 하지만 동방청량음료는 이 사건을 계기로 더욱 품질에 집중하게 됩니다.

행정처분 해프닝은 몇 년 후 '설탕 파동'이 일어나자 전화위복이 됩니다. 설탕 파동은 1962~1964년 사이 설탕 가격이 폭등한 사건입니다. 1961년 가을에 쿠바가 공산화되면서 서방세계에 설탕의 원료인 원당 수출을 중단합니다. 전 세계에서 가장 큰 사탕수수 재배지인 쿠바의 원당 수출 금지 조치로 전 세계적으로 원당 품귀 현상이 벌어졌습니다. 당시 외화가 부족했던 정부는 수입 자동 승인 품목이었던 설탕을 허가 품목으로 변경합니다. 자연스럽게 수요와 공급의 균형이 무너지면서 설탕 가격은 폭등했습니다. 1962년 톤당 65달러였던 설탕 가격은 이듬해 277달러로 치솟습니다. 설탕을 확보하기 위한 사재기가 횡행했습니다.

설탕 파동은 청량음료 업계에 대형 악재였습니다. 업계는 정부에 대책 마련을 촉구합니다. 그러자 정부는 청량음료 업계에 설탕을 50%만 사용하라고 권유합니다. 사카린 등 대체당 사용을 권장하기도 했죠. 칠성사이

휴대용 순설탕제

들로! 산으로!

1, 휴대용케-스에는 세가지를
   한자리에서 맛볼수있으며
2, 병따게가 들어 있고
3, 빈병은 공장에서 5원에 회수
   합니다

스페시요라
진저엘
런업

★★★ 동방청량음료협명회사
TEL ④3881─3

칠성사이다

가격 3병 70원

1965년 4월 14일자 「동아일보」에 실린 동방청량음료 광고(사진 네이버 뉴스라이브러리). 칠성사이다는 설탕 품귀 현상에도 불구하고 사카린 등의 대체당을 사용하지 않고 설탕만 넣은 '순(설)탕 사이다'를 제조한다.

다의 최대 라이벌 스타사이다를 만들던 서울청량음료는 정부 지침을 적극적으로 따릅니다. 그때 등장한 것이 설탕과 사카린을 반씩 사용한 '반탕 사이다'입니다. 수익성을 중심에 둔 선택이었던 겁니다.

  '설탕 중심'의 제조 원칙을 고수했던 칠성사이다는 달랐습니다. 동방청량음료 직원들이 설탕 파동 초기부터 제당 공장 앞에서 밤을 새우고, 인맥을 총동원해 설탕을 확보했습니다. 칠성사이다는 설탕만 사용한 '순탕 사이다'를 계속 생산했죠. 이후 칠성사이다는 우월한 단맛을 앞세워 스타사이다를 제압합니다. 결국 1964년 동방청량음료가 서울청량음료를 인수하면서 설탕 전쟁에서 '완승'을 거두게 됩니다. 행정처분 해프닝이 장인 정신을 지켜내는 '예방주사'가 된 셈입니다.

➤➤ 칠성사이다의 변신은 무죄

설탕 파동 이후에도 칠성사이다의 제조 원칙은 철저히 지켜집니다. 어떤 라이벌을 만나더라도 '우수한 물 처리, 레몬과 라임에서 추출한 천연향, 인체에 무해한 성분 활용'이라는 제조 원칙만큼은 바꾸지 않았습니다. 이런 노력이 소비자들에게 인정받으며 믿고 즐길 수 있는 음료로 자리 잡을 수 있었습니다.

여유가 생긴 롯데칠성음료는 이후 제조 전략에 변화를 줍니다. 1980년대 후반 다이어트 음료가 유행하자 칠성사이다의 첫 사이드 제품 '칠성사이다 라이트'를 내놓습니다. 1994년부터는 자연을 소재로 한 디자인을 적용하며 BI(브랜드 아이덴티티)에도 변화를 꾀합니다. 탄생 50주년이었던 2000년에는 3D 별 디자인을 채택해 지금까지 유지하고 있죠. 최근 들어서는 스트롱, 제로, 복숭아 등 지금까지 없었던 맛을 선보이며 영역을 넓히고 있습니다.

칠성사이다의 역사는 '대한민국 청량음료의 역사'라 해도 과언이 아닙니다. 제조 기술에서부터 마케팅, 브랜딩까지 모든 것이 담겨 있죠. 칠성사이다 개발의 중심에 있는 김성한 롯데중앙연구소 책임연구원을 만나 칠성사이다를 속속들이 알아봤습니다.

Q. 본인 소개를 부탁합니다.

A. 롯데중앙연구소에 입사해 2009년부터 음료 개발 업무를 담당하고 있습니다. 현재 팀에서는 칠성사이다를 비롯한 탄산 제품의 개발 업무를 5년째 수행하고 있습니다.

Q. 칠성사이다가 1960년대 설탕 파동에도 '순탕 사이다'를 고수한 이유는 무엇일까요?

A. 맛에 대한 원칙을 지킨 것으로 생각합니다. 대체 감미료는 그 종류에 따라 감미의 정도 및 프로파일이 매우 다릅니다. 소량을 쓰더라도 제품의 맛에 변화를 가져올 수 있습니다. 순탕 사이다에는 당시 칠성사이다의 맛을 즐기던 소비자를 배신하지 않으려는 마음이 담겼다고 생각합니다. 맛을 지키기 위해 품질을 양보할 수 없다는 원칙을 고수한 것 아닐까 생각합니다.

| 롯데칠성음료 매출 및 디자인 변화 | 단위 : 조 원

Q. 최초의 칠성사이다와 지금의 칠성사이다는 맛이 다를까요?

A. 칠성사이다의 원재료는 지금까지 크게 변하지 않았습니다. 오히려 다른 원료를 첨가하면 맛의 변화가 생길 수 있어 성분 변화를 최대한 피하고 있습니다. 다만 과거보다 생산 설비가 고도화됐고, 원재료 관리와 유통 구조 등이 개선됐습니다. 그래서 품질 안정성은 더욱 높아져 예전보다 더 신선한 칠성사이다를 즐길 수 있게 됐습니다.

Q. 칠성사이다 제조 과정에서 가장 집중하는 부분은 무엇인가요?

A. 음료수 제조에 가장 중요한 것은 '물'입니다. 칠성사이다는 맑고 투명함이라는 속성을 위해 여러 단계의 고도화된 수 처리를 통해 깨끗하게 정제된 물만을 사용하고 있습니다. 또 레몬과 라임 등 시트러스류 과일에서 추출한 천연향 관리에도 집중하고 있습니다. 이 성분은 비교적 열에 약하기 때문에 제조부터 제품에 사용될 때까지 냉장으로 관리하며 품질 변화를 최소화하기 위해 노력하고 있습니다.

Q. 칠성사이다가 1위를 지켜온 비결은 무엇이라 생각하십니까?

A. 일단 오래전부터 판매돼 온 제품이라는 점에서 충성 고객을 확보할 수 있었던 것은 사실입니다. 또 글로벌 브랜드와의 경쟁을 위해 섣불리 변화를 주기보다 칠성사이다의 본래 속성을 유지하기 위해 노력한 것도 고객이 떠나지 않은 이유라고 생각합니다.

Q. 현재 탄산음료 시장의 화두 중 하나는 '제로 칼로리'입니다. 칠성사이다도 제로 제품을 선보이고 있죠. 칠성사이다 제로 제조에서 특히 역점을 두고 있는 분야는 무엇일까요?

A. 단순히 칼로리를 제로로 만들기 보다 칼로리를 낮추되 '맛'을 살리는 것에 집중했습니다. 기존 칠성사이다의 맛에 익숙한 소비자의 입맛을 충족시키기 위해 대체 감미료 조합의 황금 비율을 찾아내는 것이 가장 힘들었습니다. 이후 입안에 맴도는 바디감을 더하기 위해 알룰로스 (건포도, 무화과 등에서 추출한 설탕 대체 감미료로 설탕과 비슷한 단맛을 내면서 칼로리는 제로 수준)를 추가해 기존 제로 탄산음료의 단점을 보완했습니다.

탄산음료 시장의 화두인 '제로 칼로리'에 대응하기 위해 칠성 사이다도 제로 칼로리 제품을 출시했다. 칠성사이다 제로는 칼로리를 낮추되 기존 칠성사이다의 맛을 살리는 데 제조 역량을 집중한 제품이다(사진 칠성몰).

Q. 본인이 꿈꾸는 칠성사이다의 미래는 무엇인가요?

A. 칠성사이다가 탄산음료 고유의 시원함과 상쾌함은 그대로 간직하되, 적당한 감미와 차별화된 청량감을 유지할 수 있도록 노력하겠습니다. 한국인의 입맛에 가장 잘 맞는 음료의 자리를 지켜나가는 것이 목표입니다. 하지만 무엇보다 바라는 것은 오랫동안 고객들이 칠성사이다와 함께 쌓은 추억을 이어가는 것입니다. 지금까지 지켜온 원칙을 끝까지 지켜 고객의 사랑에 부응하겠습니다.

DECISIVE SHOT

칠성사이다의 결정적 한 꿋

안팎으로 쏟아지는
포화에도 살아남으며
길러진 야성(野性)

산전수전을 다 겪은 장수 제품의 위엄

늘 곁에 있는 것에는 웬만해선 호기심이 발동하지 않습니다. 그곳에 있는
게 당연하게 느껴집니다. 고백하자면 칠성사이다에 대해서도 그랬습니다.
칠성사이다는 '사이다'하면 생각나는 당연한 존재였습니다.

  하지만 지난 70여 년의 역사를 공부해보니 칠성사이다는 당연한 존재
가 아니었습니다. 우선 칠성사이다가 국산 사이다의 '원조'가 아니었다는
점에 놀랐습니다. 칠성사이다는 태어날 때부터 이미 시장을 주름잡던 경
쟁자들을 제쳐야만 하는 처지였습니다. 고단한 전쟁을 치른 뒤에도 때마
다 코카콜라와 세븐업, 스프라이트 등 글로벌 브랜드들의 공세를 막아내

야 했고요.

칠성사이다는 처음 제품을 출시한 지 얼마 되지 않아 한국전쟁이 일어나 타격을 받았습니다. 시작부터 험난한 길을 걸었던 겁니다. 하지만 포기하지 않고 다시 도전했습니다. 설탕 파동이 벌어졌을 당시에는 정부가 설탕을 50%만 써도 된다고 권고했지만 100%를 고집해 소비자들의 마음을 얻었습니다. 코카콜라라는 걸출한 경쟁자가 나타나자 펩시와 손잡는 전략으로 아슬하게 위기에서 벗어나기도 했고요.

칠성사이다는 변신을 거듭하기도 했습니다. 출시 초기에는 칠성사이다가 고급 제품이라는 점을 강조했죠. 사이다 시장에서 두각을 나타낸 뒤에는 모두에게 익숙한 제품이라는 이미지를 강조했고요. 소비자들이 콜라에 열광하기 시작하자 무색(無色) 사이다가 '깨끗하다'고 광고하기 시작했습니다. 때로는 애국심을 자극하기도 했고요.

요즘 같은 글로벌 시대에 '국산'이라는 이유만으로 특정 제품을 의식적으로 '지켜줄' 의무는 과거와 비교하면 많이 희석된 것이 사실입니다. 합리적인 소비 방식은 아니죠. 하지만 굳이 애국심을 발동하지 않더라도 칠성사이다의 역사를 살펴보다 보니 조금은 쓰다듬어주고 싶은 마음이 생겼습니다.

이 '친구'가 참 고생하며 살아왔구나 하는 생각이 들었습니다. 남들에게는 갑갑한 가슴을 뻥 뚫어주는 사이다 같은 존재이면서, 정작 본인은 갑갑하고 험난한 길을 걸어왔던 거죠. 당연하게 그 자리에 있는 줄 알았는데, 아슬아슬한 경쟁 속에서 살아남은 존재였던 겁니다.

칠성사이다 제로 ECO 300㎖
제품(사진 칠성몰).

70여 년간 계속된 청량음료 전쟁에서 얻은 전리품, '사이다＝칠성사이다'

칠성사이다 성공의 핵심은 '야성(野性)'입니다. 전 세계에서 가장 인기 있는 청량음료인 코카콜라를 비롯해 스프라이트, 세븐업, 맥콜 등 국내외 유수의 제품과 치열한 경쟁을 벌인 끝에 지금의 자리에 섰습니다. '사이다하면 칠성사이다'라는 인식은 여러 차례의 전쟁을 통해 얻은 영광스러운 전리품입니다.

김 빼기 전략과 칠성사이다에 맑고 깨끗한 이미지를 부여한 마케팅도 오늘의 칠성사이다를 있게 한 주역입니다. 여기에 품질에 대한 고집스러움은 70여 년 동안 소비자를 매료시킨 제1 요인입니다.

롯데칠성음료의 탄산음료 마케팅 담당자의 인터뷰가 기억에 남습니다. 칠성사이다가 100년 장수 식품이 되는 데 일조하고 싶다고요. 100년까지는 아직 27년이라는 세월이 남았습니다. 앞으로 어떤 시련이 기다리고 있을지 모릅니다. 칠성사이다는 과연 앞으로도 사이다처럼 시원하게 시련을 이겨낼 수 있을까요?

우리가 27년 뒤에도 계속 칠성사이다를 선택할지는 아무도 모릅니다. 우리의 선택은 롯데칠성음료가 앞으로 어떻게 노력하느냐에 따라 달라지겠죠. 장수 브랜드는 그냥 시간을 보내다 보면 자연스럽게 되는 건 아닙니다. 소비자는 냉정하니까요.

다만 칠성사이다의 지금까지 행보에는 격려를 보내고 싶은 마음입니다. 앞으로는 사이다를 마실 때마다 칠성사이다의 치열했던 과거를 떠올리게 될 것 같습니다. 칠성사이다의 미래는 과연 어떨지 궁금합니다.

칠성사이다 키워드

Chilsung Cider

#칠성(姓)이 칠성(星)으로
박, 최, 장, 정, 김, 우, 주 각기 성이 다른 7명이 만든 '칠성사이다'. 국내 사이다 업계를 70여 년간 평정한 '별(星)'이 됨.

#신격호
칠성한미음료 인수 후 오너 체제의 장점인 공격적인 투자로 탄산음료 시장을 장악하며 비약적으로 발전. 여기에 신제품 및 생산시설을 추가하면서 영향력 키움.

#김 빼기
코카콜라에는 펩시, 스프라이트에는 스프린트로 맞대응. 글로벌 탄산음료 업체와 경쟁에서 구사한 '똑똑한' 마케팅 전략.

#맑고 깨끗한 '그 맛'
우리나라 기업이 만든 '토종 탄산음료'의 대표라는 이미지 각인. 콜라와 달리 투명한 색의 청량음료라는 점을 강조하기 위해 '맑고 깨끗한' 이미지를 내세움.

#설탕 100%
설탕 파동에도 설탕 100%를 유지하며 '칠성사이다는 다르다'는 인식을 심어주며 차별화. 소비자 신뢰 확보를 바탕으로 시장 선두 주자로 자리매김.

DECISIVE SHOT

3

조미료의 보통명사가 된

미원

• Since 1956 •

"

미원의 핵심은 '고집스러움'입니다. 국내 최초 조미료로서 시장을 개척하고 영광
을 누렸지만, 그에 못지않게 다양한 도전을 맞닥뜨려야 했습니다. 경쟁사의 공격
적 마케팅은 물론 MSG에 대한 유해성 논란까지, 국내 스테디셀러 제품 중 가장 많
은 부침을 겪었습니다. 그럼에도 미원은 제품의 기본을 고집했습니다. 그 어떤 논
란에도 스스로에게 충실했고, 스스로에게 부끄러움이 없었지요. 이것이 지금껏 국
가대표 조미료로서 67년을 버틸 수 있었던 결정적 힘이 아닐까 생각해봅니다.

"

3-1

조선을 삼킨 '제5의 맛'

▶▶ 다섯 번째 맛의 발견!

태초에 인간이 혀로 느낀 맛은 무궁무진했을 겁니다. 다만 그 맛을 표현할 길이 없었겠죠. 그러다 언어가 탄생하고 문자가 생기면서 맛을 규정하고 표현하기 시작했습니다. 그렇게 인간이 규정한 맛이 단맛, 짠맛, 신맛, 쓴맛 이 네 가지입니다. 인간은 오랜 기간 이 네 가지 맛 이외의 맛은 존재하지 않는다고 여겼습니다. 설사 처음으로 느껴본 맛이 있더라도 기본 네 가지 맛 중에서 몇 가지가 섞였겠거니 생각해왔습니다.

오랜 기간 네 가지 맛에만 집중해왔던 인류에게 새로운 맛이 등장합니다. 바로 '우마미(うま味, umami)'입니다. 네, 일본어입니다. 왜냐하면, 일본 사람이 우마미를 찾아냈기 때문입니다. 우마미는 우리말로 바꾸면 '감칠맛'입니다. 일본어라고 불편해하실 분도 있겠지만, 우마미는 영어사전에도 공식적으로 등록된 단어입니다.

우마미는 1908년 처음 발견됐습니다. 꽤 오래됐죠. 당시 도쿄제국대학

(현 도쿄대학교) 화학과 교수였던 이케다 기쿠나에池田菊苗,1864~1936가 찾아냈습니다. 기쿠나에 교수는 아내가 자주 해주던 두부 요리를 먹다가 우마미 연구에 뛰어들었습니다. 기쿠나에 교수의 아내는 다시마로 우린 물에 두부를 넣은 요리를 자주 했었는데요. 기쿠나에 교수는 그 국물에서 나는 맛이 무척 궁금했다고 합니다.

기쿠나에 교수는 국물 맛의 비밀을 찾기 위해 다시마를 대량으로 구매해 연구에 연구를 거듭했습니다. 그렇게 해서 찾아낸 것이 우마미였습니다. 이 우마미의 성분이 바로 '글루탐산(glutamic acid)'입니다. 글루탐산은 물에 잘 녹지 않습니다. 글루탐산이 물에 쉽게 녹도록 나트륨을 붙인 것이 '글루탐산나트륨(monosodium glutamate)', 즉 우리가 흔히 'MSG'라고 알고 있는 성분입니다.

▶▶▶ '미원'의 모델 '아지노모토'

기쿠나에 교수는 자신이 발명한 글루탐산나트륨의 제조 특허를 출원합니다. 이어 이를 사업화하기 위해 대량 생산할 곳을 백방으로 수소문하죠. 하지만 아무도 기쿠나에 교수의 글루탐산나트륨을 생산하려 하지 않았습니다. 당시로써는 이해할 수 없는 '물질'이었으니까요. 그리고 미지의 영역이었던 만큼 사업가들은 선뜻 제품화를 위해 나서지 않았습니다.

그때 나타난 사람이 '스즈키 사부로스케鈴木 三郎助, 1868~1931'입니다. 당시 사부로스케는 '스즈키제약소'를 운영하고 있었습니다. 스즈키제약소는 다시마를 원료로 '요오드'

1909년에 출시된 '아지노모토'.

고대 그리스 철학자 데모크리토스(Democritos, BC 460~BC 370)의 '맛의 감각지각에 대한 가설'을 계승한 아리스토텔레스(Aristoteles, BC 384~BC 322)는 맛의 기본은 단맛(sweet), 짠맛(salty), 신맛(sour), 쓴맛(bitter) 네 개뿐이며, 이 네 가지 맛의 조합에 따라 온갖 맛이 파생된다는 '4원미설'을 주장했다. 수천 년 동안 굳건히 자리를 지켜온 4원미설을 무너트린 것이 '우마미(감칠맛)'이다.

이케다 기쿠나에 교수가 찾아낸 우마미는 네 가지 기본 맛 중 어디에도 속하지 않는 맛으로, 1985년 제5의 맛으로 인정받았다. 우마미는 일본어로 'umai(う まい, 맛있는)'와 'mi(味, 맛)'를 조합한 말이다. 오른쪽 그림은 글루탐산나트륨의 분자 구조다.

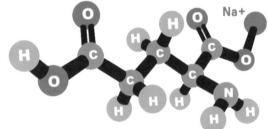

를 생산하고 있었죠. 그는 요오드 사업으로 청일전쟁과 러일전쟁에서 큰 돈을 법니다. 이를 바탕으로 각종 화학 약품 원료의 제조와 판매로까지 사업을 확장하고 있었습니다.

사부로스케는 기쿠나에 교수가 개발한 글루탐산나트륨이 자신들이 취급하고 있는 다시마에서 추출한 것임을 알고 그와 손을 잡습니다. 글루탐산나트륨이 사업성이 있다고 판단한 겁니다. 그래서 탄생한 것이 현재 전 세계 조미료 시장을 휩쓸고 있는 '아지노모토(味の素, あじのもと : 맛의 바탕)'입니다. 1909년 아지노모토는 출시와 동시에 대히트를 칩니다.

그동안 일본의 국물 요리는 다시마와 가다랑어포를 우려낸 국물이 베이스였습니다. 오랜 시간과 정성이 필요했죠. 하지만 아지노모토가 출시되면서 이런 번거로움이 사라졌습니다. 어떤 국물이든 아지노모토만 들어가면 엄청난 맛을 냈기 때문입니다. 아지노모토가 성공하자 스즈키제약소는 스즈키상점을 거쳐 1946년 사명도 아예 아지노모토로 바꿨습니다. 우리나라 TV 광고에도 종종 등장하는 '보노 컵수프'가 아지노모토 제품입니다.

➤➤ 아지노모토, 조선을 삼키다

단기간 내에 일본 시장을 휩쓴 아지노모토는 이제 자연스럽게 조선으로 눈을 돌립니다. 조선은 일본과 마찬가지로 국물 요리가 식생활에서 차지하는 비중이 높았습니다. 이에 아지노모토는 1910년 일제 치하의 조선에 아지노모토를 출시합니다. 그리고 당시 조선을 지배하고 있던 총독부를 뒷배 삼아 대대적인 광고와 프로모션을 진행합니다.

아지노모토의 조선 시장 공략은 치밀했습니다. 당시 아지노모토는 거의 매일 신문과 잡지에 광고할 만큼 조선 시장 공략에 공을 들였습니다. 당대 최고의 무용가인 최승희[1911~1967]를 모델로 기용하기도 했습니다. 아지노모토는 당시 최대 광고주였습니다. 심지어 1926년 열린 조선박람회에서는 '아지노모토 데이'를 열고 '무료 증정 상품권'을 배포하기도

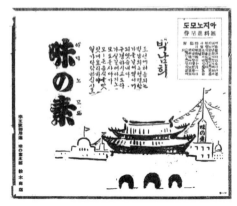

1929년 9월 26일자 「동아일보」에 실린 '아지노모토' 광고. 왼쪽 하단에 조선 왕실에서도 사용하고 있다는 문구가 있다(사진 네이버 뉴스라이브러리).

했습니다. 광고 한 켠에는 조선 왕실에도 공급된다고 적어뒀습니다.

이뿐만이 아닙니다. 사람이 많이 모이는 장소에는 어김없이 판촉 인력을 동원해 아지노모토 입소문 내기에 주력했습니다. 음식점에 아지노모토와 경품을 제공하고 요리 강습회, 요리 책자 등을 동원한 판촉 등도 전방위로 벌였습니다. 아지노모토가 생소했던 조선 사람들은 계속되는 아지노모토의 물량 공세와 광고에 점차 익숙해졌죠. 게다가 직접 사용해보니 정말 쉽게 맛을 낼 수 있다는 소문이 돌면서 큰 인기를 끕니다.

아지노모토는 또 조선인들이 냉면을 좋아한다는 점에 착안해 '면미회(麵味會)'를 조성하기도 했습니다. 면미회는 냉면집이 몰려있는 평양, 함흥, 원산 등 각 지역별로 냉면집 주인들을 모아 아지노모토를 제공하고 판촉하는 모임입니다. 이때부터 우리의 냉면에는 아지노모토가 널리 사용되기 시작합니다. 아지노모토의 이런 치밀한 전략 덕분이었을까요. 아지노모토는 1930년대부터 조선 사람들의 입맛을 완전히 사로잡기 시작합니다.

3-2

미원,
'조미료 독립'을
선언하다!

>> **아지노모토에 중독된 한국인의 입맛**

아지노모토는 조선 사람들의 입맛을 사로잡았습니다. 하얀 가루를 조금만 넣어도 엄청난 맛이 나다 보니 식당이고 가정이고 너도나도 아지노모토의 포로가 됐죠. 심지어 아지노모토의 가격은 무척 비쌌습니다. 조선에 처음 발매됐을 때 아지노모토 작은 병 하나의 가격은 40전이었습니다. 당시 쌀 1kg이 16전이었으니 아지노모토가 얼마나 고가의 제품이었는지 아시겠죠?

그럼에도 불구하고 아지노모토는 늘 품귀 현상을 빚었습니다. 앞서 말씀드렸던 냉면집은 물론 설렁탕집, 중국집 등 모든 식당이 아지노모토를 썼습니다. 당시 고깃국물을 내던 냉면집이나 설렁탕집은 대부분 여름철이면 식중독과의 전쟁을 벌여야 했습니다. 냉장기술이 발달하지 않았으니 고깃국물이 무더위에 상하기 쉬웠죠. 아지노모토는 이를 해결해 줬습니

1930년대 국내 일간지에 실린 '아지노
모토' 광고. 광고 내용을 보면 당시 우
리나라 식생활에 아지노모토가 깊숙
이 침투해 있음을 알 수 있다(사진 네
이버 뉴스라이브러리).

다. 그러다 보니 늘 물량이 달렸고 값은 천정부지로 뛰었습니다.

　하지만 이렇게 큰 인기를 끌던 아지노모토도 역사의 큰 물결은 피할 수
없었습니다. 1945년 일본이 패망하면서 아지노모토는 수입 금지 품목이
됩니다. 안 그래도 물량이 모자란데 수입 금지까지 되니 당시 우리나라에
서는 난리가 납니다. 거의 모든 식당이 아지노모토에 의존하고 있었으니
까요. 결국 아지노모토는 정상적인 경로가 아닌 밀수 등을 통해 불법적으
로 한국에 유통됩니다.

그럼에도 불구하고 한국에서 아지노모토의 인기는 그칠 줄 몰랐습니다. 이미 아지노모토에 중독된 한국 사람들은 그 맛을 잊을 수가 없었던 겁니다. 가뜩이나 고가의 제품인데 이젠 밀수 등을 통해서만 구할 수 있었으니 그 가격이 오죽 뛰었을까요. 한동안 아지노모토는 부잣집에서나 몰래 쓸 수 있는 값비싼 조미료로 여겨졌습니다. 서민들은 더 이상 아지노모토의 맛을 보기가 힘들어진 거죠.

➤➤ 호랑이 잡으러 호랑이 굴로 들어간 젊은 사업가

한국에 아지노모토 대란(大亂)이 계속되자 이를 유심히 지켜보던 이가 있었습니다. 대상그룹 창업주 고(故) 임대홍1920-2016 창업회장입니다. 임 회장은 학교를 마치고 공무원 생활을 하다 부산에서 피혁 사업을 하고 있었죠. 일본과 지리적으로 가까운 부산에는 밀수로 들어온 아지노모토가 많이 돌아다녔습니다. 아지노모토의 인기를 직접 보고 체감한 거죠.

여러 자료에서 임 회장이 한국의 식탁을 점령한 아지노모토에 분개해 직접 일본으로 건너가 아지노모토 제조법을 배워왔다고 돼 있습니다. 하지만 제 생각은 좀 다릅니다. 사업가였던 임 회장의 눈에 아지모노토의 폭발적인 인기는 분명 기회로 보였을 겁니다. 아지노모토를 우리가 직접 생산한다면 큰돈을 만질 수 있으리라고 생각했을 겁니다. 어디까지나 가설이지만 일면 '합리적 의심'이 아닐까 생각합니다.

어쨌든 36세의 젊은 사업가 임대홍은 아지모노토의 맛을 구현하기 위해 갖가지 재료를 사용해 실험을 거듭합니다. 하지만 아무리 해도 '그 맛'이 나질 않았습니다. 실패만 거듭했죠. 하긴 그렇게 쉽게 성공할 것이었으면 누군가가 이미 오래전에 제품을 내놨을 겁니다. 하지만 그는 포기하지 않았습니다. 그는 결국 아지노모토 제조법을 배우기 위해 일본으로 건너갑니다.

일본으로 간 임 회장은 아지노모토에 종업원으로 취직합니다. 그곳에서 1년간 일하며 어깨너머로 아지노모토의 제조 비법 파악에 나섭니다. 하지만 일개 종업원이 제조 비법을 알아낼 수가 있었을까요? 게다가 아지노모토 제조법은 1급 비밀이었습니다. 그럼에도 그는 밤낮으로 연구했습니다. 아지노모토를 퇴직한 직원들을 찾아다니기도 했죠. 그렇게 알아낸 것들을 들고 다시 한국으로 돌아옵니다. 그때가 1956년입니다.

▶▶ 아지노모토로부터 독립!

임 회장은 귀국 후에도 연구를 멈추지 않았습니다. 일본에서 어깨너머로 배워온 글루탐산 제조법이 확실치 않아서였습니다. 그는 연구에 연구를 거듭합니다. 그리고는 마침내 개발법을 찾아내죠. 그 결실이 바로 '미원'입니다. 임 회장은 1956년 부산에 동아화성공업(현 대상)을 설립합니다. 그리고는 본격적으로 미원을 생산하기 시작합니다. 값비싼 아지노모토가 아닌 국산 미원의 인기는 대단했습니다. 공장에 도매상들이 줄을 섰죠.

하지만 생산량에는 한계가 있었습니다. 150평 남짓한 공장에서 하루에 생산할 수 있는 양은 많지 않았습니다. 문제는 또 있었습니다. 글루타민 (glutamine)을 분해하여 글루탐산을 만드는 과정에서 자꾸만 제조 용기가 부식되었던 거죠. 임 회장을 이를 막기 위해 옹기를 구워 미원 제조에 나섭니다. 그러나 옹기솥도 고온과 부식을 견뎌내지 못했습니다. 옹기는 구워서 만들다 보니 크기도 작았죠. 결국 그는 다른 용기를 만들 궁리를 합니다. 그래서 만든 것이 돌솥, '석부(石釜)'입니다.

임 회장은 석공들과 함께 전국을 돌며 솥을 만들 돌을 찾아다닙니다. 그러다 찾은 것이 전라북도 황등산에서 찾은 화강암입니다. 임 회장은 이 화강암으로 석부를 만들어 미원 대량 생산에 나섭니다. 석부가 도입되면서 미원의 월 생산량은 기존 1~2톤에서 월 10톤까지 늘어납니다. 이 석부는 훗날 미원을 발효공법으로 만들기 시작하면서 쓸모가 없어져 명예롭게 퇴역했습니다. 지금은 대상 군산공장 사무동 앞 정원에 전시돼 있습니다.

미원 생산에 성공한 임대홍 회장은 생산 과정에서 용기가 자주 부식되는 현상을 방지하고 대량 생산을 위해 돌솥인 '석부'를 제조해 미원의 대량 생산에 성공한다. 사진은 대상 군산공장에 전시돼 있는 석부의 모습(사진 대상그룹).

미원의 탄생은 당시 우리나라 식생활에 일대 혁명이었습니다. 미원은 아지노모토를 완벽하게 대체하면서 큰 인기를 끕니다. 이미 아지노모토의 맛에 길든 우리 국민들은 이제 미원에 열광하게 됩니다. 미원은 불티나게 팔려나갔고, 미원을 생산한 지 6년 만인 1962년 동아화성공업은 아예 사명을 '미원'으로 바꿉니다. 미원의 탄생은 본격적인 국산 조미료 시대의 시작과 동시에 아지노모토로부터의 독립을 의미했습니다.

3-3

미원 vs. 미풍,
세기의 조미료 대결

▶▶ 고급 스웨터 vs. 순금 반지

50여 년 전인 1970년 초. 국내 식품 업계에 전무후무한 일이 벌어졌습니다. 조미료 시장에서 경쟁을 벌이던 두 기업이 자사 제품을 구매한 소비자에게 경품을 내걸었는데요. 경품이 무려 금반지와 고급 스웨터였습니다. 도대체 무슨 일이 벌어졌던 걸까요?

첫 포문은 후발주자인 제일제당(현 CJ제일제당)의 '미풍'이 열었습니다. 미풍은 10만 명을 대상으로 '무제한 대선물잔치'라는 이름의 경품 행사를 벌이기로 했는데요. 이 행사 선물 목록 중 가장 고가의 것이 바로 고급 스웨터였습니다.

그러자 미원(현 대상)도 가만히 있지 않았습니다. 미원은 15만 명을 대상으로 '호화판 사은대잔치'를 실시했습니다. 경품으로는 금반지를 걸었습니다. 이 업체들이 이런 대대적인 행사를 한 이유는 사실 별 게(?) 아니었습니다. 제품 포장을 바꿨다며 벌인 이벤트였습니다.

　두 업체의 경쟁적인 경품행사가 화제가 되자 소비자들은 혹했습니다. 너도나도 '사재기'를 시작했습니다. 새 포장을 뜯어 빈 봉지를 5봉 보내면 경품을 주는 행사였기 때문입니다.

　실제 당시 한 매체의 보도에 따르면 이 경품행사 덕분에 두 업체 제품의 하루 판매량이 평소보다 3배 이상 늘었다고 합니다. 그만큼 당시 미원과 미풍의 경쟁은 치열했습니다. 조미료 시장을 장악하고 있던 미원과 이를 따라잡으려는 제일제당 미풍의 알력 다툼이 대단했습니다.

　물론 이게 좋은 일만은 아니죠. 결국 치안국이 나섰습니다. 두 업체가 소비자들의 사행심을 자극한다며 내사에 나선 건데요. 당시 정부는 국가적으로 '소비 억제'와 '저축 생활'을 권장하고 있던 터라 충분히 문제가 될 만한 일이었습니다. 결국 상공부의 제재로 경품행사는 얼마 뒤 막을 내립니다.

➤➤ '맛' 경쟁에서 '주먹' 경쟁으로, 과열된 조미료 시장 패권 전쟁

지금 돌아보면 참 별일이 다 있었다 싶습니다. 하지만 두 업체가 오랜 기간 벌였던 '전쟁사'를 살펴보면 이 정도 사건은 가벼운 해프닝에 불과합니다. 두 업체의 경쟁이 워낙 치열하다 보니 영업 사원 간 폭력 사건이 벌어지기도 했습니다. 1977년 4월 한 시장에서 제일제당 직원들이 미풍을 홍보하면서 "미원이 흔들리고 있다"고 소리쳤습니다. 그러자 이를 본 미원 직원들이 항의했고 결국 집단 몸싸움이 일어났습니다.

　1984년에도 난투극이 있었는데요. 미원 측이 한 시장에서 자사 제품 '맛나'를 홍보하는 행사를 벌였습니다. 그러자 제일제당이 바로 맞은편에 '다시다' 판매대를 설치했습니다. 결국 얼마 뒤 싸움이 벌어졌고요. 기사를 보면 각목까지 동원됐다고 합니다. 해당 신문은 이 사건에 "미원·제일제당, '맛' 경쟁서 '주먹' 경쟁으로"라는 제목을 달았습니다.

같은 시장을 놓고 경쟁하는 업체들이 서로 비방하는 모습은 지금도 업계 곳곳에서 일어나는 일입니다. 마케팅이 과열되고 법정 싸움까지 가는 일도 종종 있죠. 하지만 거기까지입니다. 폭력사태까지 벌어지는 일은 흔치 않습니다. 특히 미원과 미풍 사이에는 불상사가 우연히 한 번 벌어졌던 게 아닙니다. 종종 그랬다는 점에서 얼마나 경쟁이 치열했는지 알 수 있습니다.

▶▶ 삼성, 미풍 인수해 '공격 앞으로'

미원과 미풍의 경쟁이 이토록 치열했던 이유는 뭘까요? 이제 와서 정확한 원인을 밝혀낼 수는 없을 겁니다. 다만 당시 조미료 산업의 경쟁 구도를 들여다보면 어느 정도 가늠해볼 수는 있습니다. 당시에도 재계 선두권에 있던 삼성은 1968년 군소 업체인 미풍을 인수합니다. 조미료 시장에 첫발을 내디딘 겁니다.

삼성은 단숨에 미원을 제압하려 했던 것 같습니다. 우선 미풍을 삼성의 계열사인 제일제당과 합병시켜 전열을 정비했습니다. 1969년 3월에는 미원을 제외한 조미료 업체 세 곳과 제휴를 맺습니다. 공동판매 회사를 설립하고 상표를 미풍으로 통일해 연합 세력을 만든 겁니다. 이로써 미풍의 시장점유율은 순식간에 19%에서 46%까지 상승했습니다.

미원으로서는 삼성이라는 대기업을 상대해야 하는 부담이 생겼습니다. 국내 조미료 시장을 석권하고 있었던 미원에게도 삼성의 등장은 긴장할 만한 일이었습니다. 대기업의 힘은 무서우니까요. 하지만 미원은 사운(社運)을 걸고 '결사 항전'을 벌입니다. 미원이라는 회사에 '미원'은 전부였기 때문입니다. 고급 스웨터에 순금 반지로 응수했던 것만 봐도 당시 미원이 얼마나 절박했는지를 알 수 있습니다.

제일제당의 공격도 만만치 않았습니다. 제일제당은 미원이 일본의 아지노모토의 기술에서 나온 것에서 착안해 아예 일본 아지노모토와 기술 제휴를 맺습니다. 당시 우리나라의 기술력은 썩 좋지 않았습니다. 그 탓에 많은 소비자가 우리 기업이 독자 기술로 만든 제품보다 해외 업체와 기술 협력을 한 제품에 더 신뢰를 보내던 시절이었습니다. 이를 이용해 제일제당은 미원을 공격한 겁니다.

하지만 미원은 버텼습니다. 이미 '1가구 1미원'이 정착해 있던 데다, 소비자들도 상점에서 "미원 주세요"가 더 익숙했습니다. 그만큼 미원은 생각보다 깊숙이 소비자의 생활에 파고든 상태였습니다. 제일제당으로서는 이미 미원에 길든 소비자의 입맛과 습관을 넘어서기가 힘들었습니다. 그 결과 미원은 조미료 시장 1위 수성에 성공합니다. 삼성그룹 창업주인 고(故) 이병철1910-1987 회장도 항복을 선언했죠. 그는 자서전인 『호암자전』에서 세상에 내 맘대로 안 되는 세 가지 중 하나로 '미원'을 꼽았습니다.

➤➤ 화학조미료 논란, 미원에 찾아온 암흑기
하지만 영원한 것은 없습니다. 미원도 마찬가지였습니다. 쓰디쓴 패배를 맛본 제일제당은 1975년 새로운 개념의 제품을 내놓습니다. 우리가 잘 아는 '다시다'입니다. 탤런트 김혜자 씨의 "그래 이 맛이야!"라는 CF로도 유명하죠. 쇠고기와 멸치 등을 원료로 국물 맛 내기용으로 출시한 제품입니다. 예전 미원과 미풍 등의 제품은 '화학조미료'로 불렸는데요. 제일제당은 다시다를 '천연조미료'로 광고하며 적극적인 마케팅을 펼쳤습니다.

　1980년대에 들어서 화학조미료 유해 논란이 벌어지면서 제일제당에게 기회가 왔습니다. 제일제당은 다시다 마케팅을 대폭 강화했습니다. 미원으로 대표되는 화학조미료 시장에 결정타를 날리기 위해서입니다. 결과는 대성공이었죠. 다시다는 이때부터 지금까지 오랜 기간 전성기를 누리고 있습니다.

　미원은 자사 제품이 화학조미료가 아니라 '발효조미료'라고 항변했지만 대세를 뒤집기에는 역부족이었습니다(사탕수수에서 원당이나 설탕을 제조하고 난 부산물인 당밀을 추출한 다음, 미생물로 발효해 미원의 주요 성분인 글루탐산을 얻는다). 결국 미원도 1982년 '쇠고기 맛나'라는 제품을 출시하며 맞대응에 나섰습니다. 하지만 천연조미료 시장(현재는 종합조미료 시장이라고 부릅니다)에서는 후발주자로 오랜 기간 다시다를 꺾을 수 없었습니다.

　요즘 미원은 재기를 노리고 있습니다. 과거 미원이 논란이 됐던 건 MSG가 유해하다는 일각의 잘못된 주장 때문이었는데요. 논란이 처음 일었던 당시부터 미원은 MSG가 인체에 무해하다고 주장했지만 큰 효과는 없었습니다.

　오랜 기간 MSG 유해 논란에 시달려왔던 미원은 2010년 당시 식품의약품안전청이 "MSG가 인체에 무해하다"는 공식 입장을 내놓으면서 한숨을 돌리게 됩니다. 이후 미원에 대한 인식은 점차 바뀌어왔습니다만, 부정적

1968년 중국계 미국인 의사가 의학 저널에 "MSG를 쓴 중국 음식을 먹고 나면 몸이 저리고, 가슴이 벌렁거린다"는 글을 기고했다. 이 한 편의 글이 MSG 유해성 논란을 촉발하며, 서구에서도 MSG가 몸에 해로운 첨가물이라는 부정적 인식이 널리 퍼졌다.
그러나 1995년 미국식품의약국(FDA)과 세계보건기구(WHO) 등은 MSG가 인체에 해가 없다는 결론을 내렸다.
그림은 MSG 유해성 논란을 다룬 TED-Ed 강의 <What is MSG, and is it actually bad for you? - Sarah E. Tracy> 중 한 장면.

인식을 완전히 지우지 못했습니다. 이 때문에 미원은 오랜 기간 MSG가 무해하다는 사실을 알리는 데 주력해왔는데요. 이제는 미원이라는 제품 이미지를 젊게 만드는 등의 노력을 하고 있습니다. 과연 미원은 과거의 영광을 되찾을 수 있을까요?

MSG는
우리 몸에 해로울까?

MSG는 화학조미료가 아닙니다. MSG는 사탕수수를 발효시켜 나온 대사산물에 나트륨을 붙여 만듭니다. 다시마나 멸치 등에서도 추출은 가능하지만 단가가 비쌉니다. 그래서 요즘은 사탕수수를 씁니다. 사탕수수를 으깨 '코르네박테리움 글루타이쿰'이라는 미생물 균주를 넣고 발효시킵니다. 이 미생물 균주는 사탕수수의 당을 먹고 자라죠. 이들이 배설한 대사산물이 바로 글루탐산입니다.

글루탐산은 어디든 잘 붙습니다. 여기에 비용이 저렴하고 용해도가 낮은 나트륨을 붙여줍니다. 나트륨과 결합된 글루탐산이 바로 우리가 식품 포장지 뒷면 성분표에서 흔히 발견하는 'L-글루탐산나트륨'입니다. MSG죠. MSG는 물과 접촉하면 잘 분리됩니다. 이 때문에 MSG를 육수에 넣으면 글루탐산이 나트륨과 분리되면서 다른 식재료에 붙어 감칠맛을 내는 겁니다.

MSG는 정말 유해할까요? 세계보건기구(WHO)와 미국식품의약국(FDA)은 1985년 MSG에 대해 "평생 먹어도 안전한 식품 첨가물"이라고 결론을 내렸습니다. 한국의 식품의약품안전청도 2010년 "일일 섭취 허용량에 제한이 없는 안전한 물질"이라고 밝혔습니다.

MSG의 근간인 글루탐산은 아미노산의 일종입니다. 아미노산은 우리 몸을 구성하는 단백질의 기본 구성 단위입니다. 이는 곧 우리 몸에서 발견되는 단백질에는 글루탐산이 있다는 이야기입니다. 연구 등에 따르면 우리 몸에서 발견되는 단백질의 약 15%가 글루탐산이라고 합니다. 가장 흔한 아미노산의 일종입니다. 글루탐산은 20가지 아미노산 중에서 가장 기본적으로 필요한 아미노산입니다. 자체적으로 역할을 하는 것은 물론 다른 아미노산으로도 쉽게 전환돼 우리 몸속에서 정말 많은 역할을 합니다. 우리 몸은 매일 60g의 글루탐산을 만들어 냅니다. 그래서 모유(母乳)에도 글루탐산이 들어 있습니다. 각종 고기는 물론 우유, 치즈, 토마토, 밀가루, 옥수수, 생선, 달걀 등 거의 대부분의 식재료에 글루탐산이 들어 있습니다.

MSG는 단백질을 구성하는 아미노산 중 하나인 글루탐산을 중화·정제한 나트륨염 형태를 가리킨다. 글루탐산은 유제품·육류·어류·채소류 등과 같이 동·식물성 단백질 함유 식품에 들어 있으며, 우리 몸 안에서 스스로 합성되기도 한다. 모유 100ml에는 글루탐산이 20mg 가까이 들어 있다.

3-4

삼성 이병철 회장도
두 손 든 미원

➤➤ 전성기를 연 '타깃 마케팅'

여러분은 '미원'하면 어떤 이미지가 떠오르시나요? 1980년대 후반에 태어난 제게는 썩 좋은 이미지는 아니었습니다. 미원의 주성분 MSG가 몸에 나쁘다는 이야기를 자주 들으며 자랐기 때문이죠. 하지만 최근 들어서는 인식이 조금 바뀌었습니다. 재미있는 제품이라는 생각이 가장 먼저 떠오릅니다. 미원을 활용한 제품들도 친숙하게 느껴집니다. MSG의 무해성이 검증되면서 미원에 대한 사회적 시선이 변하고 있기 때문이겠죠.

하지만 최근 미원의 인기를 인식 변화의 결과만으로 보기는 어렵습니다. MSG는 20년 이상 유해성 논란을 겪은 성분입니다. 20년은 수천 개의 브랜드가 생기고 사라질 수 있는 시간이기도 합니다. 그렇다면 미원은 어떻게 부활할 수 있었을까요? 미원이 출시된 이래 꾸준히 이어져 온 '마음을 잡은 마케팅'이 그 원동력이었습니다.

미원은 1956년 출시 초기 시장을 선점하며 '1가구 1미원' 신드롬을 일으켰습니다. 하지만 독점은 오래가지 않았습니다. 삼성이 1968년 미풍을 생산하던 군소 업체를 인수하며 조미료 사업에 뛰어들었습니다. 이듬해에는 미원을 제외한 다른 조미료 업체 3곳과 제휴를 맺고 상표를 미풍으로 통일합니다. 이를 통해 삼성은 단숨에 조미료 시장점유율 2위 업체로 올라섰습니다.

이후 삼성은 미풍의 기술적 우위를 강조했습니다. 미원이 벤치마킹한 일본의 아지노모토와 기술 제휴를 체결했습니다. 당시 삼성은 신문 광고 등을 통해 아지노모토와의 제휴를 적극 어필했습니다. 게다가 미풍은 미원보다 가격도 저렴했습니다. 삼성이 미원의 시장점유율을 빼앗기 위해 적극적인 할인 공세를 펼쳤기 때문입니다. 대기업만이 할 수 있는 '출혈 경쟁'이었습니다.

보통 이런 상황이 되면 시장을 선점한 작은 기업이 경쟁에서 패배합니다. 하지만 미원은 정확한 '타깃 마케팅'으로 돌파구를 찾았습니다. 미원은 1970년대 최고 배우인 김지미 씨와 황정순 씨를 내세워 평화로운 가정의 이미지를 담은 광고를 진행했습니다. 미풍이 제품의 품질을 어필할 때 미원은 주요 소비자인 가정의 식탁을 책임지는 '주부'를 겨냥했습니다.

다음 타깃은 '가족'이었습니다. 미원은 어린아이를 그린 그림에 "우리 집에서 미원을 모르는 단 한 사람"이라는 캐치프레이즈를 내건 신문 광고를 진행했습니다. 1970년 초 벌어진 경품 전쟁에서도 전략은 비슷했습니다. 삼성은 여성에 어필할 수 있는 스웨터를 경품으로 내세웠습니다. 미원은 가계 경제에 보탬이 되는 순금 반지로 맞불을 놨죠.

가정에 집중한 미원의 마케팅 전략은 당시에도 호평받았습니다. 1976년

제일제당은 일본 아지노모토와 기술 제휴로 미풍을 생산하고 있다는 점을 앞세워 시장 공략에 나섰지만(위, 「매일경제」 1970년 3월 11일자), 미풍은 '가족'을 타깃으로 소비자의 마음을 움직였다(아래, 「경향신문」, 1977년 4월 30일자). 사진 네이버 뉴스라이브러리.

10월 22일자 「조선일보」 기사는 미원의 광고를 "유머가 있고 소비자에게 돌아올 이익을 약속하고 있다. 강압과 강요를 찾아볼 수 없는 '행동을 유도하는 광고'"라고 평가했습니다. 미원이 제품 자체에 대한 어필보다 소비자의 마음을 움직였음을 짐작할 수 있는 내용입니다. 미원은 이 같은 마케팅에 힘입어 미풍을 꺾는 데 성공합니다.

➤➤ 전성기와 암흑기를 동시에 선사한 MSG

하지만 영광은 오래가지 못했습니다. 성공에 도취한 미원은 안일해졌습니다. 그 사이 경쟁자는 반격을 준비했습니다. 삼성은 미풍으로 미원을 이길 수 없다고 판단했습니다. 이에 따라 1975년 천연조미료를 표방한 다시다를 내놨습니다. 2년 후에는 국내 최초의 복합조미료 '아이미'를 출시했습니다. 다른 시장을 열겠다는 시도였죠. 반면 미원은 다시다의 대항마인 '맛나'를 7년이나 늦은 1982년에서야 출시합니다.

미원이 꾸물거리는 사이 시장 상황이 바뀌었습니다. 1980년대 들어 경제가 빠르게 성장하면서 소비자들의 식품의 성분에 대한 관심이 높아졌습니다. 88올림픽을 앞두고는 MSG의 유해성이 사회적 화두로 떠오르며, 천연조미료가 각광받았습니다. 시장을 선점한 다시다는 맛나를 제압했습니다. 미풍으로 풀지 못한 한을 다시다로 푼 셈입니다. 1990년에는 럭키(현 LG화학)가 '맛그린'을 출시하며 '무첨가 마케팅'을 펼치면서 미원을 공격하기도 했습니다.

당시 미원은 MSG가 무해하다고 해명했지만, 효과는 없었습니다. 사회가 이미 MSG를 유해하다고 규정하고 있었기 때문입니다. 여기에 맛나를 비롯한 미원의 후속작들은 시장에서 외면받았습니다. 결국 미원은 1990년대 초반부터 암흑기를 맞게 됩니다. 미원이 대상으로 사명을 바꾸고 '청정원' 브랜드를 내세우는 등 대안 찾기에 들어간 것도 이즈음부터입니다.

새로운 기회는 2012년에야 찾아왔습니다. 몇몇 언론이 식당의 MSG 사용을 문제 삼는 기사를 냈습니다. 많은 언론사가 후속 보도를 내면서 역설적으로 MSG의 무해성이 검증됐습니다. 이 과정에서 식약처가 2010년 발표했던 MSG의 안전성에 대한 내용이 주목받기도 했죠. MSG를 둘러싼 오해는 20여 년 만에 풀렸습니다.

➤➤ 유해하다는 오명 벗고 트렌디한 브랜드로 리뉴얼

MSG 논란이 사그라지면서 미원은 다시 한 번 시장 공략에 나섭니다. 이번 타깃은 '젊은 소비자'였습니다. 다만 제품보다 브랜드를 앞세우는 마케팅 전략은 과거와 같았습니다. 미원은 2014년 10월 '발효미원'으로 리뉴얼됩니다. 한 달 후에는 '밥집 미원'이라는 팝업스토어를 열고, 미원의 전성기였던 1970년대 가격으로 국밥을 판매합니다. 중장년층에게는 추억을, 젊은 층에는 신선함을 주는 마케팅이었습니다.

다음 목표는 '젊은 이미지' 만들기였습니다. 미원은 2016년 '픽미원(PICK미원)' 광고를 선보였습니다. 가수 김희철 씨가 당시 유행하던 오디션 프로그램 주제곡 가사처럼 "픽미원"을 외치며 춤을 췄죠. 이 광고는 공개 20일 만에 유튜브 조회수 100만 건을 넘겼습니다. 반복되는 '훅'에 열광하는 젊은 층에게 미원은 친숙하게 다가갈 수 있었습니다.

2018년에는 지금까지도 회자되는 '소 한 마리, 닭 백 마리' 캠페인을 전개합니다. 미원을 사용하면 천연조미료로 쓰이는 소와 닭을 죽이지 않아도 된다는 메시지를 담은 광고였죠. 사회적 가치를 높게 평가하는 젊은 소비자들은 이 광고에 열광했습니다. 각종 온라인 커뮤니티에 캠페인 포스터 사진이 올라오며 관심을 집중시키기도 했습니다. 그 사이 미원이라는 이름에 담긴 '올드함'은 사라졌습니다. 트렌디하고 젊은 제품으로 다시 태어났죠.

보통 장수 제품에는 특유의 이미지가 있습니다. 애플의 컴퓨터는 과거

맛의 기적이 필요할 때
미원 한꼬집!

사탕수수를 발효하여 만든
감칠맛 미원

미원
味元®

SINCE 1956

사용량: 한꼬집

미원은 2010년대 들어 젊은 이미지로 탈바꿈한다.
최근 광고 캠페인은 미래 소비자인 20대가 나중에
요리하게 됐을 때 거부감 없이 미원을 찾도록 하는
데 초점을 맞추고 있다. 사진은 '픽미원' 광고 영상
(사진 대상그룹 유튜브).

미원의 2022년 브랜드 캠페인 '맛바람 미원'(사진 대상그룹 유튜브). 미원과 궁합이 좋은 음식을 만날 때마다 '맛바람'을 일으킨다는 대상의 온라인 광고는 한 달 만에 1000만 조회수를 돌파했다. 해당 광고는 서울영상광고제 2022에서 3관왕을 차지하기도 했다.

부터 '전문가용 PC'로 인식되고 있고, 다마스는 '서민을 위한 자동차'로 알려졌죠. 이렇게 고정된 이미지를 바꾸는 것은 무척 어렵습니다. 하지만 미원은 마케팅을 통해 이 어려운 일을 해냈습니다. 심지어 제품의 성분과 기술은 그대로였습니다. 다만 소비자에게 브랜드를 알리는 방식을 택했을 뿐입니다. 미원이 소비자의 마음을 읽고 있다고 볼 수 있는 대목입니다.

최근 미원은 20년의 공백을 깨고 다시 소비자를 직접 공략하고 있습니다. 2021년에는 요리잡지 「이밥차」와 손잡고 레시피북 『미원식당』을 선보였습니다. 2022년에는 '미원라면'을 출시하며 소비자들의 관심을 끌었습니다. 미원라면은 GS25에서 판매하는 라면 150종 중 10위권 매출을 기록했다고 하니 미원의 전략이 제대로 먹혔나 봅니다. 앞으로 10년 후 미원은 어떤 모습일까요? '1가구 1미원'의 영광을 재현할 수 있을까요? 무척 궁금해집니다.

3-5

미원의 시간은
거꾸로 간다

➤➤ 이름부터 달랐다

'가그린'과 '대일밴드', '봉고'의 공통점은 뭘까요? '보통명사'가 된 제품입니다. 정식 명칭은 따로 있지만 우리는 항상 저 이름으로 부르곤 합니다. 조미료에도 이런 제품이 있습니다. 바로 미원입니다. 미원은 MSG를 사용한 조미료입니다. 우리는 감칠맛이 폭발하는 음식을 먹고 나면 "MSG 넣었네"라고 하지 않습니다. "미원 넣었네"라고 말합니다. 그만큼 미원은 우리에게 조미료의 대명사가 됐습니다.

하지만 미원이 저 제품들과 다른 점도 있습니다. 가그린과 대일밴드는 다른 브랜드에서 만든 비슷한 제품도 잘 팔립니다. 심지어 봉고차는 스타렉스에게 자리를 빼앗겼습니다. 반면 미원은 늘 그 자리를 지키고 있습니다. 최근 들어서는 젊은 소비자에게 인기를 끌며 시간을 거스르고 있습니다. 그 이유는 아마도 탁월한 마케팅 덕분이 아닐까 싶습니다.

미원은 일본 아지노모토의 많은 점을 벤치마킹한 제품이다. 아지노모토를 베꼈다는 이야기를 들을 만큼 미원은 전략적으로 성분뿐만 아니라 이름, 상표 디자인까지 아지노모토와 유사하게 만들었다 (왼쪽 아지노모토, 오른쪽 미원 상표 디자인). 아지노모토가 해방 이후 수입 금지 품목이 되자 미투 전략을 통해 미원은 아지노모토의 자리를 빠르게 대체했다.

　미원의 한자 표기는 맛 '미(味)', 으뜸 '원(元)'입니다. 맛을 좋게 만드는 조미료의 본질을 담고 있습니다. 더 나은 이름을 생각하기 어려울 정도죠. 잘 알려진 것처럼 미원은 최초의 인공조미료 아지노모토를 벤치마킹했습니다. 이 제품의 일본어 표기는 '미소(味の素)'입니다. 미원과 같은 맛 '미' 자에 바탕 '소(素)'자를 사용했죠. 의미가 같습니다. 여기에 일본어 훈독에 따르면 '소'와 '원' 모두 '모토'로 읽힙니다. 물론 이를 노린 작명이겠죠. 이 때문에 미원은 이름까지 아지노모토를 베꼈다는 이야기도 들었습니다.

　미원이 처음 출시된 1956년 국내에는 마땅한 조미료가 없었습니다. 전쟁 직후라 물자 자체가 귀했습니다. 그러니 조미료가 있었을 리 만무합니다. 하지만 우리 국민의 입맛에는 일제강점기 내내 친숙하게 먹어 왔던 아지노모토가 깊숙하게 자리 잡고 있었습니다. 이런 상황에 아지노모토와 이름까지 비슷한 미원이 등장합니다. 소비자들은 아지노모토가 돌아왔다고 여겼겠죠. 미원은 날개 돋친 듯 팔려나갑니다. '1가구 1미원'이라는 말이 나올 정도였습니다.

미원이라는 이름은 경쟁 제품과의 라이벌전에서도 빛을 발합니다. 삼성은 1969년에 미풍을 선보이면서 미원과의 본격적인 경쟁에 나섭니다. 미풍은 아지노모토와 기술 제휴를 맺었습니다. 여기에 저가 전략까지 구사하며 시장을 공략했습니다. 미원과 미풍은 품질 차이도 거의 없었습니다. 미원에게는 큰 위기였죠. 하지만 미풍은 결국 미원과 대등한 위치에 서보지도 못하고 패배했습니다.

당시 미풍은 브랜드 파워, 반일감정 등 여러 요소에서 어려움을 겪었습니다. 광고 업계에서는 '이름'도 하나의 패인으로 꼽습니다. 당시에는 제품 이름에 한자를 주로 사용했습니다. 조미료 이름에는 반드시 '미(味)'를 넣어야 했습니다. 하지만 이를 미원이 선점하고 있었던 바람에 경쟁 제품 대부분이 '짝퉁'으로 여겨졌습니다. 일각에서는 발음의 문제도 이야기합니다. 미원의 발음이 미풍보다 쉽고 자연스러워 소비자에게 심리적으로 더 쉽게 다가갔다는 분석입니다.

▶▶ 시대를 초월한 '타깃 마케팅'

미원의 힘은 이뿐만이 아니었습니다. 미원은 67년 역사 동안 숱한 어려움을 겪었습니다. MSG 유해성 논란이 대표적입니다. 특히 MSG 유해성 논란은 20년 넘게 미원을 괴롭혔습니다. 많은 브랜드가 사라지고도 남을 시간이죠. 하지만 미원은 위기가 닥칠 때마다 절묘한 타깃 마케팅으로 이를 극복합니다.

미풍은 '기술'을 앞세워 미원을 압박했습니다. 큰 규모의 자동화 공장을 과시하는 TV 광고는 물론, 신문 광고에서는 아지노모토와의 제휴 사실을 적극적으로 활용했습니다. 반면 미원은 가정주부나 평온한 가족의 이미지를 광고에 담았습니다. 당대 최고 배우인 김지미 씨 등이 당시 미원 모델로 활동했습니다. 어떤 신문 광고는 서툴게 그린 갓난아이의 모습을 담기도 했습니다.

미원을 사용하면 천연조미료로 활용되는 소와 닭을 죽이지 않아도 된다는 메시지를 담은 '소 한 마리 닭 백 마리' 캠페인 중 '소 한 마리' 광고.

이 광고를 본 소비자들은 미풍은 '제품', 미원은 '생필품'으로 인식했습니다. 게다가 조미료의 핵심 소비자는 가족의 식탁을 책임지는 가정주부였습니다. 소비자들은 기술보다 친근한 이미지를 택합니다. 더 강한 브랜드 파워를 가진 미원이 이미지 메이킹에서도 앞선 겁니다. 미원이 미풍과의 경쟁에서 '완승'을 거둔 건 당연한 일이었습니다.

미원의 마케팅은 2010년대 들어 다시 한 번 주목받습니다. 2010년대에는 20년간 이어져 온 MSG의 유해성에 대한 오해가 일정 부분 해소됐습니다. 하지만 시장 상황은 많이 달라졌습니다. 미원은 더 이상

대세가 아니었습니다. 브랜드는 노후화됐습니다. 회사 이름마저 미원에서 대상으로 바뀌었습니다. 미원의 존재감은 점점 옅어지고 있었습니다.

그러자 대상은 미원을 '리브랜딩'합니다. 2014년 10월 제품 이름을 '발효미원'으로 바꾸고 패키지를 리뉴얼했습니다. 제품 패키지에는 미원의 원료인 사탕수수를 담아 화학조미료가 아니라는 점을 강조합니다. 팝업스토어도 엽니다. 팝업스토어에서는 1970년대 가격으로 미원으로 맛을 낸 국밥을 판매했습니다. 중장년층 소비자에게는 추억을, 젊은 소비자에게는 신선함을 줬죠. 부활의 첫걸음이었습니다.

2016년부터는 젊은 층을 겨냥한 마케팅을 전개합니다. 가수 김희철 씨가 "픽미원"을 외치며 춤을 추는 미원 브랜드 광고를 선보입니다. 이 광고는 인기 오디션 프로그램 〈프로듀스 101〉의 주제가를 활용해 젊은 소비자의 눈길을 사로잡았습니다. 2018년에는 "소 한 마리, 닭 백 마리" 캠페인이 전파를 탑니다. "미원을 사용하면 소와 닭을 살릴 수 있다"는 재미있으면서도 의미 있는 메시지를 담았습니다. 이 광고로 미원은 기존의 노후한 브랜드 이미지에서 탈피하는 데 성공합니다.

➤➤ 젊어진 미원, 다시 소비자 곁으로

미원은 2021년부터 본격적으로 시장을 노크하고 있습니다. 다만 미원 자체보다는 미원 브랜드를 담은 제품을 판매하는 데 집중하고 있죠. 대상은 2020년 온라인 패션스토어 무신사와 협업해 양말, 굿즈, 티셔츠, 무릎담요 등 미원의 신선로 로고를 활용한 한정판 굿즈를 내놓기도 했습니다. 이 굿즈는 MZ세대 소비자들의 한정판에 대한 니즈를 제대로 저격해 큰 인기를 끌었습니다.

미원의 주력 분야인 식품 카테고리에서도 신제품을 하나둘 선보이고 있습니다. 2021년 10월에는 최초의 미원 브랜드 스낵 '미원맛소금팝콘'을 출시했습니다. 이 제품은 출시 한 달 만에 30만 개가 판매됐습니다. 품귀 현상을 빚으면서 SNS에서 미원팝콘을 구매했다는 인증 글이 넘쳐나기도 했습니다.

다음 제품은 '미원라면'이었습니다. MSG 유해성 논란과 함께 라면에서 퇴출된 후 수십 년만의 귀환이었죠. 미원라면은 젊은 층에게 '감칠맛'을 선사하며 시장을 공략하는 데 성공했습니다. 미원팝콘과 마찬가지로 SNS 인증샷도 넘쳐나고 있습니다.

➤➤ 재치 · 유머 담긴 '영원한 브랜드'를 꿈꾸며

이처럼 미원의 시간은 이제 거꾸로 가고 있습니다. 미원은 1세대 조미료 입니다. '낡은 제품'임은 부정할 수 없습니다. 하지만 미원은 젊은 세대의 호응을 얻으며 4세대 조미료(액상발효조미료)가 장악한 시장에서도 존재감을 드러내고 있습니다. 이를 가능하게 한 것은 결국 마케팅의 힘입니다. 미원의 다음 변화는 어떤 모습일까요. 전은주 대상 마케팅 팀장을 만나 직접 들어봤습니다.

Q. 미원은 오랜 시간 동안 역사를 이어왔습니다. 비결은 무엇일까요?

A. 미원은 출시 이후 꾸준하게 독자적인 기술 개발에 주력해 왔습니다. 연구력과 생산력 향상에 열을 올렸죠. 이 사실이 널리 알려졌고, 국산을 애용하던 사회적 분

위기와도 맞아떨어져 성장할 수 있었다고 생각합니다. 또 미원은 미풍 등 경쟁 제품이 저가 경쟁을 벌일 때도 브랜드 파워와 소비자를 믿고 적절한 가격 정책을 이어왔습니다. 브랜드 가치를 지킨 점이 역사를 이어 올 수 있었던 원동력이라 생각합니다.

미원은 브랜드 이미지 변신 이후 미원을 활용한 제품을 꾸준히 내놓고 있다. 사진은 미원라면(사진 대상그룹).

Q. 아직도 MSG를 유해하다고 생각하는 분위기가 일부 남아 있습니다. 그만큼 마케팅을 진행하는 데 어려움이 있을 것 같습니다.

A. 회사 내에서는 다양한 부서가 관심을 두고 도움을 주는 품목이라 특별히 어렵지 않습니다. 다만 우리 회사의 대표 브랜드인 만큼 이를 지켜내야 한다는 사명감이 큽니다. 외부 마케팅 활동에서도 최근 미원 브랜드에 대한 호감도가 높아지고 있어서 어려움이 크게 줄었습니다. 새로운 미원 마케팅을 할 때마다 기대가 큽니다.

Q. 미원은 최근 젊은 층을 중심으로 주목받고 있습니다. 60년 이상 된 브랜드가 젊은 계층을 주요 소비자로 설정하기가 쉽지는 않았을 것 같은데요. 왜 젊은 소비자를 공략하기 위해 나섰나요?

A. 미원은 MSG 유해성 논란과 함께 언제부턴가 관심 밖의 브랜드가 됐습니다. 과거와 미래가 단절된 상태였죠. 때문에 '관심을 받는 일, 그래서 한 번 사용해 보는 일'이 전략적 과제였습니다. 이를 해결할 수 있는 소비자 계층이 MZ세대 등 젊은 소비자였습니다. 그들의 호기심과 이슈 확장력에 주목했죠.

Q. 미원이 다시 젊어진 비결은 무엇이라 생각하나요?

A. 안전성과 같은 복잡한 이슈에 대한 인식 개선은 내려놓고, 가볍고 재치 있게 브랜드를 어필하고자 했습니다. '픽미원' 광고가 시작이었죠. 이 광고가 생각보다 반응이 좋았습니다. 미원이 온라인에서 언급되기 시작했죠. 미원에 대한 잘못된 정보를 소비자가 바로잡아 주고, 사용처를 이야기하는 등 자발적 홍보까지 이뤄졌습니다.

Q. 미원을 활용한 제품이 잘 팔리는 것으로 알고 있습니다. 이유는 무엇일까요? 그리고 후속 제품이 기대된다는 이야기도 많은데요. 출시 계획은 있나요?

A. 2018년 젊은 소비자가 민감하게 반응하는 환경 주제를 미원 브랜드 스토리로 끌어들이는 데 성공했습니다. 덕분에 젊은 층의 미원에 대한 호감을 높였습니다. 이들이 2021년 선보인 미원 굿즈와 2022년 선보인 미원맛소금팝콘, 미원라면 등을 많이 구매하는 주력 소비자로 자리 잡았습니다. 앞으로도 시장 니즈에 대응할 수 있는 제품을 구상할 계획입니다.

Q. 앞으로의 미원 모습이 궁금합니다. 어떤 마케팅 전략을 구상하고 있나요?

A. 관심을 받는 데 성공했다면 이제부터는 정체성을 명확히 하는 것이 중요합니다. 호감형 브랜드로 키워내야 합니다. 이를 위해 미원의 정체성인 '감칠맛'을 보다 널리 알릴 수 있도록 노력하겠습니다. 다만 일방적 정보 전달보다 요즘 세대의 공감과 호응을 얻을 수 있는 상황 속에서 재치와 유머를 담아 이야기할 것입니다.

3-6

한 꼬집이면 충분해지는
감칠맛의 비밀

▶▶ 65년 축적된 '한국의 감칠맛'

1987년 국내 조미료 업계에서는 일반 소비자들에게는 생소한 '논쟁'이 벌어졌습니다. 미원과 미풍에 포함된 '핵산'의 비율을 두고서입니다. 핵산은 기존 원료인 MSG에 일정 비율을 넣으면 감칠맛을 더욱 높여준다고 합니다. 이 핵산을 얼마나 넣는 게 적절한가를 놓고 논쟁을 벌인 겁니다.

당시 미원은 핵산을 1.5% 포함한 '저배합핵산' 전략을 썼습니다. 미원은 우리의 입맛에는 핵산 배합 비율이 낮은 조미료가 적합하다고 주장했습니다. 반면 제일제당의 미풍은 이보다 높은 2.5%와 8%의 고핵산 제품으로 승부를 겨뤘는데요. 제일제당 측의 주장은 "화학조미료(MSG)는 적게 먹을수록 좋다"는 것이었습니다. 핵산 비율을 높이면 MSG가 적어지니 건강에도 좋다는 논리였습니다.

앞서 두 기업은 핵산조미료의 공법을 두고서도 싸움을 벌인 바 있습니다. 제일제당은 '이온교환수지공법'을 이용해 제품을 만든다고 강조했고요. 이에 맞서 미원은 '직접발효공법'을 사용한다는 점을 내세우며 신경전을 벌였습니다.

이처럼 소비자들은 들어도 쉽게 이해가 되지 않는 디테일한 제조법으로 경쟁을 벌인 이유는 무엇일까요? 아마도 조미료가 내는 감칠맛이라는 게 '정답'을 찾기 힘들기 때문일 겁니다. 조미료는 음식 맛을 더욱 감칠나게 하는 데 효과가 있지만, 그 자체의 맛은 말 그대로 '무미(無味)'합니다. 뭐가 더 맛있다고 주장하기가 쉽지 않습니다.

그래도 이런 경쟁이 낳은 효과는 있었습니다. 두 업체의 치열한 경쟁으로 국내 조미료 제조 기술은 일본과 함께 세계적인 수준으로 올라섰다는 평가가 많습니다. 특히 미원은 1956년 처음 출시한 이래 지금까지 독자적인 기술로 제품을 만드는 데 공을 들여왔는데요. 지금 우리가 아는 그 미원의 맛(?)은 바로 오랜 기간 축적된 기술로 완성된 맛이라고 할 수 있겠습니다.

➤➤ '한 꼬집'이면 충분해지는 제조 노하우

미원은 MSG 자체를 그대로 제품화한 조미료입니다. 이에 따라 미원은 적은 양으로도 충분한 감칠맛을 낸다는 특징이 있습니다. 이런 미원의 본질은 예나 지금이나 변하지 않았습니다. 다만 발효와 정제 기술이 발달하고 생산시스템이 고도화하면서 전반적인 품질이 좋아지고 있다는 게 대상 측의 설명입니다.

최근에는 다양한 종류의 미원 제품이 출시되고 있습니다. '다시마 발효

대상은 MSG에 대한 소비자의 오해가 풀리고 있다고 판단해, 미원의 색상과 형태, 첨가물을 변화시켜 젊은 층에 어필할 수 있는 새로운 제품을 만들고 있다(사진 대상그룹).

미원'과 '표고버섯 발효미원' 등입니다. 대상그룹은 MSG에 대한 소비자들의 오해가 풀리고 있다고 판단해 미원에 변화를 주기로 했습니다. 이에 따라 젊은 층에 어필할 수 있는 이런 제품을 만들기 시작했다고 합니다.

그렇다면 한국인의 감칠맛을 책임지고 있는 미원은 과연 어떻게 만들고 있고 또 어떤 변화를 추구하고 있을까요? 김재성 대상 식품연구소 개발4팀 과장을 만나 직접 물어봤습니다.

Q. 미원을 여전히 '화학조미료'로 오해하는 분들이 있을 것 같습니다. 미원의 제조법을 알려주세요.

A. 미원은 미생물 발효 과정을 거치는 발효조미료입니다. 사탕수수에서 원당이나 당밀을 추출해 미생물로 발효시킵니다. 이를 통해 미원의 주요 성분인 글루탐산을 얻어냅니다. 여기에 물에 잘 녹도록 나트륨을 첨가하고 결정화한 것이 미원입니다. 전통 발효 식품인 고추장, 된장, 간장의 발효 과정과 원리가 같다고 볼 수 있습니다.

Q. 미원 제조 과정에서 가장 신경 쓰는 점은 무엇인가요?

A. 미원의 원료가 되는 원당과 당밀의 품질을 균일하게 유지하는 것이 중요합니다. 원당과 당밀의 품질이 미생물 발효와 글루탐산 분리 과정에 영향을 미치기 때문입니다. 따라서 사탕수수로부터 추출한 원당과 당밀의 영양 성분을 철저하게 분석해 일정 기준을 통과한 원료만 사용하고 있습니다.

Q. 미원이 만들어진 지 67년이 됐습니다. 처음 출시 당시 만든 미원과 지금 미원 '맛'에는 차이점이 있을까요?

A. 미원의 본질이 변하는 것은 아니므로 맛이 변하지는 않습니다. 다만 과거와 비교하면 발효와 정제 기술이 발달하고 생산시스템이 고도화되면서 지금은 고품질의 미원 제품을 대량 생산할 수 있는 시스템이 구축됐습니다.

Q. 미원만의 맛의 장점이나 특징이 있을까요?

A. MSG를 활용한 조미료 제품은 국내에 많습니다. 미원처럼 MSG 자체를 그대로 제품화한 발효조미료도 있고 MSG를 기반으로 소고기나 해물 등 원물을 추가한 제품들도 있습니다. 그중에서도 미원은 적은 양으로도 충분한 감칠맛을 낼 수 있기 때문에 가장 효율적인 조미료라고 할 수 있습니다. 무엇보다 대상은 67년간 축적한 발효 기술을 보유하고 있습니다. 순수 국내 자본과 기술로 MSG를 개발했다는 자부심이 있습니다. 이게 미원의 가장 큰 경쟁력입니다.

Q. 최근 다양한 종류의 미원 제품을 출시하고 있습니다. 기존 미원과는 어떻게 다른가요?

A. 2015년 다시마 발효미원을 출시한 바 있습니다. 당시는 식약처가 MSG 안전성

을 홍보하는 등 MSG에 대한 오해가 점점 풀리던 시기였습니다. 미원도 변화가 필요하다고 생각했습니다. 특히 미원의 재도약을 위해서는 젊은 층에 어필할 수 있는 새로운 모습이 필요했습니다. 미원의 색상과 형태를 변화시킨다면 젊은 층에서도 충분히 미원에 관심을 가질 것으로 생각했습니다. 이후 2017년에 출시한 표고버섯 발효미원도 같은 맥락으로 미원의 변화를 보여주는 사례입니다.

기존의 미원이 흰색의 길쭉한 과립 형태라면, 다시마 발효미원과 표고버섯 발효미원은 다시마의 녹색과 표고버섯의 갈색을 가미한 동글동글한 과립 형태입니다. 두 결정 형태 모두 흡습에 강하고 용해성이 좋은 장점이 있습니다. 특히 표고버섯 발효미원은 국내산 표고버섯 엑기스를 첨가해 풍부한 감칠맛을 살린 것이 특징입니다.

Q. 평소 미원 많이 드시나요?

A. 집에서 요리할 때 맛이 부족하다고 느껴지는 순간에 잘 사용하고 있습니다. 한 꼬집의 적은 양으로 부족한 맛을 채울 때 그 진가가 발휘됩니다. 더 맛있게 먹겠다고 많은 양을 한꺼번에 넣으면 지금까지 한 번도 경험하지 못한 새로운 세계(?)를 만나실 수 있습니다. 하하. 꼭 필요한 순간에 적당량만 사용해 보시길 권해 드립니다.

미원의 결정적 한 끗

'한국의 감칠맛' 미원의 고집스러움

우리네 식탁 풍경을 바꾼 미원

지금까지 국산 대표 조미료 미원에 대해 알아봤습니다. 미원의 탄생부터 성장, 경쟁, 마케팅과 제조 이야기까지 다양하게 살펴봤는데요. 자료 조사를 하면서 내내 머릿속을 떠나지 않았던 생각은 '이미지의 힘은 참 무서운 것이구나'하는 점이었습니다. 국내 최초 조미료로 승승장구하던 미원은 'MSG는 화학조미료'라는 낙인에 꽤 오랜 시간 고전했습니다.

아무리 사실이 아니라고 항변해도 돌아오는 것은 더 큰 의심뿐이었습니다. 답답했을 겁니다. 일본 아지노모토에서 종업원으로 일하며 어깨너머로 배워온 기술이었습니다. 거기에 더해 실험실에 틀어박혀 고생 끝에 완성한 제품이었습니다. 하지만 어떻게 보면 '미원'이라는 이름부터 제조법까지 일본 아지노모토를 상당 부분 모방한 제품인 것도 사실입니다. 그 탓에 표절 논란도 있었죠. 살짝 아쉬운 부분이기도 합니다.

그럼에도 미원은 꿋꿋이 자신만의 입지를 구축했습니다. 우리 기술로 개발하는 데 성공했습니다. 아지노모토와의 기술 제휴 등을 생각해볼 수도 있었겠지만 그러지 않았습니다. 미원의 탄생으로 우리의 식탁은 혁명을 맞이합니다. 누가 뭐래도 미원이 바꾼 우리네 식탁 풍경을 부정할 수는 없을 겁니다. MSG 유해성 논란에도 미원이 버텨낼 수 있었던 것은 이런 자존심과 자신감 때문이었을 겁니다.

편견과의 싸움 끝에 다시 부활

미원은 수많은 시련을 겪으며 성장했습니다. 마케팅이 요란하지도, 유난하지도 않습니다. 기술을 강조하기보다는 언제나 우리 곁에 있다는 점을 강조합니다. 오래된 스테디셀러 브랜드가 공통적으로 고민하는 것이 있습니다. 바로 브랜드 노후화입니다. 미원도 마찬가지입니다. 미원은 67년 된 브랜드입니다. 미원이라는 브랜드에는 이미 세월이 켜켜이 쌓여 있습니다.

게다가 미원은 1세대 조미료입니다. 2세대인 복합조미료(다시다, 맛나), 3세대인 천연조미료(맛선생, 산들애), 4세대인 액상조미료(연두, 참치액)가 등장하면서 과거보다 입지가 많이 위축된 것이 사실입니다. 하지만 일반 가정 채널에서의 입지는 과거보다 약해졌을지 몰라도 여전히 B2B 시장에서 미원의 파워는 상당합니다. 2021년 대상의 조미료 부문 매출액은 1800억 원입니다. 대상 전체 매출액의 6.9%를 차지합니다.

이처럼 미원이 여전히 시장에서 입지를 공고히 할 수 있었던 데에는 처음 시작했다는 사실과 오랜 기간 치열한 경쟁을 통해 살아남은 브랜드 파위 등을 꼽을 수 있습니다. 과거에는 '친숙함'을 앞세웠다면 최근에는 '정보성'을 주제로 한 마케팅이 소비자들에게 좀 더 쉽게 다가갈 수 있었던 이유가 아닐까 싶습니다. "미원 100g이 소 한마리, 닭 100마리를 살렸다"는 슬로건으로 큰 인기를 끌었던 것이 대표적인 예입니다.

미원의 성장 과정을 살펴보면서 하나의 제품이 편견과 싸워나가는 것이 얼마나 어려운 일인지를 새삼 깨달았습니다. 'MSG는 몸에 나쁘다'는 잘못된 정보를 바로잡기 위해 20여 년을 싸워왔다는 사실이 신기하기도 했습니다. 물론 여전히 동의하지 않는 분도 많습니다. 그럼에도 미원은 오히려 그 잘못된 사실을 마케팅 포인트로 삼아 새로운 방법으로 소비자들에게 다가가고 있다는 점은 주목할만하다고 봅니다.

미원의 핵심은 '고집스러움'입니다. 국내 최초 조미료로서 시장을 개척하고 영광을 누렸지만, 그에 못지않게 다양한 도전을 맞닥뜨려야 했습니다. 경쟁사의 공격적 마케팅은 물론 MSG에 대한 유해성 논란까지, 국내 스테디셀러 제품 중 가장 많은 부침을 겪었습니다. 그럼에도 미원은 제품의 기본을 고집했습니다. 그 어떤 논란에도 스스로에게 충실했고, 스스로에게 부끄러움이 없었지요. 이것이 지금껏 국가대표 조미료로서 67년을 버틸 수 있는 결정적 한 끗이 아닐까 생각해봅니다.

'65년째 감칠맛 내는 조연, 미원'이라는 콘셉트로 진행한 광고(사진 대상그룹).

DAESANG 키워드

미원
味元 ®
SINCE 1956

사탕수수를 발효하여 만든 아미노산
감칠맛 미원

미원
味元 ®
SINCE 1956

250 g

미원의 주성분인 L-글루탐산나트륨은 WHO(세계보건기구),
FAO(세계식량농업기구)에서 섭취량 제한을 둘 필요가 없으며, FDA(미국식품의약국)에서는
소금, 후추, 식초, 와인, 이스트와 같이 일반적으로 안전한 물질로 분류하고 있습니다.

#아지노모토
일본 아지노모토에서 어깨너머로 배워
와 자체 기술로 개발 성공. 국내 최초
조미료 출시.

#치열한 경쟁
제일제당 '미풍'의 거센 도전에도 정면
승부로 돌파. 대기업의 파상 공세를
마케팅으로 이겨냄.

#변신과 메시지
미원은 젊은 이미지로의 변신을 꾀하
고 있음. 다른 오래된 브랜드들과의
차별점은 이미지 변신과 더불어 그간
꾸준히 진행해 온 MSG가 무해하다는
메시지도 같이 담아내고 있다는 점.

#소비자의 마음
기술보다 생필품에 방점. 가정의 식탁
을 책임지는 주부들의 마음을 잡기
위한 노력으로 '1가구 1미원'이 정착.

#MSG 유해성 논란
MSG는 화학조미료라는 경쟁사의
음해성 마케팅에 오랜 시간 고전.
그럼에도 지속해서 MSG가 해롭지
않다는 점을 알리는 데 주력.

DECISIVE SHOT

4

52년째 트렌디한 국내 최고령 스낵

새우깡

• Since 1971 •

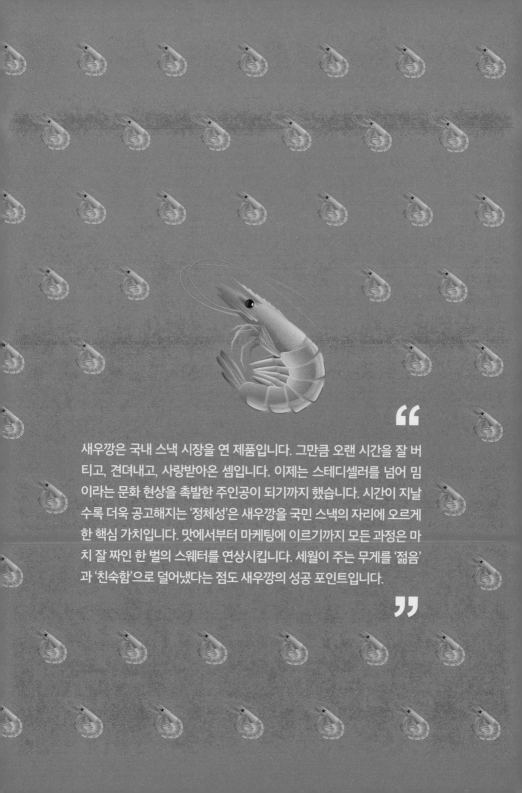

"

새우깡은 국내 스낵 시장을 연 제품입니다. 그만큼 오랜 시간을 잘 버티고, 견뎌내고, 사랑받아온 셈입니다. 이제는 스테디셀러를 넘어 밈이라는 문화 현상을 촉발한 주인공이 되기까지 했습니다. 시간이 지날수록 더욱 공고해지는 '정체성'은 새우깡을 국민 스낵의 자리에 오르게 한 핵심 가치입니다. 맛에서부터 마케팅에 이르기까지 모든 과정은 마치 잘 짜인 한 벌의 스웨터를 연상시킵니다. 세월이 주는 무게를 '젊음'과 '친숙함'으로 덜어냈다는 점도 새우깡의 성공 포인트입니다.

"

4-1

새우깡
'롯데 기원설'의 진실

▶▶ 라면이 갈라놓은 형제

'새우깡'은 국민 스낵입니다. 스낵류가 없던 시절 새우깡은 온 국민의 사랑을 받으며 성장했습니다. 새우깡을 떠올리면 자동반사처럼 흥얼거리게 되는 CM송은 "손이 가요, 손이 가"로 시작해 "농심 새우깡"으로 끝맺습니다. 하지만 새우깡이 세상에 처음 나왔을 때는 농심이 아니라 '롯데 새우깡'이었습니다. 롯데 새우깡이었던 데에는 사연이 있습니다. 라면을 둘러싼 형제 간의 갈등 때문입니다. 무슨 소리냐고요? 이 이야기를 알기 위해서는 시곗바늘을 1960년대로 돌려야 합니다.

　1960년대 일본 롯데 무역부장이었던 고(故) 신춘호[1930~2021] 농심그룹 회장은 한국에서 라면을 출시하고 싶어 했습니다. 제2차 세계대전 이후 먹을 것이 귀했던 일본에서 인스턴트 라면의 인기가 높았던 것을 직접 목격했기 때문입니다. 당시 국내에는 1963년 최초로 출시된 '삼양라면'이 큰 인기를 끌고 있을 때였습니다.

　신춘호 회장은 형인 고(故) 신격호 롯데그룹 명예 회장에게 라면 시장 진출 계획을 밝히고 도움을 요청했습니다. 하지만 예상외로 신격호 회장의 반대는 거셌습니다. 동생의 요청을 매몰차게 거절했죠. 신격호 회장은 삼양이 차지하고 있는 국내 라면 시장에 롯데가 진출해봐야 손해만 볼 것으로 생각했습니다. 예상치 못한 형님의 강한 반대에 부딪힌 신춘호 회장은 큰 충격

1971년 첫 출시 당시 새우깡은 '농심'이 아닌 '롯데' 이름을 달고 나왔다.

에 빠집니다. 오기가 생긴 그는 결국 홀로 라면 사업 진출을 준비합니다.

　신춘호 회장은 형의 그늘에서 벗어나 자신만의 독자 노선을 걷기로 했습니다. 수중에 있던 돈 500만 원과 명동 사채 시장을 통해 구한 자금으로 힘겹게 라면 사업을 시작합니다. 1965년 신춘호 회장이 설립한 롯데공업이 그 시작입니다. 당시만 해도 신춘호 회장은 '롯데'라는 사명을 사용했습니다. 신격호 회장도 이를 묵인했습니다. 신춘호 회장이 1965년 처음으로 출시한 라면이 '롯데라면'인 이유입니다.

　롯데라면은 삼양라면의 벽을 뛰어넘지 못했습니다. 오히려 그 높은 벽을 실감할 수밖에 없었습니다. 하지만 신춘호 회장의 라면 시장 공략은 이후에도 계속됩니다. 삼양라면을 이기기 위해 '왈순마' 같은 신제품을 계속 선보였지만, 결과는 참담했습니다. 재고가 쌓이고 저가 경쟁이 치열해지면서 롯데공업은 도산 위기에 직면합니다.

　그때 한 줄기의 빛이 보이기 시작합니다. 바로 정부가 혼분식 장려운동을 펼친 겁니다. 부족한 쌀 대신 밀가루 사용을 장려하면서 라면 시장은

롯데공업이 1971년 새우깡을 출시하며 라면과 스낵 사업에서 승승장구하자, 신격호 회장은 동생인 신춘호 회장에게 '롯데'라는 사명을 쓰지 말라고 엄포를 놓았다. 1978년 롯데공업은 사명을 농심으로 바꾸고 롯데와 완전히 결별했다(사진 1978년 3월 3일자 「경향신문」, 네이버 뉴스라이브러리).

급성장합니다.

이에 힘입어 롯데공업은 1970년 다시 야심 차게 '소고기 라면'을 출시했습니다. 당시 소고기는 특별한 날만 먹는 비싼 식재료였습니다. 하지만 소고기 라면을 통해 비싼 소고기를 싼값에, 간편하게 먹을 수 있다는 점이 소비자들로부터 좋은 반응을 얻기 시작합니다. 여기에 그동안 닭 육수를 베이스로 했던 라면에서 벗어나 롯데공업의 소고기 라면은 소고기 베이스의 빨간 국물을 선보이면서 공전의 히트를 칩니다.

이뿐만이 아닙니다. 1975년 당시 스타였던 코미디언 고(故) 구봉서, 고(故) 곽규석 씨를 앞세워 "형님 먼저~ 아우 먼저~"라는 CF를 통해 신제품 '농심 라면'을 선보이며 소비자들의 관심 끌기에 성공합니다. 이때부터 신춘호 회장의 롯데공업은 삼양식품 따라잡기에 속도를 내기 시작합니다.

그리고 신춘호 회장은 라면뿐만 아니라 스낵 사업에도 진출합니다. 대표적인 제품이 '새우깡'입니다. 1971년은 롯데라는 사명을 계속 사용하던 시기라, 처음 출시된 새우깡도 '롯데 새우깡'이었던 겁니다. 동생이 자신의 반대를 무릅쓰고 라면과 스낵 사업에서 승승장구하자 신격호 회장은 마음이 불편했습니다. 특히 스낵 사업의 경우 당시 롯데제과의 사업과 많은 부분에서 겹쳤습니다. 그러자 신격호 회장은 동생인 신춘호 회장에게 '롯데'라는 사명을 쓰지 말라고 합니다.

롯데공업 시작 때부터 형과의 사이가 틀어졌던 신춘호 회장은 이를 계기로 완벽하게 독립하기로 마음먹습니다. 사명을 고민하던 신춘호 회장은 농심 라면에서 힌트를 얻습니다. 그는 사명을 농심으로 바꾸고 롯데와의 단절을 선언합니다. 2020년 초 신격호 명예회장이 사망할 때까지도 두 사람 사이의 감정의 골은 메워지지 않았습니다. 새우깡의 시작이 '농심 새우깡'이 아니라 '롯데 새우깡'이었던 데에는 이런 사연이 숨어 있습니다.

▶▶ 회장님은 작명의 달인!

소고기 라면으로 자신감을 얻은 신춘호 회장은 사업 포트폴리오 확장을 꾀합니다. 이때 등장한 것이 바로 새우깡입니다. 1971년 롯데공업은 국내 최초 스낵인 새우깡을 출시합니다. 당시만 해도 간식거리가 충분치 않았습니다. 그랬던 만큼 새우깡의 등장은 소비자들에게 큰 반향을 일으켰습니다. 새우를 활용한 간식은 획기적인 사건이었던 겁니다.

그렇다면 새우깡이라는 이름은 어떻게 탄생했을까요? 신춘호 회장은 식품 업계에서 '작명의 달인'으로 알려져 있습니다. 새우깡도 신춘호 회장이 직접 지은 이름입니다. 신춘호 회장의 어린 딸이 민요 아리랑을 "아리깡~ 아리깡~"으로 불렀던 것에서 힌트를 얻어 지은 이름이라고 합니다.

이후 농심에서 생산하는 스낵류에는 '~깡'이라는 단어가 자주 사용됩니다. '감자깡', '고구마깡', '양파깡' 등 부르기도 쉽고 소비자들에게 각인하기에도 좋았던 겁니다. 그야말로 절묘한 한 수였습니다. 새우깡에서 시작한 '~깡'이라는 단어는 자연스럽게 소비자들에게 '깡=스낵'이라는 공식으로 자리 잡는 계기가 됐습니다.

새우깡 말고도 신춘호 회장이 작명해 히트를 한 상품이 많습니다. 대표적인 것이 '신라면'입니다. 신라면은 국내 라면 시장의 절대 강자죠. 신라면의 '신(辛)'은 신춘호 회장의 성(姓)에서 따온 겁니다. '매울 신'은 신라면의 정체성을 온전히 보여주는 단어이기도 하죠. 그 덕분이었을까요? 신라면은 1986년 출시 이후 꾸준하게 큰 사랑을 받고 있습니다.

농심의 대표 제품 중 하나인 '너구리'도 신춘호 회장의 작품입니다. 너구리의 작명과 관련해서는 여러 가지 설이 있습니다. 그중에서도 일본의 유명한 우동 중 하나인 '사누끼 우동'에서 왔다는 것이 정설입니다. 사누끼 우동의 특징은 오동통하고 쫄깃한 면발에 있습니다. 너구리 라면을 좋아하는 분들은 다들 아실 겁니다. 너구리 라면의 면발은 우동에 가깝습니다.

네이밍 전문 업체와 농심의 실무진, 신춘호 회장이 너구리 라면의 작명을 두고 의견을 교환하다가 너구리 라면과 유사한 일본의 사누끼 우동에서 너구리라는 이름이

고 신춘호 회장(사진 속 정중앙의 인물)은 업계에서 '작명의 달인'으로 통했다. 새우깡, 신라면, 너구리, 짜파게티, 둥지냉면, 백산수 등 농심을 대표하는 제품 이름을 신춘호 회장이 직접 지었다.

시작된 것으로 알려져 있습니다. 사누끼라는 단어로 말장난하다 '다누끼'라는 단어가 나왔는데, '다누끼(たぬき)'의 우리말이 '너구리'였던 거죠. 신춘호 회장이 이 이름을 선택한 것이 너구리 라면의 시작입니다.

이 밖에도 면 모양이 새의 둥지와 같다고 해서 붙여진 '둥지냉면', 스파게티처럼 짜장을 비벼 먹는 것에서 착안한 '짜파게티' 등 농심의 히트 상품들에는 신춘호 회장의 작명 센스가 담겨 있습니다. 아무튼, 어린 딸이 잘못 부른 노래에서 착안한 새우깡은 이제 농심의 대표적인 스낵이자, 국민 간식으로 자리 잡았습니다.

▶▶ 4.5톤 트럭 80대 분량의 밀가루를 투입해
독자 기술로 만든 스낵

새우깡이 국민 간식으로 각광 받으면서 여러 가지 이야기들이 나오기 시작합니다. 그중 하나가 표절 논란입니다. 실제로 인터넷을 통해 새우깡을 검색해보면 "일본 과자 '갓파에비센(かっぱえびせん)'을 무단으로 베낀 것"이라는 주장을 쉽게 찾아볼 수 있습니다. 갓파에비센은 일본 가루비(calbee)사가 1964년 출시한 새우 스낵입니다. 농심 새우깡과 모양도 맛도, 심지어 포장 디자인도 거의 똑같습니다.

농심 새우깡은 갓파에비센보다 7년이나 늦은 1971년 출시됐습니다. 게다가 모양과 맛도 흡사하다 보니 농심 새우깡이 일본 갓파에비센을 베꼈다는 이야기가 신빙성 있게 전파된 듯합니다. 하지만 농심 새우깡은 일본 갓파에비센을 베낀 제품이 아닙니다. 논란의 여지는 있을 수 있지만, 새우깡 제조사인 농심에서는 "사실과 다르다"고 강조합니다.

농심 관계자는 "1971년 초부터 새우깡 개발을 위한 자체적인 연구를 시작했다"며 "그 과정에서 일본 갓파에비센을 참고한 것은 맞지만 순수 우리 기술로 연구해 내놓은 제품"이라고 말했습니다. 또 "신춘호 회장이 맨땅에 헤딩하더라도 우리 기술이 있어야 한다고 강조해 수많은 실패 끝에 만들어 냈다"면서 "농심이 다른 식품 업체들처럼 기술 제휴를 맺고 제품을 생산하는 경우가 거의 없는 것도 이런 이유 때문"이라고 밝혔습니다.

　실제로 당시 롯데공업은 새우깡을 개발하기 위해 엄청난 양의 밀가루와 새우를 투입했습니다. 새우깡을 개발하기 위해 사용한 밀가루 양은 4.5톤 트럭 80대 분량에 달했습니다. 당시의 경제 상황을 고려하면 어마어마한 양이죠. 새우깡 시제품을 만드는 과정에서 튀김 온도가 적절치 않아 태우는 일이 수없이 반복되었고요. 또 가장 먹기에 적당한 강도를 유지하기 위한 강도 실험만 수백 번 시행했습니다. 시제품 생산을 위해 당시 연구원들이 야전 침대에서 숙식하며 제품 개발에 몰두했다는 일화는 아직도 유명합니다.

　새우깡은 이런 과정을 거쳐 탄생한 제품입니다. 농심 입장에서는 새우깡이 일본 갓파에비센을 표절한 제품이라는 이야기가 억울할 법도 합니다. 새우깡은 여타 스낵 제품과 달리 파칭 공법(160쪽 참조)이라는 신기술을 적용해 생산하고 있습니다. 일반적으로 스낵류는 기름에 튀깁니다. 하지만 새우깡은 식물성 기름인 팜유를 뿌린 상태로 새우 소금구이처럼 가열된 소금의 열을 이용해 굽습니다. 농심에서는 이런 기술이 새우깡에 자꾸 손이 가게 만드는 비결이라고 말합니다.

4-2

국내산 중하 어획량의
60%를 사들인
수산 업계의 큰손

▶▶ 일본에 뺏긴 우리 새우 맛을 알게 해 준 과자

사람의 입맛은 참 오묘합니다. 익숙한 것과 새로운 것을 동시에 추구하죠. 해외여행에서 생전 처음 먹어보는 새로운 음식을 맛있게 먹었더라도 한국에 돌아오면 꼭 김치찌개를 찾기 마련입니다. 과자도 마찬가지입니다. 신제품이 끝도 없이 쏟아집니다. 몇 년 전에는 '허니버터칩', 최근에는 '꼬북칩 초코츄러스'가 소비자들의 입맛을 사로잡았습니다. 하지만 결국 돌아옵니다. '올디스 벗 굿디스(oldies but goodies)'라는 말이 가장 잘 통하는 분야가 바로 입맛이기도 합니다. 한국 과자 시장에서 수십 년간 스테디셀러로 자리 잡고 있는 새우깡을 보면 쉽게 이해가 갑니다. 혹시 주변에 새우깡 맛을 모르는 사람이 있나요? 그렇다면 그 사람은 간첩일 가능성이 높습니다.

1971년 출시 당시부터 새우깡의 가장 중요한 광고 포인트는 국내산 생새우가 들어간다는 점이었습니다. 현재 새우깡 90g 한 봉지에서 생새우의 비중은 8.5% 수준입니다. 처음 출시됐을 때는 6.2% 정도였다가 조금씩 비율을 늘려왔습니다.

새우라고 다 같은 새우가 아닙니다. 해양수산부 국립수산과학원의 수산생명자원정보센터에 따르면 국내에서만 총 76종의 새우가 잡힙니다. 전 세계적으로 새우는 8900여 종이 있다고 합니다. 새우는 해수(海水)와 담수(潭水), 이 둘이 섞인 기수(汽水)에서

1971년 새우깡이 출시되면서 국내 중하 새우 어획량의 60%를 새우깡의 원료로 사용하게 됐다. 나머지 40%의 중하는 일본으로 수출되다 보니 새우깡이 아니라면 중하의 맛을 즐기기가 어려웠다. 중하는 국내에서 잡히는 대표적인 새우 7종 중 글루탐산 함유량이 가장 높다.

모두 서식합니다. 열대와 온대, 한대, 조간대에서 심해에 이르기까지 물이 있는 곳이라면 전부 새우가 살고 있습니다. 그렇다면 새우깡에는 어떤 새우가 들어갈까요?

새우깡의 봉지를 보면 커다란 새우 한 마리가 그려져 있습니다. 이 새우는 '중하'라는 새우입니다. 학명은 'Metapenaeus joyneri'입니다. 이 새우는 초기부터 새우깡의 주원료로 쓰이던 새우입니다. 수산시장과 식당 등에서는 영어명을 따라 '시바 새우(shiba shrimp)'라는 이름으로 더 알려져 있습니다. 새우 중에서도 맛이 뛰어나 새우깡이 개발되기 전에는 잡히는 족족 대부분 일본으로 수출되었다고 합니다.

일본인만 즐기던 새우를 우리도 먹게 된 계기가 바로 새우깡입니다. 1970년 5월 25일 자 한 일간지에 따르면 중하는 일본에 대부분 수출하다가 1971년 새우깡이 출시되면서 어획량의 60%를 새우깡의 원료로 사용하게 됐다고 합니다. 나머지 40%의 중하는 일본으로 수출되다 보니 새우깡이 아니라면 중하의 맛을 즐기기가 어려웠다고 합니다.

중하는 산란기인 6~8월이 되면 약 8cm까지도 자랍니다. 산란 후에는 모두 자연사를 하는 1년생 새우입니다. 살아있을 때 몸 색깔은 연한 황록색입니다. 몸 전체에 하얀 점무늬가 있는 것이 특징입니다. 새우깡 봉지에 있는 붉은 새우의 모습은 중하를 익혔을 때 모습과 가장 비슷하다고 합니다.

중하로 새우깡을 만든 이유는 무엇일까요? 출시된 지 오래되다 보니 정확한 이유를 찾기는 어려웠습니다. 다만 새우 중에서도 맛이 뛰어났기 때문이라는 추측은 가능합니다. 2001년 농촌진흥청에 따르면 중하는 국내에서 잡히는 대표적인 새우 7종 중 글루탐산 함유량이 생살 100g당 2842mg으로 가장 높았습니다. 글루탐산은 나트륨과 만나면 글루탐산나트륨이 됩니다. 바로 MSG입니다. 중하가 우리나라 인근 해안에서 잡히는 새우 중 감칠맛이 가장 뛰어난 새우라는 얘기입니다.

➤➤ 조연에서 주연 자리를 꿰찬 꽃새우

중하의 서식지는 그다지 넓지 않습니다. 전 세계적으로 일본과 중국 등의 동남아시아의 난류해역에만 분포하며 그중에서도 우리나라 서·남해에서 주로 잡힙니다. 우리 바다에서 잡히지 않는다면 구하기 어려운 새우입니다. 농심은 중하의 어획량이 줄면 새우깡의 생산을 중단하기도 했습니다. 세상에 새우는 많지만, 중하를 대체하기는 어려웠기 때문입니다. 하지만 한계가 왔습니다. 1990년대 들어 중하의 어획량이 크게 줄었습니다. 결국 1994년 농심은 새우깡에 중하를 더는 넣지 못하게 됩니다.

중하의 대안으로 떠오른 것이 바로 꽃새우입니다. 꽃새우의 학명은 'Trachysalambria curvirostris'입니다. 뉴페이스는 아닙니다. 꽃새우는 새우깡의 조연이었습니다. 새우깡은 처음 출시할 때부터 중하를 주로 썼지만, 일부 꽃새우도 함께 사용했습니다. 하지만 꽃새우는 중하의 어획량이 줄면서 자연스럽게 주연 자리를 차지하게 됩니다.

그렇다고 꽃새우의 맛이 중하보다 떨어지는 것은 아닙니다. 농촌진흥청에 따르면 꽃새우 순살 100g당 2501mg의 글루탐산이 들어 있어, 중하와 큰 차이가 없습니다. 글루탐산 함유량이 중하와 '닭새우(Panulirus japonicus)'에 이어 세 번째입니다. 맛으로 보아도 결국 꽃새우가 중하를 대신할 최적의 새우였던 셈입니다.

다른 대안은 없었을까요? 글루탐산 함유량 2위인 닭새우를 썼다면 어땠을까요? 닭새우는 어획량이 중하보다 더 적습니다. 모양도 새우라기보다는 가재에 가깝습니다. 여기서 말하는 닭새우를 횟집에서 쉽게 접할 수 있는 닭새우와 헷갈리면 안 됩니다. 횟집의 닭새우는 사실 '물렁가시붉은새우'가 본명입니다. 학명은 'Pandalopsis japonica Balss'입니다. 물렁가시붉은새우도 맛이 좋지만, 과자 원료로 쓰기에는 너무 비쌉니다.

꽃새우는 어획량도 안정적입니다. 일본과 중국, 인도, 스리랑카, 오스트레일리아 등 전 세계 넓은 지역에서 잡힙니다. 우리나라에서는 군산과 인천, 태안, 보령, 영광, 고흥, 여수, 통영 등지에서 납니다. 크기도 중하와 비슷하며 등장하는 시기도 비슷합니다. 하지만 중하보다 어획량이 약 20배

이상 많습니다. 중하를 잡던 어민 입장에서는 대상 어종 변경에 부담이 없습니다. 이들과 계약을 해온 농심 입장에서도 안정적인 재료 수급이 가능합니다.

▶▶ 국산에서 수입산 새우로, 농심의 변심?

우여곡절 끝에 꽃새우 과자로 자리 잡은 새우깡은 2019년 새우 때문에 이슈의 중심에 선 바 있습니다. 농심이 국내에서 납품받던 꽃새우 전량을 이제 미국 등을 통해 수입해서 쓰겠다고 발표하면서 어민과 지자체, 국회 등을 중심으로 반발의 목소리가 커진 겁니다.

수십 년간 국산 새우를 쓴다는 점은 새우깡의 중요 마케팅 포인트였습니다. 실제로 농심은 새우깡의 원료로 매년 500~1000여 톤의 군산 꽃새우를 사용해 왔습니다. 이는 군산 꽃새우 전체 생산량의 60~70% 수준입니다. 농심의 변심은 군산지역 새우 어민의 생사가 달린 문제였습니다. 소비자 입장에서도 혼란스러운 조치입니다. 왜 갑자기 이런 정책을 발표하게 된 것일까요?

어민들은 농심이 단가를 낮추기 위해 수입산 새우를 쓰려 한다는 주장을 펼쳤습니다. 하지만 농심이 설명은 다릅니다. 변심의 이유는 바로 '이물질' 때문입니다. 농심은 서해안에서 어획된 꽃새우에서 폐플라스틱 등의 폐기물이 너무 많이 나오면서 최종 생산품인 새우깡의 품질까지 위협받았다고 설명합니다.

새우를 받아오면 농심이 원료 선별 과정을 통해 이물질을 골라내긴 했지만 만에 하나 최종 생산품에 이물질이 섞여 들어갈 가능성을 완전히 배

제할 수는 없었습니다. 실제로 동아시아 바다공동체 '오션'이 2012~2014년 한국 인근 해안에서 미세 플라스틱 오염도를 조사한 결과를 발표했는데요. 한국 인근 해안의 미세 플라스틱 오염도는 세계 최고 수준이었다고 합니다. 오염물질의 99%는 스티로폼이었다고 하네요. 이 때문에 농심은 이미 2015년부터 미국산과 국내산을 50%씩 섞어서 써왔습니다.

농심 입장에서 이물질은 예민한 문제입니다. 새우깡이 국민 간식이다 보니 더욱 신경을 쓸 수밖에 없습니다. 이 때문에 농심은 원자재 확보와 운송, 제조, 유통에 이르기까지 모든 공정을 개선하는 '고객 안심 프로젝트'를 가동하고 있습니다. 소비자 단체와 대학교수 등이 참여한 '식품안전 자문단'도 발족해 운영 중입니다.

이런 상황에서 서해안 오염은 농심 입장에서 지나칠 수 없는 문제였습니다. 하지만 판로가 막혀 어려움에 빠질 어민들의 처지도 중요한 문제였습니다. 40여 년 동안 서해안 어민과 농심은 끈끈한 파트너였습니다. 결국 농심은 다시 군산에서 꽃새우를 납품받기로 했습니다. 어민들도 납품 과정에서 이물질을 철저하게 걸러내겠다고 약속했습니다. 지자체와 국회도 서해안의 오염 문제에 대해 해결책을 마련해 나가기로 했습니다.

실제 군산지역 국회의원들과 도의원들은 앞다퉈 해양 쓰레기 관련 법안을 발의하는 중입니다. 현재 새우깡에는 미국산 새우 90%, 국내산 10%가 사용되고 있습니다. 미국산의 비중이 높은 편이지만 앞으로 서해안의 오염이 정화될수록 국내산의 비중이 높아질 수 있습니다. 부디 군산 어민과 농심이 상생할 수 있는 대책이 나왔으면 좋겠습니다.

4-3

'1일1깡'을 해도
물리지 않는 맛을
완성하다!

▶▶ '스낵' 시장을 창조한 새우깡

〈아담의 창조〉는 이탈리아 천재 예술가 미켈란젤로^{Michelangelo Buonarroti, 1475~1564}가 그린 대표작입니다. 그가 이탈리아 시스티나 예배당 천장에 그린 창세기 아홉 장면 중 하나입니다. 조물주가 아담에게 생명을 부여하는 찰나를 표현한 작품입니다. 워낙 유명한 장면이어서 곳곳에서 패러디됩니다.

새우깡 이야기에서 웬 조물주며 아담 이야기냐고요? 얼마 전 농심이 공식 SNS 계정에 〈아담의 창조〉를 패러디한 시킨을 올려놓은 적이 있습니다. 요즘 복고풍, 즉 레트로가 유행이라고 하죠. 그래서 농심도 이른바 '옛날 새우깡'을 내놨습니다. 1970년대 방식으로 투명한 포장에 제품을 담았습니다. 농심 SNS에 올린 〈아담의 창조〉는 이 레트로 제품을 홍보하기 위해 만든 패러디물입니다.

농심이 옛날 새우깡을 내놓으면서 〈아담의 창조〉를 패러디한 점은 무

농심은 '옛날 새우깡'을 홍보하기 위해 미켈란젤로가 시스티나 예배당 천장에 그린 <아담의 창조>를 패러디했다(사진 농심). 태초에 조물주가 아담을 창조했듯이 농심이 새우깡을 내놓으면서 국내 스낵 시장은 비로소 태동하기 시작했다.

척 인상적입니다. 조물주가 아담에게 생명을 불어넣은 순간은 그야말로 옛날 옛적 일입니다. 옛날 새우깡이 그만큼 오래전에 나왔던 제품이라는 의미가 담겨 있습니다.

그 순간은 인간 세상이 태동한 날이기도 합니다. 새우깡은 국내 최초로 만들어진 스낵입니다. 1971년 당시 국내 제과업체들은 주로 비스킷과 사탕, 건빵을 만들어 팔았습니다. 농심이 새우깡을 내놓으면서 스낵 시장은 비로소 태동하기 시작했습니다. 조금 과장해 얘기하자면 새우깡으로 스낵 시장이 창조됐다고 할 수 있겠습니다.

새우깡은 아직도 국내 스낵 시장에서 판매량 1위를 달리고 있습니다.

2022년에는 새우깡 단일품목으로 매출 1000억 원을 돌파하기도 했습니다. 출시되고 52년이 지난 지금까지 인기를 끌고 있으니 누가 이 맛을 노를까요? 50세가 안 된 분이라면, 새우깡은 태어날 때부터 존재한 과자입니다. 그 맛은 누구나 다 알고 있습니다.

▶▶ 만천하에 공개된 새우깡 맛의 비밀

다 아는 맛이기에 우리는 새우깡 맛에 좀체 관심을 기울이지 않습니다. 자꾸만 손이 가긴 하지만 어떻게 만들었길래 이런 맛을 내는지 많이 궁금해하지는 않습니다. 너무도 익숙하기 때문입니다.

새우깡 맛의 비결은 제품 포장지에 힌트가 있습니다. 깨알같이 적혀 있는 '원재료명'이나 '영양 정보'를 노력해서 들여다볼 필요도 없습니다. 크게 쓰여 있습니다. 포장 전면에 적혀 있는 '생새우로 만든', '튀기지 않고 구워 만든', 이 두 가지가 새우깡 맛의 비결입니다.

'생새우로 만든'이라는 설명을 살펴보겠습니다. 새우깡은 새우 본연의 맛을 구현하려고 노력해 만든 스낵입니다. 시장에는 여러 새우 스낵이 있지만 저마다 구현하려고 하는 맛이 조금씩 다릅니다. 새우 스낵이라고 해서 모두 새우 본래의 맛을 강조하지는 않습니다. 예를 들어 농심이 2019년 출시한 '구운새우칩'은 새우를 조미한 뒤 구울 때 나는 '진한 풍미'를 강조한 맛이라고 합니다. 반면 새우깡은 새우 본연의 맛을 극대화한 맛입니다. 두 과자는 비슷하면서도 엄연히 다른 맛을 추구합니다. 농심 관계자의 설명이 그렇습니다.

새우 본연의 맛을 강조하기 위해서는 무엇보다 새우가 가장 중요합니

| 새우깡 제조법 |

생새우를 갈아서 밀가루와 혼합 → 반죽을 작고 네모난 모양으로 성형 → 반죽에 특유의 빗살무늬를 넣은 다음 뜨겁게 달궈진 소금으로 굽기 → 구운 과자에 양념가루 골고루 뿌리기.

새우깡은 소금의 짭짤한 맛과 새우 본연의 고소하고 담백한 맛이 어우러지도록 소금구이 방식으로 만든다.

다. 새우깡에 어떤 새우를 쓰는지는 앞서 살펴봤습니다. 농심은 새우 맛을 균일하게 유지하기 위해 매년 같은 시기에 어획한 새우를 사용합니다. 또 새우 맛을 좌우하는 아미노산 구성을 주기적으로 분석하고 맛 평가를 하는 등 관리 시스템을 가동하고 있습니다.

'튀기지 않고 구워 만든'이라는 문구를 살펴볼까요? 새우깡 포장 뒷면에 자세한 설명이 있습니다. 제조법을 그림으로 친절하게 보여줍니다. 먼저 바다에서 잡은 생새우를 갈아서 밀가루와 혼합합니다. 반죽을 작고 네모난 모양으로 만듭니다. 여기에 특유의 빗살무늬를 넣은 다음 뜨겁게 달궈진 소금으로 굽습니다. 새우 소금구이와 같은 방식입니다. 마지막으로 일종의 양념 가루를 골고루 뿌립니다.

농심은 달궈진 소금으로 굽는 방식을 파칭(parching) 공법이라고 소개합니다. '찌는 듯한' '타는 듯한'이라는 의미의 파칭은 우리나라 말로 '덖음'이라고 옮길 수 있습니다. 덖음이란 재료를 냄비나 솥에 넣어 강한 열로 타지 않을 정도로 볶아서 익히는 조리법인데요. 새우깡 제조법과는 조금 다르긴 합니다. 새우깡의 경우 '소금의 강한 열로 타지 않을 정도로 구워

내는 방식'이라고 이해하면 될듯합니다.

　새우를 굳이 소금에 굽는 이유는 무엇일까요? 실제 새우를 별다른 양념 없이 소금으로 구워내는 방식은 새우 본연의 담백함과 은은한 감칠맛을 느낄 수 있게 하는 조리법으로 여겨집니다. 우리나라에서 새우를 가장 맛있게 먹는 조리법으로 꼽히기도 합니다. 새우깡은 바로 이 맛을 타깃으로 만들어졌습니다. 소금의 짭짤한 맛과 함께 새우 본래의 고소하고 담백한 맛이 어우러진 맛입니다.

　참고로 새우깡 반죽은 사실 우리가 보는 완성품과 다릅니다. 더 작고 반듯한 직사각형의 스틱 모양입니다. 이 반제품을 뜨거운 소금에 넣고 구우면 마치 새우처럼 굽은 모양으로 팽창하게 된다고 합니다. 이렇게 만든 뒤 마지막으로 양념 가루(시즈닝)를 뿌려 완성합니다. 대부분 스낵에는 시즈닝이 들어갑니다. 맛을 극대화하기 위해서입니다. 하지만 새우깡에는 시즈닝을 최대한 적게 뿌린다고 합니다. 양념 가루 맛이 아닌 새우 본연의 맛을 강조하기 위해서입니다.

▶▶ 소금구이 방식,
새우의 고소한 맛과 식감을 살리는 데 최적

농심은 종종 새우깡의 새로운 맛 제품을 내놓고 있습니다. 이를 업계 용어로 '새우깡 신풍미'라고 합니다. 지금 시중에는 '쌀새우깡'과 '매운새우깡', '깐풍새우깡', '트러플새우깡'이 판매되고 있습니다. 원조 새우깡이야 워낙 익숙한 맛이니 다소 흥미(?)가 떨어진다면 이런 제품을 골라보면 익숙하면서도 새로운 맛을 느낄 수 있습니다.

농심이 내놓은 신풍미 중에서 이제는 접할 수 없는 제품도 있습니다. 오징어 먹물 새우깡이 대표적입니다. 1995년 출시된 이 새우깡은 시대를 너무 앞서 간 제품으로 회자되곤 합니다. 농심은 몸에 좋은 오징어 먹물을 넣었다며 야심 차게 제품을 내놨지만, 당시 사람들은 웰빙에 관심이 많지 않았습니다. 검은색 음식에 대한 거부감도 있었고요.

신풍미 제품을 먹다 보면 원조 새우깡이 그리워지기도 합니다. 아마 농심도 이런 효과를 바라고 꾸준히 신풍미를 내놓는 게 아닐까 싶습니다. 원조 새우깡 맛이 다시 그리워지는 이유는 뭘까요? 52년째 매력을 유지하는 비결은 무엇일까요? 새우깡 맛을 가장 잘 알고 있을 농심의 박윤규 스낵 개발팀 부장에게 직접 물어봤습니다.

Q. 본인 소개 부탁드립니다. 어떤 일을 맡고 있는지도 설명해주세요.

A. 10년째 새우깡 신풍미 개발 및 제품 개선 업무를 담당하고 있는 박윤규라고 합니다. 저는 2011년부터 새우깡, 매운새우깡, 쌀새우깡 등 새우깡류를 맡아왔습니다. 기존 새우깡의 맛과 식감을 유지하기 위해 새우와 기타 원료의 품질을 점검하고 제조 공정상 공정 조건을 최적화하기 위해 노력하고 있습니다. 더불어 새로운 맛을 개발하기 위해 다양한 실험을 진행하고 있습니다.

Q. 오랜 기간 인기를 얻고 있는 새우깡의 가장 큰 장점은 무엇인가요?

A. 새우깡의 장점은 물리지 않는 새우의 고소함, 적당히 짭짤한 맛, 부담 없이 먹을 수 있는 부드러우면서도 바삭바삭한 식감이라고 생각합니다. 언제 어디서나 누구와 먹어도 맛있고, 술안주로도 맛있어서 남녀노소 누구에게나 오랫동안 사랑을 받고 있다고 생각합니다.

Q. 보통 기름에 튀기면 뭐든 맛있다고 하잖아요. 그런데 새우깡을 굳이 구워서 만드는 이유가 있나요?

A. 새우는 소금에 구워 먹을 때 가장 맛있습니다. 새우 소금구이는 소금의 짭짤한 맛과 새우 고유의 고소한 맛, 담백한 맛을 가장 잘 어우러지게 합니다. 새우깡의 경우 바로 그 맛을 타깃으로 하기 때문에 소금에 구워내는 파칭 공법을 적용했습니다. 기름에 튀겨내는 방법으로는 구현할 수 없는 맛이죠.

Q. 새우깡의 맛과 식감을 유지하기 위한 작업은 구체적으로 어떤 일인가요?

A. 새우깡에는 국산과 미국산 꽃새우를 섞어 사용하고 있습니다. 새우는 매년 같은 시기에 어획한 것을 사용합니다. 아미노산은 새우의 맛을 좌우하는데요. 저희는 주기적으로 아미노산을 분석하고, 맛 평가를 통해 균일한 맛을 낼 수 있도록 관리하고 있습니다. 새우깡의 맛을 가장 크게 좌우하는 것은 새우입니다. 저희는 신선한 새우를 곱게 갈아 사용하기 때문에 새우 고유의 풍미를 그대로 새우깡에서 느낄 수 있습니다.

Q. 새우깡 브랜드로 신제품을 종종 내놓고 있습니다. 이런 제품을 선정하는 기준은 무엇인가요?

A. 새우깡의 새로운 맛을 선정할 때는 세계 여러 나라의 새우와 관련된 요리를 주로 참고합니다. 여러 가지 콘셉트를 개발, 평가하고 선정된 콘셉트에 어울리는 맛을 실제 시제품으로 구현해 소비자 평가를 거쳐 신제품을 개발합니다. 새로운 맛 역시 새우깡만의 독특한 식감과 맛을 유지하기 위해 파칭 공법을 사용합니다. 맛에 대한 기준은 기존 새우깡의 제일 큰 특징인 새우의 고소한 맛과 식감을 살리면서 새로운 맛을 가미하는 것입니다.

4-4

새우깡에 자꾸만
손이 가게 만든 마케팅

>> **52년 전 첫 새우깡을 그대로 재현**

새우깡의 핵심은 역시 '새우'입니다. 딱히 이렇다 할 간식거리가 없던 시절 값비싼 새우가 들어간 스낵이 등장했으니 소비자들로서는 무척 신기했을 겁니다. 그런 만큼 많이 회자된 제품이기도 합니다. 사실 이런 제품은 특별한 마케팅이 필요 없습니다. 이미 값비싼 새우가 들어갔다는 사실만으로도 소비자들의 뇌리에 각인되기 충분하니까요.

새우깡은 핵심 재료인 새우가 가진 감칠맛을 극대화하고 파칭 기법을 활용해 바삭한 식감을 살린 것이 특징입니다. 여기에 짭조름한 맛으로 한국인의 입맛에 딱 맞도록 제조한 것도 장수 비결로 꼽힙니다. 먹을수록 더 먹고 싶게 만드는 마성의 '중독성'을 가졌다는 것은 그만큼 새우깡의 완성도가 높다는 것을 의미합니다.

첫 출시 이후 지금까지 동일한 제조법을 유지하고 있는 것도 눈여겨볼 부분입니다. 우리가 접하고 있는 많은 먹거리 제품들은 대부분 시간이 지날수록 제조법이 조금씩 변합니다. 그때그때 트렌드에 맞춰야 하기 때문입니다. 하지만 새우깡은 달랐습니다. 처음부터 소비자들의 입맛을 제대로 저격했기 때문입니다. 52년 전 첫 새우깡의 맛을 지금도 똑같이 즐기고 있는 셈입니다.

이쯤 되면 새우깡에는 특별한 마케팅이 필요 없어 보입니다. 소비자들의 입맛과 뇌리에 깊이 각인된 제품인 만큼 제품 자체가 곧 최고의 마케팅 수단이 될 수 있어서입니다. 하지만 농심의 생각은 달랐습니다. 농심은 거의 반세기 동안 새우깡을 소비자의 곁에 두기 위해 노력했습니다. 그 덕분일까요? 새우깡의 누적 매출은 2조 2300억 원(2022년까지), 과자 시장 점유율은 7.7%(1위)에 이릅니다.

농심의 새우깡 마케팅에서 빼놓을 수 없는 것이 바로 '네이밍'입니다. 신춘호 농심 회장이 직접 작명했다는 것부터 '스토리 텔링'이 가능한 요소입니다. 여기에 핵심 재료인 새우를 전면에 내세웠고 '~깡'을 붙여 소비자들에게 친숙하게 다가갔습니다.

➤➤ 새우깡의 젊은 이미지 심기 전략

어떤 제품이든 시간이 지나면 겪는 시련이 있습니다. 바로 브랜드 노후화입니다. 시간이 갈수록 경쟁 제품은 계속 등장합니다. 트렌드도 급변하죠. 그래서 한 제품이 수십 년간 소비자의 사랑을 받기란 여간 어려운 일이 아닙니다. 처음 출시될 때는 모두 주목합니다. 신제품이니까요. 하지만 시간이 지나면 익숙해집니다. 결정적 한 끗이 없다면 소비자는 그 제품에 더 이상 손을 뻗지 않습니다.

그럼에도 불구하고 브랜드 노후화라는 악재를 뚫고 오랜 기간 살아남은 제품들이 있습니다. 이런 제품들의 공통점은 오랜 시간 동안 소비자의 마음을 사로잡는 마케팅이 존재했다는 점입니다. 출시 후 52년째 국민 간식으로 사랑받고 있는 새우깡도 브랜드 노후화는 피해갈 수 없는 관문이었습니다. 하지만 농심은 새우깡의 마케팅 포인트를 잘 잡았습니다. 바로 '젊은 감각'입니다.

새우깡의 인기가 계속될수록 농심의 고민도 커졌습니다. 소비자에게 자칫 옛날 과자라는 인식이 자리 잡을 수 있어서입니다. 새우깡을 이기기 위해 경쟁사들도 유사한 제품들을 쏟아냈습니다. 농심의 입장에서는 당연히 신경이 쓰였을 겁니다. 농심은 여기서 역발상을 합니다. 바로 새우깡은 늘 소비자와 동시대를 함께 호흡하는 제품이라는 점을 강조한 겁니다.

1971년 출시 당시 제작한 첫 새우깡 CF에는 희극인인 고(故) 김희갑 씨를 내세웠습니다. 첫 출시인 만큼 당대의 인기스타를 앞세운 겁니다. 사실 여기까지는 다른 기업들의 신제품 출시 때와 별반 차이는 없습니다. 다만 이때도 농심은 김희갑 씨의 이미지에 기댄 광고가 아닌 김희갑 씨를 앞세워 새우깡이 새우를 사용했다는 점을 강조했다는 것이 조금 다르다면 다르달까요.

눈여겨볼 부분은 이후입니다. 이후 농심은 다양한 스타들을 새우깡 모델로 내세웁니다. SES, 이종석, 남주혁에 이어 가수 비까지 당대의 '젊은' 스타들이 새우깡 광고모델로 활약했고, 하고 있습니다. 차이가 좀 보이시나요? 시간이 갈수록 농심은 새우깡의 모델로 스타를 내세우되 '젊은 감각'을 유지하기 위해 애쓴 흔적이 나타난다는 점을요.

농심은 당대의 하이틴 스타를 전면에 포진시켜 '새우깡은 결코 과거의 스낵이 아니다'는 점을 강조한 겁니다. 오래전부터 새우깡을 접해왔던 중장년층뿐만 아니라, 잠재적 장기 고객층인 10대와 20대도 타깃으로 했습니다. 새우깡은 오래됐지만, 그 맛은 젊은 사람들도 충분히 즐길만한 가치가 있다는 점을 강조했습니다. 농심은 새우깡이 '전 세대를 아우르는 스낵'이라는 점을 이야기하고 싶었던 겁니다.

▶▶ 새우깡만큼이나 중독성 강한 CM송

새우깡 마케팅에서 빼놓을 수 없는 것 중 하나가 바로 CM송입니다. "손이 가요, 손이 가"로 시작하는 새우깡 CM송은 대한민국 남녀노소 누구나 다 아는 대 히트곡입니다. 새우깡의 CM송은 여전히 불리고 있습니다. 그만큼 중독성이 강하죠. 새우깡 맛만큼이나 CM송도 강한 중독성을 가지고 있습니다. 여전히 새우깡 하면 다들 이 CM송부터 떠올리실 겁니다.

이 CM송은 1988년 처음 제작됐습니다. 새우깡 홍보를 강화하기 위해 농심이 준비한 프로젝트였습니다. 이 CM송도 엄연히 작사가와 작곡가가 있습니다. 작사가는 한국 카피라이터 업계의 대부라고 할 수 있는 이만재 씨였습니다. 이만재 씨는 여러 히트작을 보유하고 있는데요. '사나이 울리는 농심 신라면'도 이만재 씨 작품입니다. '동원 참치 살코기 캔'도 이만재 씨 작품입니다.

작곡가는 국내 CM송계의 대부인 싱어송라이터 윤형주 씨가 맡았습니다. 윤형주 씨가 히트시킨 CM송은 정말 많은데요. 현재 대한민국의 광고 역사에서 손꼽히는 CM송 두 개를 모두 윤형주 씨가 작곡했습니다. 그중

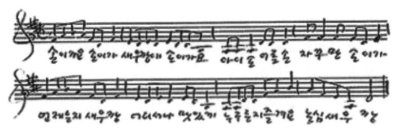

한국 광고 역사상 불후의 명작으로 평가되는 새우깡 CM송 악보. 새우깡 CM송은 카피라이터계의 대부인 이만재 씨와 CM송 작곡의 대가 가수 윤형주 씨가 함께 만든 작품이다(사진 농심 블로그).

하나가 새우깡 CM송입니다. 나머지 하나는 뭐냐구요? 현재 동아오츠카에서 생산하는 '오란씨'입니다. "하늘에서 별을 따다, 하늘에서 달을 따다"로 시작하는 CM송입니다.

농심의 새우깡 CM송은 발표 이후 지금까지 사용되고 있습니다. 새우깡 하면 조건 반사로 머릿속에 "손이 가요, 손이 가"가 떠오를 만큼 소비자들에게 깊게 각인된 CM송입니다. 그만큼 새우깡 CM송은 온 국민의 입에 착 붙었습니다. 농심은 이를 십분 활용했죠. 출시한 지 52년이 되었지만, 새우깡 CM송을 통해 소비자들은 여전히 새우깡을 인식하고 즐기고 있습니다. 새우깡이 장수하고 있는 비결 중 하나입니다. 소비자에게 친숙한 맛과 이미지, 여기에 입에 착 붙는 CM송까지 새우깡이 지난 반세기 동안 인기를 끌었던 데에는 이런 숨은 노력이 있었습니다.

▶▶ #가수비 #깡 #새우깡 #밈 #1일1깡
가장 핫한 트렌드의 중심에 선 52세 새우깡
새우깡은 최근 다시 한 번 돌풍을 일으킵니다. 가수 비의 노래 〈깡〉과 함

밈 트렌드의 중심에 선 가수 비의 〈깡〉 뮤직비디오(사진 지니뮤직 유튜브).

께 소비자들에게 색다른 재미를 선사했습니다. 〈깡〉은 비가 2017년 발매한 앨범 〈MY LIFE愛〉의 타이틀곡으로, 발매 당시에는 크게 주목받지 못한 곡입니다. 지금의 트렌드와는 다소 어긋난다는 평가를 받았습니다. 특히 오글거리는 가사와 퍼포먼스로 대중에게 많은 질타를 받았죠.

하지만 비의 〈깡〉은 발매 3년 만에 화려하게 부활합니다. 새우깡의 '~깡'과 접목되면서 다시 큰 인기를 끌기 시작했는데요. 당시에는 주목받지 못했던 비의 〈깡〉 무대 퍼포먼스가 뒤늦게 일부 유튜버들을 통해 소개되면서 대중의 관심 끌기에 성공합니다. 유튜브에 소개된 비의 〈깡〉 뮤직비디오에 수많은 댓글이 달리기 시작했고 이 댓글을 보기 위해 많은 사람이 비의 〈깡〉을 찾으면서 '1일1깡'이라는 말이 유행합니다.

비의 〈깡〉이 큰 주목을 받은 것은 노래나 무대 퍼포먼스 자체가 아닌 댓글이 가장 큰 이유였습니다. 멋지다는 평가보다는 조롱이나 농담 같은 댓글이 쏟아졌죠. 그리고 이런 것들이 일명 '짤'로 각종 커뮤니티에서 회자되면서 비의 〈깡〉은 재조명받게 됩니다. 여기에 당사자인 비가 대중의 이런 반응에 대해 쿨하게 반응하면서 〈깡〉의 폭발력은 더욱 배가됐습니다.

심지어 비의 〈깡〉은 이제 현재의 트렌드를 설명하는 문화 현상의 한 예로까지 언급되고 있는데요. 여러분들도 들어보셨을 '밈'입니다. 밈은 그리스어 '모방(mimeme)'과 영어 '유전자(gene)'를 합한 단어입니다. 진화생물학자인 리처드 도킨스Clinton Richard Dawkins, 1941~ 가 1976년 저서 『이기적 유전자』에서 처음 사용했습니다. 도킨스는 생물학적 특징이 유전자를 통해 이어지듯 문화도 어떤 매개체를 통해 전달되는데, 그게 바로 밈이라고 정의했습니다.

비의 노래 〈깡〉과 퍼포먼스가 비호감에서 호감으로 바뀌면서 일각에서는 새우깡과의 접목 가능성을 제기하기 시작했습니다. 농심도 이에 호응했습니다. 결국 농심은 새우깡의 모델로 비를 발탁했고 비의 새우깡 광고도 소비자들에게 큰 인기를 끌게 됩니다. 더불어 소비자들이 새우깡과 〈깡〉 트렌드를 즐기는 영상을 응모하는 '새우깡 대국민 챌린지'를 개최합니다.

여기에는 농심의 노림수가 여럿 포함돼 있습니다. 농심은 비의 〈깡〉 열풍을 발판 삼아 새우깡을 다시 한 번 소비자들에게 각인시켰습니다. 더불어 지금껏 고수해왔던 마케팅 포인트인 '젊은 감각'을 강조할 수 있는 계기가 됐죠. 이뿐만이 아닙니다. 현재 가장 핫한 트렌드인 밈 현상의 중심에 반백 살의 새우깡을 위치시킬 수 있었습니다. 새우깡의 옛날 과자 이미지를 희석하는 데에 제대로 활용한 셈입니다.

농심은 누리꾼들이 중심이 돼 밈 문화가 전파되고 있다는 점도 놓치지 않았습니다. 농심은 깡 열풍의 핵심 계층인 누리꾼들이 마음껏 뛰놀 수 있는 장을 만들어 줬습니다. 동시에 그 장의 한복판에 새우깡을 놓아뒀습니다. 비의 〈깡〉과 '새우깡'이 함께 소비될 수 있도록 한 겁니다. 이런 노력 덕분이었을까요? 2020년 농심의 깡 스낵 매출은 사상 최대치를 기록했습니다. 이는 농심의 치밀한 마케팅 전략의 결과로 보입니다.

>> 새우깡의 마케팅 전략, 익숙한 새로움

농심의 스낵마케팅팀 박선화 과장을 만나 새우깡의 마케팅 전략을 들어봤습니다.

Q. 먼저 본인 소개부터 부탁합니다.

A. 안녕하세요. 저는 농심 스낵마케팅팀에서 브랜드 기획과 마케팅을 담당하고 있는 박선화입니다. 2009년에 연구소로 입사하여 9년 동안 연구원으로 근무하였고, 2019년부터 마케팅 업무로 전환해 2020년부터 새우깡 브랜드를 맡고 있습니다.

Q. 새우깡의 마케팅 포인트는 새우, 젊은 이미지, CM송 크게 이 세 가지로 보입니다.

A. 우선 새우깡은 1971년 출시된 국내 최초의 스낵으로 강력한 브랜드 자산을 가지고 있습니다. 남녀노소 누구나 좋아하는 짭조름하고 담백한 새우스낵이라는 점과 새우깡 하면 함께 떠오르는 "손이 가요, 손이 가" CM송을 대표적으로 들 수 있습니

가수 비의 <깡>이 유행 콘텐츠를 따라 하면서 즐기는 일명 밈 문화를 통해 재조명받자, 농심
은 비를 새우깡 모델로 발탁했다. 농심은 <깡> 유행을 새우깡의 옛날 과자 이미지를 희석하
는 데 적극적으로 활용했다(사진 농심 유튜브).

다. 그리고 2020년 가수 비의 <깡> 밈을 활용한 다양한 마케팅 활동을 통해 '깡'이 새우깡의 새로운 브랜드 자산으로 자리를 잡고 있다고 생각합니다.

Q. 새우깡을 마케팅하는 데 있어서 최근 가장 중점을 두고 있는 점은 무엇인가요?

A. 새우깡은 국민 스낵으로 불릴 만큼 브랜드 인지도와 선호도가 높지만, 자칫 잘못하면 '장수 과자' 이미지에 머무를 수 있어 젊은 이미지를 부여할 수 있는 시도가 지속해서 필요합니다. 하지만 너무 큰 변화는 기존에 가지고 있는 브랜드 정체성까지 해칠 수 있다는 점에서 새우깡의 브랜드 정체성은 유지하면서 새로움을 더하는 '익숙한 새로움'을 입히는 마케팅 활동이 지속해서 필요하다고 생각합니다. 이러한 점에서 2020년 가수 비와의 협업은 긍정적이고 확산성이 높은 마케팅 활동이었습니다.

Q. 최근에는 가수 비를 모델로 발탁해 큰 이슈를 만들었습니다.

A. 사실 가수 비의 <깡> 밈은 온라인에서 먼저 이슈화가 되었고, MBC 예능 프로그램 <놀면 뭐하니?>에 가수 비가 직접 출연하면서 '깡 신드롬'이 대국민적으로 확산됐다고 볼 수 있습니다. 방송 이후 비의 '1일1깡'이 굉장히 화제가 되면서 농심이 운영하는 홈페이지 및 SNS 채널 등에 가수 비를 새우깡 광고 모델로 추천하는 제안이 굉장히 많이 들어왔습니다.

온라인상에서의 <깡> 밈은 저희가 마케팅적으로 활용하기에 조심스러운 부분이 있었으나, 공중파 방송에서 가수 비가 직접 <깡> 밈을 즐기는 걸 보고 저희 또한 긍정적으로 검토하여 빠르게 진행할 수 있었습니다. <놀면 뭐하니?> 방송이 나간 다음 주에 바로 모델 제안을 드렸습니다. 새우깡 광고 모델은 농심이 캐스팅했다기보다는 소비자분께서 캐스팅해주셨다고 생각하고 있습니다.

Q. 가수 비와의 협업 이후 새우깡을 비롯한 농심의 '깡' 스낵류 매출이 매우 증가한 것으로 알고 있습니다. 여기에도 어떤 포인트가 있을까요?

A. 가수 비와의 협업이 새우깡만이 아니라 감자깡, 고구마깡, 양파깡 제품의 매출 상승까지 이끌었다는 점이 저희 내부적으로도 큰 성과였습니다.

감자깡, 고구마깡, 양파깡은 '깡삼형제'로 불리며 새우깡과는 다른 포지셔닝을 가지고 있었는데요. 가수 비의 <깡> 밈이 화제가 되면서 '깡'이라는 새로운 자산으로 함께 묶임으로써 새우깡뿐만 아니라 나머지 제품의 브랜드 파워도 함께 높아졌다고 생각합니다. 그 결과 2020년 깡 스낵 5종이 연매출 1000억 원을 달성했습니다.

특히 '1일1깡'이라는 밈으로 시작해서 새우깡, 감자깡, 고구마깡, 양파깡, 그리고 최근에 출시한 '옥수수깡'까지 다양한 깡을 함께 즐기는 소비자가 많아져서 감사하게 생각하고 있습니다.

Q. 새우깡 마케팅에서 과거에서부터 현재, 앞으로도 계속 유지하고 지향할 부분과 이런 부분은 손을 좀 봐야겠다는 부분이 있다면 말씀 부탁합니다.

A. 새우깡은 지금까지 해온 것처럼 담백하고 질리지 않는 맛의 국민 스낵으로 앞으로도 소비자와 함께하고 싶습니다. 또한 2020년 새우깡 마케팅을 진행하면서 기업과 소비자 사이의 쌍방향 커뮤니케이션이 정말 중요하다고 느꼈습니다. 앞으로도 소비자와 함께 즐길 수 있는 다양한 마케팅 활동을 통해 새우깡이 친구 같은 브랜드로 다가갈 수 있도록 노력하겠습니다.

새우깡의 결정적 한 꿋

시간이 지날수록
더욱 공고해지는 '정체성'

반백 년이 지나서도

여전히 화제에 중심에 설 수 있는 비결

어떠셨나요? 여러분이 평소에 즐겨 드신 새우깡에는 참 다양한 이야기가 숨어 있습니다. 사실 필자도 새우깡을 조사하면서 배운 것이 참 많았습니다. 소비자에게 오랜 기간 사랑받는 스테디셀러에는 다 그럴 만한 이유가 있다는 것을 다시 한 번 깨닫기도 했습니다.

새우깡은 국내 스낵 시장을 연 제품입니다. 그만큼 오랜 시간을 잘 버티고, 견뎌내고, 사랑받아온 셈입니다. 이제는 스테디셀러를 넘어 밈이라는 문화 현상을 촉발한 주인공이 되기까지 했습니다. 새우깡에 대해 알아보면서 이런 생각이 들었습니다. '참 잘 짜인 스웨터 같다'는 생각을요.

잘 짜인 스웨터는 오랫동안 입어도 싫증이 나지 않습니다. 늘 새롭게 출시되는 신상보다 화려하지는 않습니다. 하지만 날씨가 추워질 때마다 습관처럼 꺼내 입게 됩니다. 그만큼 그 스웨터를 신뢰한다는 의미겠죠. 언제 입어도 따뜻하고 마음에 쏙 드니까요. 마음에 드는 든든한 스웨터 하나만 있어도 추운 겨울을 나기는 훨씬 수월해집니다.

한결같은 맛과 소박한 브랜드 이미지

새우깡도 그렇습니다. 언제나 우리 곁에 있었고 쉽게 손이 가는 제품입니다. 오래됐지만 오래됐다는 느낌은 전혀 없죠. 새우깡이 지금까지 사랑받는 가장 큰 이유는 언제나 한결같은 맛과 친근하고 소박한 브랜드 이미지 때문이 아닐까 싶습니다. 물론 그 이면에는 그동안 우리가 알지 못했던 치열한 고민과 노력이 숨어 있었습니다.

마지막으로 농심 새우깡이 사랑받을 수 있었던 핵심 키워드를 정리해 봤습니다. 시간이 지날수록 더욱 공고해지는 '정체성'은 새우깡을 국민 스낵의 자리에 오르게 한 핵심 가치입니다. 맛에서부터 마케팅에 이르기까지 모든 과정은 마치 잘 짜인 한 벌의 스웨터를 연상시킵니다. 세월이 주는 무게를 '젊음'과 '친숙함'으로 덜어냈다는 점도 새우깡의 성공 포인트입니다.

새우깡 편은 이렇게 마무리할까 합니다. 이 글이 여러분이 즐겨 드시는 새우깡을 좀 더 이해할 수 있었던 계기가 됐기를 바라봅니다. 오늘 퇴근길에는 새우깡 한 봉지를 사갈까 싶습니다.

농심

스낵은 언제나
농심

생새우로 만든
새우깡®

튀기지 않고
구워만든 스낵!

농심

새우깡
키워드

#생새우
한국인의 입맛에 맞도록 생새우를 넣어 감칠맛을 극대화.
새우 맛을 균일하게 유지하기 위해 매년 같은 시기에 어획한 새우를 사용. 새우 본연의 맛을 살린 짭조름하고 고소한 맛이 50년 가까이 사랑받아온 비결.

#구웠다
맛을 좌우하는 요소 중 키포인트는 기름에 튀기지 않았다는 점. 1971년 출시 당시부터 적용한 파칭 공법으로 뜨거운 소금에 굽는 방식 고수.

#24%
국내 최초 스낵인 대표적인 스테디셀러. 한때 연매출 1000억 원. 최근 10여 년간은 꾸준히 연간 700억 원대를 기록. 2022년 농심 스낵 부분 매출의 24% 차지.

#CM송
"손이 가요, 손이 가"로 시작하는 CM송은 새우깡만의 정체성. 한국 광고 역사상 걸작 중 하나로 꼽힐 정도로 멜로디만 들어도 새우깡이 떠오르는 신비한 힘.

#젊음
새우깡이 사랑받는 이유 중 하나는 늘 '젊음'을 추구했기 때문. 시대별로 당대의 젊은 스타를 내세웠고, CM송도 기본틀은 유지한 채 비트 등을 바꿔 소비자에게 어필.

DECISIVE SHOT

5

꽉 막힌 속을 뻥 뚫어준 국민 소화제

활명수

• Since 1897 •

"

자그마한 활명수 한 병에는 궁중 비법에서 시작해 서양 의학과의 접목, 독립운동 자금 지원, 각종 기네스 기록, 탄산 전쟁 등 참 많은 이야기가 담겨 있습니다. 활명수는 126년간 유지된 뛰어난 효능과 더불어 제품에 농축된 흥미로운 히스토리를 다양한 방법으로 잘 소화해 낸 대표적인 제품입니다. 활명수는 주성분을 지키면서 변화하는 소비자의 니즈에 유연하게 대응해왔습니다. 또한 부채표를 1910년에 우리나라 최초로 상표등록을 하는 등 브랜드 관리 측면에서도 매우 선구적인 역할을 했습니다.

"

5-1
활명수, '황제의 비법'을 누설하다

▶▶ 126년째 속이 더부룩할 때 생각나는 그것

직장인들이 가장 기다리는 시간 중 하나가 점심시간일 겁니다. 가장 기다려지는 시간이기도 하지만 더불어 고민도 커집니다. '오늘 점심엔 뭘 먹지?' 하는 고민이요. 구내식당은 이런 고민을 한 번에 해결해줍니다. 게다가 양껏 먹을 수 있습니다. 문제는 한 그릇을 다 비우고 난 뒤입니다. 본전 생각이 납니다. 무한리필이라는 점이 자꾸 엉덩이를 들썩이게 합니다. '그래! 한 번 더'. 두 번째 접시도 다 비웁니다. 배가 불러도 너무 부릅니다. 사무실 의자에 앉으면서 생각합니다. '너무 먹었어. 다음에는 적당히 먹어야지.' 다짐하지만 그때뿐입니다.

　일을 시작하려니 속이 부대낍니다. 웬만해서는 소화제를 먹지 않습니다. 워낙 소화를 잘 시키는 체질이기 때문입니다. 하지만 그날은 평소보다 속이 더 많이 불편했습니다. 명치 끝이 묵직한 것이 체한 것 같기도 하고

속이 더부룩한 것이 영 개운치가 않았습니다. 과식 탓입니다. 그때 문득 '활명수를 먹어볼까?' 하는 생각이 들었습니다.

'밑져야 본전'이란 생각으로 그 길로 약국에 들러 '까스활명수' 한 병을 샀습니다. 그리고는 반신반의하면서 까스활명수를 마셨습니다. 얼마나 지났을까요. 속이 점점 진정되기 시작했습니다. 신기했습니다. 진짜로 효과가 있었습니다. 이 글을 보는 분 중에는 광고 아니냐고 하는 분도 있으실 겁니다. 맹세코 아닙니다. 실제 체험기입니다.

활명수의 효과를 직접 체험하고 나니, 활명수가 126년간 '소화제의 왕좌'를 지켜왔던 이유를 조금이나마 알겠더군요. 활명수와 좀 더 가까워진 기분도 들었고요. 그래서일까요? 활명수가 더 궁금해졌습니다.

▶▶ 고종 황제가 복용하던 소화제

활명수의 역사는 무척 오래됐습니다. 1897년에 처음 출시됐으니 구한말로 거슬러 올라가야 합니다. 엄밀하게 이야기하면 조선 시대부터입니다. 활명수를 제조해 판매했던 '동화약방'은 1897년 9월 25일에 설립됐습니다. 대한제국은 그로부터 보름 뒤에 선포됐으니 조선 시대부터 판매된 것이 맞을듯합니다. 어찌 됐건 역사책에서만 봤던 구한말 제품이 지금까지 판매되고 있다는 사실이 참 신기합니다.

활명수는 국내 최초의 소화제입니다. 궁중 선전관(宣傳官)이었던 민병호閔竝浩, 1856~1936 선생이 처음 만들었습니다. 궁중 선전관은 왕을 지근거리에서 보좌하는 경호실의 관리입니다. 민병호 선생은 무과에 급제하고 궁중 선전관으로 일하며 고종1852~1919 황제를 가까이에서 모셨습니다. 그런 만큼

서양인이 조선의 모습을 최초로 기록한 『하멜표류기』에는 "조선 사람은 하얗고 명랑하며 대식가"
라고 묘사하고 있다. 구한말 밥그릇의 용량은 700ml(최근 200ml) 전후였다. 조선 시대에는 육류의
생산성이 낮았기 때문에 열량을 거의 밥에서 얻다 보니 대식가가 될 수밖에 없었다. 그러다 보니 급
체와 토사곽란으로 목숨을 잃는 경우가 많았다.
김홍도, 〈단원풍속도첩 : 점심〉, 18세기, 종이에 수묵담채, 28×23.9cm, 국립중앙박물관

고종 황제의 일거수일투족을 가장 가까운 거리에서 볼 수 있었죠. 여기에는 고종 황제가 드셨던 소화제도 포함됩니다.

민병호 선생은 평소 의학에 관심이 많았던 것으로 알려져 있습니다. 이 때문에 고종 황제가 복용하는 각종 탕약 등도 유심히 살펴봤죠. 당시 조선에는 의료 선교사 앨런Horace. N. Allen, 1858~1932이 원장으로 있었던 제중원이라는 우리나라 최초의 서양식 국립 병원이 있었습니다. 앨런은 고종 황제의 신임을 얻었던 인물입니다. 그 덕에 고종 황제의 진료를 담당하기도 했죠. 민병호 선생은 이때 서양 의학에도 눈을 뜹니다.

궁중 선전관을 그만둔 민병호 선생은 궁궐 근무 시절 눈여겨 봐뒀던 의술을 바탕으로 인생 2막을 엽니다. 이때 탄생한 것이 바로 '활명수(活命水)'입니다. 활명수는 '생명을 살리는 물'이라는 의미입니다. 민병호 선생은 궁궐 근무 시절 봐왔던 고종 황제의 소화제 비법에 제중원에서 배운 양약 성분을 합해 활명수라는 제품을 만듭니다. 한약 베이스에 서양의 생약 성분을 첨가한 겁니다.

민병호 선생이 소화제를 선택한 데에는 그만한 이유가 있습니다. 당시 조선 사람들은 밥을 많이 먹었습니다. 당시의 밥그릇만 봐도 지금의 몇 배는 됩니다. 한 끼에 지금 우리가 먹는 밥 양에 세 배가량은 더 먹었다고 하니 그 양이 대충 짐작되실 겁니다. 그러다 보니 급체와 토사곽란(위로는 토하고 아래로는 설사하며 배가 아픈 증세)으로 목숨을 잃는 경우가 많았습니다.

민병호 선생은 이런 점에 착안했습니다. 급체와 토사곽란으로부터의 해방. 그래서 제품명도 활명수로 지었습니다. 사실 지금 상식으로는 잘 이해가 되지 않습니다. 하지만 당시에는 급체가 무척 심각한 사회 문제였던 모양입니다. 심지어 대한제국 마지막 황제인 순종1874~1926 황제의 셋째딸 덕

온공주[1822~1844]도 급체로 사망했다는 일화가 전해지는 것을 보면 왕실이건 일반 백성들이건 급체에는 장사가 없었던 모양입니다.

≫ 급체와 토사곽란에서 해방시킨, 생명을 살리는 물

활명수는 출시와 더불어 큰 인기를 얻습니다. 활명수가 급체와 토사곽란에 큰 효험이 있다는 소문이 퍼지면서 너도나도 활명수를 구하기 위해 줄을 섰습니다. 1910년대 60ml 활명수 한병의 가격은 50전이었습니다. 당시 50전이면 설렁탕 두 그릇에 막걸리 2~3잔을 사 먹을 수 있는 가격이니,

활명수는 고가(高價)의 제품이었습니다. 지금으로 치면 한 병에 약 2만 원가량이라고 합니다.

민병호 선생은 아들 민강[閔橿, 1884~1931] 선생과 함께 1897년 한성부 서소문 차동(현재 서울시 중구 순화동 5번지)에 동화약방(현 동화약품)을 엽니다. 동화약방은 현재 동화약품의 전신입니다. 활명수는 동화약방에서 제조해 판매했습니다. 비싼 가격임에도 불구 활명수는 불티

동화약품의 모태인 서울시 중구 순화동 동화약방 입구 (사진 동화약품).

나게 팔렸습니다. 사람들에게 '만병통치약'으로 통하면서 활명수의 인기는 식을 줄 몰랐습니다.

민병호 선생은 기독교 신자였습니다. 그 덕분에 제중원에서 서양 의술을 습득할 수 있었습니다. 제중원 원장이 의료 선교사였던 앨런이었으니까요. 더불어 자신이 다니던 정동교회 신도 등에게도 활명수를 나눠주면서 반응을 살피기도 했습니다. 당시 활명수는 민병호 선생의 이런 마케팅 노력에 힘입어 입소문이 났던 겁니다.

초창기 활명수의 용량은 450ml

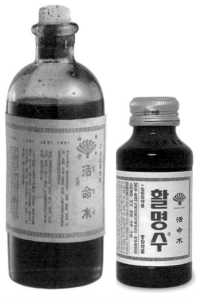

활명수 초창기 디자인(왼쪽)과 2022년 동화약품 창립 125주년을 기념해 출시한 '활명수 클래식(오른쪽)'.

였습니다. 현재 시중에 판매되고 있는 까스활명수가 75ml인 것을 고려하면 어마어마한 용량이었죠. 당시에는 이 큰 병에 활명수 원액을 담아 판매했습니다. 이 원액을 물에 희석해서 복용했다고 합니다.

활명수가 불티나게 팔리자 수많은 아류작이 등장하기 시작합니다. 동화약방은 분개하죠. 이에 동화약방은 당시로써는 획기적인 방법을 선보이면서 아류작들에 대응하기 시작합니다. 더불어 동화약방은 일제강점기 우리나라의 독립운동에도 큰 자취를 남기게 됩니다.

5-2

'독립투사'가 된
소화제

▶▶ 상하이임시정부의 돈줄

활명수를 이야기할 때 빼놓을 수 없는 것이 또 하나 있습니다. 바로 독립운동입니다. 아버지와 함께 동화약방(현 동화약품)을 차린 민강 선생은 사실 독립운동가였습니다. 어린 나이에 동화약방을 책임지게 됐지만, 그의 관심은 약방 운영보다는 온통 독립운동에 쏠려있었죠.

민강 선생은 국운이 기우는 것을 한탄하며 동화약방 안에 공부방을 운영하면서 인재 양성에 힘씁니다. 형편이 어려운 학생들에게 배움의 기회를 주는 것은 물론 월급을 주면서 교육에 힘썼습니다. 1907년에는 뜻맞는 동지들과 함께 현재 동성고등학교의 전신인 '소의학교'를 세웠고, 서울대학교 약학대학의 전신인 '서울약학교' 설립에도 참여합니다.

이뿐만이 아닙니다. 1909년에는 각계 인사 80여 명과 함께 비밀결사 단체인 대동청년당을 결성하고 국권회복운동을 전개했습니다. 심지어 상하이임시정부의 서울 연통부를 동화약방 안에 설치하도록 하고 자신이 책임자가 됩니다. 자신이 경영하는 동화약방의 한쪽을 상하이임시정부의 비밀 아지트로 내주고 약방 경영과 독립운동을 투트랙으로 진행한 겁니다. 약방에 설치된 서울 연통부를 거점으로 많은 독립운동가가 한성과 상하이를 오가며 안정적으로 독립운동을 전개할 수 있었습니다.

동화약방은 상하이임시정부의 돈줄이었습니다. 가난했던 상하이임시정부에 동화약방의 지원은 큰 힘이 됐습니다. 처음에는 상하이임시정부에 활명수를 판매한 돈을 보냅니다. 하지만 이를 일제가 모를 리 없습니다. 민강 선생이 활명수를 팔아 독립운동 자금을 대고 있다는 사실은 일제도 이미 알고 있었습니다.

심지어 민강 선생은 일간 신문에 손기정 선수의 베를린 올림픽 마라톤 우승을 축하하는 광고까지 게재하는 간 큰 행보를 보입니다. 일제엔 민강 선생이 눈엣가시였을 겁니다. 민강 선생과 동화약방에 대한 일제의 감시는 더욱 매서워집니다.

일제의 감시가 심해지자 민강 선생은 전략을 바꿉니다. 당시 고가였던 활명수를 아예 독립운동가들의 손에 쥐여줍니다. 대신 해외로 나가 현지에서 직접 판매하도록 했습니다. 이렇게 활명수를 판매한 돈은 모두 상하이임시정부에 들어가도록 했습니다. 민강 선생의 치밀한 전략이었습니다. 민강 선생의 이런 전

1936년 8월 12일 동화약방(현 동화약품)은 「조선일보」에 손기정 선수 베를린 올림픽 마라톤 우승 축하 및 활명수 광고를 게재했다(사진 대한민국역사박물관).

략은 활명수가 만주를 비롯한 중국과 일본, 저 멀리 하와이에까지 알려지게 된 계기가 됩니다.

이후에도 민강 선생의 독립운동은 계속됩니다. 그만큼 일제의 탄압도 심해졌습니다. 결국 민강 선생은 옥고를 치르고 고문 후유증으로 1931년 사망합니다. 이에 대한민국 정부는 1963년 민강 선생에게 건국훈장 독립장을 추서하고 1966년에는 그의 유해를 국립서울 현충원 독립유공자 묘역에 안장했습니다.

동화약품 창업자 민병호의 장남 민강 선생.

➤➤ 독립운동가에게서 다시 독립운동가에게로

약방 대표가 독립운동에 매진하니 약방이 잘 될 리가 없었습니다. 동화약방은 심각한 경영난에 빠집니다. 동화약방을 주식회사로 전환했음에도 사정은 나아지지 않았습니다. 민강 선생 사후 동화약방은 부인과 아들 등이 대표를 맡아 운영했습니다. 하지만 전문 경영인이 아니었던 만큼 사정은 나아지지 않았습니다.

결국 동화약방은 인수자를 물색합니다. 그때 등장한 인물이 바로 보당 (保堂) 윤창식尹昶植, 1890~1963 선생입니다. 윤창식 선생은 당시 성공한 사업가이자 독립운동가였습니다. 그는 1915년 항일 비밀 결사 단체였던 '조선산직장려계'를 결성해 경제 독립운동 전개에 나섰습니다. 민족자본 형성에 관심이 많았던 그는 경제인들의 힘을 규합해 재력을 키우고 독립운동을 지원하는 일에 앞장섰습니다.

동화약방은 윤창식 선생의 이런 면을 보고 인수를 제안합니다. 고민을 거듭하던 윤창식 선생은 마침내 1937년 동화약방을 인수합니다. 윤창식 선생이 인수한 이후 동화약방은 본격적으로 체질 개선에 나섭니다. 윤창식 선생은 우선 동화약방의 조직을 전면 개편하고 지배인들에게 실질적인 권한을 부여했습니다. 더불어 주요 책임자에 지식인과 독립운동가 등 명망이 있는 인물을 앉혔습니다.

윤창식 선생은 대내외적으로 동화약방의 기틀을 바로잡는 데 전념했습니다. 1939년에는 동화약방의 사규를 제정해 사원복지제도도 확립했습니다. 당시로써는 획기적인 발상이었습니다. 더불어 만주 지역으로 진출해 현지에 공장을 세우고 신규 시장을 개척하기도 했죠. 더 놀라운 사실은 여전히 남존여비(男尊女卑) 사상이 팽배했던 그 시절, 국내 첫 여성 약사였던 조선약학교 출신의 장금산(張金山)을 만주 책임관리 약사로 임명해 큰 성과를 거두기도 했습니다.

윤창식 선생의 이런 체계적인 경영 덕분에 동화약방은 기사회생합니다. 활명수의 판매도 더욱 늘어나게 됐죠. 물론 시련도 있었습니다. 태평양전쟁이 막바지로 치달으면서 일제는 조선의 제약산업을 통제하고 관리했습니다. 동화약방도 예외는 아니었습니다. 하지만 동화약방은 선제 대응과 활명수의 판매 호조에 힘입어 일제의 탄압을 잘 견뎌냈습니다.

활명수에는 구한말 일제의 탄압에 맞선 당시 지식인들의 회한이 담겨 있습니다. 활명수를 판매한 자금은 독립운동 자금으로 쓰였고 활명수를 제조하던 사람들은 모두 독립운동가들이었습니다. 고종 황제의 비방에서 독립투사까지 활명수는 참 많은 이야기를 담고 있는 제품입니다.

5-3

활명수의 마지막 퍼즐
'부채표'

>> 봇물 터지듯 쏟아진 유사품을 단칼에 정리한

   상표권 등록

활명수는 공전의 히트를 기록합니다. 비싼 가격에도 날개 돋친 듯 팔려나
갔습니다. 그 덕에 동화약방도 살아남을 수 있었습니다. 하지만 명(明)이
있으면 암(暗)도 있는 법. 활명수의 인기를 지켜본 주변 약방들이 잇따라
아류작을 내놓기 시작합니다. 요즘으로 치면 '미투 제품'인 셈입니다.

　활명수 미투 제품들은 일단 이름부터 비슷했습니다. 1910년대 시중에는
활명회생수(活命回生水), 활명액(活命液), 생명수(生命水) 등 60여 종의 유사
제품이 난립했습니다. 물론 활명수의 제조 비법을 따라갈 수는 없었을 겁
니다. 하지만 다양한 마케팅을 통해 원조인 활명수를 위협했을 것으로 짐
작됩니다. 활명수와 유사한 제품들은 1990년대까지도 우후죽순으로 생겨
났으니까요.

유사 제품 난립에 동화약방은 고민에 빠집니다. 원조인 활명수를 지키기 위한 특단의 대책이 필요했습니다. 그러다 생각한 것이 바로 상표등록입니다. 동화약방은 1910년 '부채표' 상표를 등록합니다. "부채표가 아닌 것은 활명수가 아닙니다"라는 광고 문구는 이미 이때부터 시작된 셈입니다. 당시는 '상표권'이라는 개념조차 없었을 때였습니다. 이때 동화약방은 이미 시대를 앞서 가는 행보를 보입니다.

동화약방의 부채표 상표등록은 국내 최초 기록입니다. 이어 1919년에는 활명수 상표를 보호하기 위해 아예 '활명액'도 상표등록을 합니다. 동화약방의 상표등록으로 동화약방 이외의 다른 약방들은 활명수 상표를 사용할 수 없게 됩니다. 동화약방은 상표등록이라는 방법을 통해 유사 제품들의 추격 의지를 꺾어버립니다. 신의 한 수였죠.

1910년 6월 21일지 「황성신문」에 실린 '부채표' 상표. 동화약방은 1910년 부채표를 상표등록하고 부채표에 '등록인가(登錄認可)'라고 명시해 상표등록을 했음을 밝혔다(사진 국립중앙도서관 고신문디지털 컬렉션, 소장처 국립고궁박물관).

▶▶ '까스'를 품고 활명수를 위협한 라이벌

그럼에도 활명수의 미투 제품들은 계속 쏟아져 나왔습니다. 그만큼 국내 소화제 시장에서 활명수의 입지가 탄탄했다는 방증일 겁니다. 경쟁사에서 아무리 신제품을 내놔도 활명수의 아성을 뛰어넘을 수는 없었습니다. 그러다 보니 활명수와 제조법이 유사한 경우도 많았습니다. 성분도 약간의 차이가 있을 뿐 대동소이했습니다.

1965년 10월 5일자 「조선일보」에 실린 '까스명수' 광고(위)(사진 네이버 뉴스라이브러리).
1967년 8월 9일자 「조선일보」에 실린 '까스활명수' 광고(아래)(사진 네이버 뉴스라이브러리).
동화약품은 삼성제약의 '까스명수'에 맞서 1967년 까스활명수를 출시하고 대대적인 반격에 나선다.

그런데 1965년 국내 소화제 시장에 변화가 생기기 시작합니다. 삼성제
약에서 '까스명수'를 출시한 겁니다. 까스명수는 국내 최초 탄산계 드링크
소화제입니다. 삼성제약은 당시 사람들이 콜라나 사이다와 같은 탄산음료
를 즐겨 마시기 시작한 것에 착안해 소화제에 탄산가스를 주입했습니다.
탄산이 주는 청량함과 체기를 내리는 듯한 기분을 준다는 점이 소비자들
에게 어필하면서 까스명수는 큰 인기를 끕니다.

사실 동화약품은 까스명수의 등장에 대해 그다지 신경 쓰지 않았습니
다. 그동안 경쟁자들의 끊임없는 도전에도 활명수의 파워는 사그라질 줄
몰랐기 때문입니다. 그만큼 자신이 있었습니다. 하지만 시장의 반응은 달

랐습니다. 소비자들이 하나둘씩 까스명수를 선택하기 시작했습니다. 삼성제약의 선택은 적중했습니다. 까스명수는 수십 년간 소화제 시장 1위를 굳건히 지켜왔던 활명수를 위협했습니다.

까스명수가 시장에서 좋은 반응을 얻자 동화약품은 당황하기 시작합니다. 그리곤 고민에 빠졌습니다. 수십 년을 이어온 방식을 유지하느냐, 아니면 트렌드에 맞게 우리도 탄산에 손을 대야 하느냐를 두고 갑론을박이 오갔던 것으로 전해집니다. 결국 대세에 따라 동화약품도 탄산을 선택합니다. 1967년 동화약품도 마침내 '까스활명수'를 출시합니다.

까스활명수 출시로 동화약품은 다시 소화제 시장을 되찾습니다. 까스명수로 갔던 소비자들은 다시 활명수로 돌아옵니다. 동화약품은 새삼 트렌드의 힘을 실감하게 됩니다. 이후 까스활명수는 동화약품의 주력 상품으로 자리를 잡습니다. 기존 활명수의 정체성을 유지하면서 트렌드 변화에 부합한 제품을 내놓은 것이 주효한 셈입니다. 하지만 삼성제약의 공격은 짧지만 강렬했습니다. 동화약품으로서는 한숨을 돌렸죠.

▶▶ 의약외품 지정을 놓고 벌인
까스활명수와 까스명수의 2라운드

까스활명수와 까스명수의 대립은 숙명인가 봅니다. 다시 두 제품이 붙습니다. 때는 2011년 정부가 의약외품을 지정해 소화제나 감기약 중 일부를 편의점이나 마트에서 판매할 수 있도록 허가하면서부터입니다. 일반의약품은 약국에서만, 의약외품은 마트나 편의점 등에서 판매할 수 있게 된 겁니다. 자, 이제부터가 중요합니다. 까스활명수와 까스명수의 희비가 엇갈립니다.

정부는 까스활명수는 일반의약품으로, 까스명수는 의약외품으로 지정했습니다. 까스활명수 입장에서는 마른하늘에 날벼락을 맞은 셈입니다. 까스활명수로서는 마트나 편의점 등에서 판매할 수 없으니 그만큼 판매 채널이 줄어들게 됐습니다. 반면 까스명수는 쾌재를 불렀습니다. 좀 더 많은 소비자가 찾는 마트나 편의점에서 판매할 수 있게 됐으니 얼마나 좋았을까요.

동화약품이 가만히 있을 리 없습니다. 나름대로 대책을 마련합니다. 그래서 탄생한 것이 '까스 활'입니다. 까스 활은 까스명수가 마트와 편의점 등에서 판매되는 것에 대응하기 위해 내놓은 제품입니다. 까스활명수가 일반의약품으로 지정된 것은 복통 완화 효능이 있는 현호색(玄胡索)이라는 약재 때문입니다. 현호색은 식품이 아닌 약품으로 등록돼 있어 의약외품에 포함될 수 없었던 겁니다.

이에 따라 동화약품은 까스 활에는 현호색을 넣지 않았습니다. 또 까스활명수에서 글자 수가 줄어든 만큼 까스 활에 들어가는 생약 성분도 기존 까스활명수보다 줄었습니다. 까스 활은 까스활명수의 라이트 버전 정도로 보면 됩니다. 동화약품은 까스 활을 앞세워 편의점과 마트까지 공략하기 시작합니다. 약국, 편의점과 마트까지 전방위로 시장을 공략하면서 동화약품은 국내 소화제 시장의 왕좌를 다시 굳건히 지킵니다.

늘 1등 소화제로 익숙한 활명수도 참 이런저런 어려움을 많이 겪었습니다. 경쟁사들도 어떻게든 활명수의 자리를 빼앗기 위해 고군분투했고요. 동화약품은 상표권 등록부터 트렌드 변화에 맞춘 제품 신제품 출시 등으로 시장을 지켜왔습니다.

동화약품
까스
활명수

초창기 활명수

1968년

1969년

1982년

1972년

1987년

1971년

1992년

2007년

2004년

1999년

2008년

2009년

2021년 현재

5-4

'국민 체증'을 푼
활명수의 비법

➤➤ 10가지 생약 성분으로 만든 생명을 살리는 물

살릴 활(活), 생명 명(命), 물 수(水). 치료제가 없던 옛날에는 급체로 사망하는 사람이 많았기에 활명수는 이름대로 생명을 살리는 물이었습니다. 급체하면 명치에 통증이 지속되면서 숨이 턱턱 막혀오는데요. 그때 활명수 한 병을 들이키면 체증이 싹 내려가는 것을 한 번쯤은 다들 느껴보셨을 겁니다.

활명수에는 소화에 도움을 주는 생약 성분이 다수 들어 있습니다. 제품별로 '활명수액', '가스활명수큐액', '미인활명수액', '꼬마활명수액', '활명수-유액' 등이 출시돼 있습니다.

오리지널 활명수는 10가지 생약 성분과 l-멘톨 등 총 11가지 성분이 들어 있습니다. 이 중 소화에 도움을 주는 핵심 성분은 '아선약(阿仙藥)'과 '현호색', '진피(陳皮)'입니다. 현호색은 한방에서 경련과 통증을 멈추게 하는 진경제·진정제로 쓰이는 식물입니다. 아카시아, 미모사의 잎이나 가지를 졸여서 만든 아선약과 말린 귤껍질인 진피는 모두 소화가 잘되게 도와줍니다.

이 밖에 항균, 항박테리아, 항곰팡이 작용을 하는 '정향(丁香)', 항균 작용과 위장을 따뜻하게 하고 소화불량에 좋은 '육두구(肉荳蔲)', 더부룩한 속을 가라앉게 하는 '후박(厚朴)', 위의 기능을 촉진하는 '육계(肉桂)' 등이 첨가돼 있습니다. 모두 나무의 줄기나 꽃봉오리 등에서 추출한 생약 성분입니다.

이 성분들을 기본으로, 성분이 하나씩 추가되거나 빠진 것이 나머지 활명수 제품입니다. 오리지널 활명수액에 탄산을 첨가해 청량감과 함께 빠른 가스 제거 효과를 더한 것이 가장 많이 알려진 까스활명수입니다. 미인 활명수는 증기로 찐 매실인 '오매(烏梅)'를 추가해 장을 깨끗이 하는 정장(整腸) 효과를 더했습니다. 꼬마활명수는 유·소아 전용 소화 정장제로 현호색을 제외한 9가지 생약 성분이 들어 있습니다. 활명수-유는 오리지널 제품과 성분 및 효능은 같고 휴대성을 강화한 파우치형 제품입니다.

참! 활명수가 처음 출시되고 인기를 끌던 시절, 활명수의 주요 성분들은 대부분 공개가 됐다고 합니다. 다만 그 배합 비율이 활명수의 비법 중 하나였는데요. 그 배합 비율은 활명수 제조 책임자에게만 전해졌다고 합니다. 그래서 다른 제조 과정은 직원들에게도 공개됐는데 마지막에 멘톨이 들어가는 부분에서는 책임자도 등을 돌려 제조해 배합 비율을 아무도 모르도록 했다고 합니다. 이런 보안 유지 덕에 오랫동안 활명수가 많은 사랑을 받아온 것이 아닌가 하는 생각도 듭니다.

➤➤ 약국 vs. 편의점, 비슷한 듯 다른 액상소화제의 비밀

앞서 언급한 제품들은 일반의약품으로 약국에서만 구입할 수 있습니다. 편의점이나 마트에서도 활명수를 사 먹은 적이 있으셨다고요? 비슷해 보이지만 약국과 편의점에서 파는 액상 소화제는 다릅니다. 편의점에서 파는 제품은 활명수가 아닌 까스활액, 미인활액 두 종류입니다. 약국에서 파는 일반의약품과 달리 편의점에서 파는 건 의약외품입니다. 의약외품도 소화불량, 과식, 식체(위체), 위부팽만감, 구역, 구토, 식욕감퇴 등에 도움을 주는 효능은 같습니다. 다만 인체에 대한 작용 등 효과는 일반의약품에 비해 경미합니다.

편의점 제품은 효과가 경미한 만큼 성분도 다소 간소합니다. 까스활액은 까스활명수의 핵심 성분인 현호색이나 정향, 진피, 후박이 빠져있습니다. 대신 육계를 10배 이상 늘리고 아선약은 절반으로 줄였습니다. 또 육두구 대신 소두구(小豆蔲 : 생강과 열매)가 들어 있습니다. 미인활액은 아선약과 소두구도 빠지고 건강(생강 뿌리) 건조엑스, 육계, 진피, 멘톨만으로 이뤄져 있습니다. 의약외품은 가벼운 효과만큼 인체 위해 성분이 없어 소비자가 편의점에서 자유롭게 구매할 수 있습니다.

반면 일반의약품은 약사의 복약지도에 따라 올바른 용법

복통 완화 효능이 있는 약재인 현호색.

과 용량대로 복용해야 합니다. 액상 소화제에 포함된 현호색이 임부(妊婦)의 자궁수축 등을 일으킬 수 있기 때문입니다. 정부는 임부에 대한 안전성 관련 연구 결과가 나오기 전까지 현호색이 포함된 액상 소화제의 사용상 주의사항에 임부 주의 관련 문구를 넣도록 했습니다.

해당 제품을 판매하는 기업들은 현호색의 함유량이 적어 부작용 우려가 없다는 입장인데요. "만에 하나"라는 말처럼 만 명의 임부 중 단 한 명의 임부에게 위험할 수 있다면 주의를 기울여야 합니다. 임부에도 안전한지에 대한 연구 결과가 나올 때까지는 복용에 주의가 필요할 것으로 보입니다.

▶▶ 탄산이 소화를 도와준다?

체한 것 같은 기분이 느껴졌을 때 소화제 대용으로 사이다나 콜라 같은 탄산음료를 많이 드셔 봤을 겁니다. 톡 쏘는 탄산이 식도를 자극하며 넘어갈 때 소화가 되는 것 같은 느낌이 들기 때문인데요. 탄산이 넘어간 후 트림이 나오면 막혔던 속이 쑥 내려가는 느낌이 들기도 합니다. 하지만 탄산음료는 톡 쏘는 맛은 비슷하지만 조금 지나면 다시 명치가 갑갑해지는 등 까스활명수처럼 개운하지는 않습니다. 왜 그럴까요?

사이다와 콜라는 탄산을 가미한 정제수와 당분이 주성분입니다. 탄산은 위산 분비를 촉진하고 위장 운동을 자극하기 때문에 소화가 되는 것 같은 기분이 듭니다. 하지만 탄산 자체로는 체증에 효과를 보기 어렵습니다. 앞서 설명했던 것처럼 탄산이 들어간 소화제가 인기를 끌기 시작한 것은 까스명수가 출시되면서부터입니다. 그전에는 소화제에 탄산이 들어가지 않

과식이나 폭식으로 속이 더 부룩할 때 탄산음료를 마시면 속이 뚫리는 듯한 느낌이 든다. 그러나 일시적인 느낌일 뿐, 실제 탄산음료는 소화불량에 도움이 되진 않는다. 오히려 탄산음료에는 설탕이 많이 들어 있어 소화과정에서 발효되면서 가스를 더 많이 만들어 낼 수 있다.

있습니다.

까스명수가 인기를 끌자 동화약품도 까스활명수를 내놨고 탄산 소화제에 익숙해진 소비자들이 까스활명수나 까스명수를 찾으면서 탄산 소화제가 대세가 됐습니다. 동화약품의 까스활명수는 까스명수에 대응함과 동시에 변화하는 소비자들의 니즈를 적극적으로 반영한 제품이었습니다. 많은 소비자가 탄산이 함유된 소화제를 찾다 보니 이제는 활명수의 핵심은 '탄산'이 됐다고 해도 과언이 아닙니다.

활명수는 주성분을 고스란히 가져가면서 시대와 세대 변화에 유연하게 대응해왔습니다. 탄산이나 간편한 휴대성 외에 마케팅에서도 그 면모가 여실히 드러납니다. 활명수가 오랫동안 액상 소화제 1위 자리를 지켜낼 수 있었던 이유입니다.

5-5

126살 활명수가
젊게 사는 법

➤➤➤ **구한말에 태어난 장수 브랜드의 넘치는 활력**

모나미는 국민 볼펜입니다. 국내 최초의 볼펜이기도 하니 누구나 한 번쯤
은 써봤습니다. 이런 모나미가 최근 다양한 변신을 시도하며 다시 주목받
고 있습니다. 디지털 시대에 아날로그의 상징으로 떠오르며 새롭게 사랑
받는 모습입니다. 추억을 되살리는 '옛 물건'에 젊은 감각을 입혀 독특한
브랜드 이미지를 만들어가고 있습니다.

활명수를 분석하다가 웬 모나미 이야기냐고요? 이유가 있습니다. 모나
미가 브랜드 이미지 개선에 성공하자, 다양한 업체가 손을 내밀고 있습니
다. 모나미 역시 이를 통해 브랜드 마케팅 효과를 얻고 있고요. 그런데 모
나미가 전에 없던 낯선 경험을 했다고 합니다.

1963년생 모나미는 누구를 만나든 형님 대접을 받았습니다. 하지만 이
번에는 달랐다고 합니다. 무려 126살이나 먹은 활명수 '형님'을 만났습니

동화약품이 활명수 123주년을 기념해 2020년 모나미와 협업해 만든 제품(사진 동화약품).

다. 두 브랜드가 협업하기로 하고 만난 첫 실무 미팅 자리에서 모나미 마케팅 담당자는 "항상 어린 친구(브랜드)와 컬래버레이션을 하다가 나이가 두 배가 넘는 형님을 만나니 어찌할 바를 모르겠다"라고 말했다고 합니다. 두 브랜드의 만남은 그 자체로 의미가 있습니다. 구한말에 탄생한 브랜드와 1960년대에 태어난 브랜드가 함께 한

다는 사실만으로 이색적인 느낌을 줍니다.

물론 오래된 브랜드가 만난다고 해서 항상 시너지가 나지는 않겠죠. 칙칙하고 올드한 이미지를 여러 겹 덧댄다고 해서 무조건 매력이 있는 것은 아닙니다. 활명수와 모나미가 만나 매력이 '터진' 이유는 아마도 두 브랜드가 그간 꾸준히 시대의 흐름에 맞춰 변신에 성공해왔기 때문일 겁니다.

63년 된 모나미의 변신도 놀라운 일이지만, 구한말에 태어나 126년을 지내온 활명수라는 브랜드가 여태껏 이런 활력을 유지하고 있다는 점은 연구 대상입니다.

>>> 시작부터 달랐던 남다른 마케팅 감각

활명수는 단순히 나이만 든 형님이 아닙니다. 마케팅 영역에서 역사를 써

온 브랜드로 꼽힙니다. 1919년 활명수를 등록 상품으로, 1910년 부채표를 등록 상표로 각각 정식으로 등록하면서 국내 최초 등록 상품이자 등록 상표라는 타이틀을 차지하고 있는 것만 봐도 그렇습니다. 활명수는 오랜 기간 남다른 마케팅 감각을 선보여왔습니다.

일단 브랜드 이름부터 좋았다는 평가가 있습니다. 예종석 한양대 명예교수는 2009년『활명수 100년 성장의 비밀』이라는 책에서 활명수에 대해 "브랜드 네임으로서 최고의 이름이 아닐 수 없다"라고 평가했습니다. 이 이름이 소비자의 욕구에 부응하는 '소비자 지향적인 이름'이라는 설명입니다.

활명수는 한자 이름이기는 하지만 '살 활(活)'과 '목숨 명(命)', '물 수(水)'를 써서 당시에는 비교적 읽기 쉬운 한자어였다고 합니다. 여기에 당시 급체 등으로 생명이 위태로운 경우가 잦았던 터라 '목숨을 살리는 물'이라는 의미가 소비자의 피부에 와 닿았으리라는 게 예 교수의 분석입니다.

120여 년이 지난 지금은 음식을 먹고 체해 목숨이 위태한 경우는 드뭅니다. 그래서 동화약품은 이제 '목숨을 살리는 물'이 아니라 '생명을 살리는 물'이라는 문구로 캠페인을 진행하고 있습니다. 전 세계 물 부족 국가 어린이들을 돕겠다는 취지입니다. 지금 들어도 자연스럽고 친숙한 느낌을 주는 문구입니다. 캠페인과도 잘 어울리고요.

(사람의) 목숨을 살리는 물이라는 뜻으로 탄생한 활명수를 (인류의) 생명을 살리는 물로 넓혀 해석하니 느낌이 확 달라졌습니다. 오랜 전통을

SINCE 1897
2008년 리뉴얼한 부채 심볼.

살리면서도 시대 흐름에 맞게 끊임없이 변화하려는 노력이 느껴집니다.

부채표도 잘 만든 상표라는 평가가 많습니다. 동화약품 측은 부채를 상표로 선택한 이유를 이렇게 설명합니다. 부채표는 중국 고전 시집인 『시전(詩傳)』에 나온 "지죽상합 생기청풍(紙竹相合 生氣淸風)"이라는 문구에서 비롯됐다고 합니다. 종이와 대나무가 서로 합해 맑은 바람을 일으킨다는 뜻입니다. 좋은 의미입니다.

의미도 좋지만 사실 부채라는 모양 자체가 아주 쉽고 직관적이라는 점에서 부채표는 뚜렷한 강점을 지니고 있습니다. 과거 동화약품은 활명수 광고에서 "부채표를 확인하세요"라는 문구를 꾸준히 써왔습니다. 소비자들에게 각인시키기 위해서겠죠. 이제는 부채표 이미지만 깔끔하게 보여주고 있습니다. 이미지만으로 소비자들이 충분히 기억하리라는 자신감이 아닌가 싶습니다.

▶▶ 최초의 외국인 모델부터 패션 브랜드와의 컬래버레이션까지 한발 앞서 트랜드를 이끄는 마케팅

제품이 오래된 만큼 광고의 역사도 깁니다. 동화약품은 1967년 활명수의 새로운 TV 광고를 선보였습니다. 당시로써는 파격적으로 외국인 모델이 광고에 등장합니다. 한 외국인이 조선 시대 양반의 복장을 하고서 "한국 음식을 참 좋아한다"라며 과식을 합니다. 그러다 결국 체하고 맙니다. 당연히 다음 수순은 활명수입니다. 활명수를 복용하고는 평안을 찾는다는 내용입니다.

동화약품은 이 광고 영상을 2013년에 유튜브 채널에 올렸습니다. 그런

동화약품이 1959년 애니메이션으로 선보인 활명수 광고(왼쪽)와 1967년 당시로써는 파격적으로
외국인을 등장시켰던 활명수 광고 일부(사진 동화약품 활명수 유튜브).

데 이게 웬일일까요. 당시 모델로 출연했던 레이드 더글러스(Reid Douglas)
씨가 이 유튜브 영상에 직접 댓글을 달았습니다. 추억의 모델이 직접 등장
한 겁니다. 그는 "1967년 3월 한국에서 주한 미군으로 복무할 당시 이 영
상을 찍었고 곳곳에서 방영돼 서울 시내에 나가면 한국 사람들이 자신을
알아보고 웃었다"는 내용의 댓글을 달았습니다. 이후 이 영상이 다시 화
제가 됐습니다.

이에 앞서 1959년에는 애니메이션으로 만든 활명수 광고 영상을 선보
여 눈길을 끌기도 했습니다. 예 교수는 이를 두고 "동화는 국내 의약품 광
고 사상 최초로 애니메이션 기법을 도입하고, 파격적으로 외국인 모델을
기용하는 등 선구적인 시도를 많이 했다"라고 평가했습니다.

이런 노력은 지금까지 계속되고 있습니다. 동화약품은 2013년부터 활명
수 기념판을 선보이고 있습니다. 모나미 같은 기존 브랜드는 물론 콘텐츠,
아티스트와 연계해 제품을 제작하고 있습니다. 카카오프렌즈 캐릭터와 힙
합 프로그램 〈쇼미더머니〉, 에코 패션 브랜드 플리츠마마, 패션 브랜드 게

스 등과 협업을 진행했습니다.

➤➤ 전통은 유지하되 브랜드는 젊게

이처럼 126세의 큰 형님은 오랜 기간 젊게 살기 위해 노력해 왔습니다. 노력의 결실은 꾸준히 쌓여가고 있고요. 동화약품에서 일반의약품(OTC) 개발·마케팅을 담당하는 김대현 상무를 만나 활명수 마케팅 전략의 노하우와 비법을 직접 들어봤습니다.

Q. 까스활명수는 국내 가공식품 중에서 가장 오래된 제품 중 하나입니다. 마케팅하는 게 쉽지 않을 듯합니다. 어떤 부분에 주안점을 두고 있나요?

A. 오래된 제품일수록 현재와 같이 호흡하는 것이 중요하다고 생각합니다. 전통은 지키면서 현대의 트렌드에 맞춰 브랜드를 젊게 유지하는 것에 중점을 두고 있습니다. 국민들에게 이미 널리 알려진 브랜드인 만큼 친숙하고 믿음직스러운 가족 같은 존재로 기억되기를 바라고 있습니다.

Q. 활명수의 상징이라 할 수 있는 부채표를 1910년에 우리나라 최초로 상표등록을 했습니다.

A. 활명수는 브랜드 관리 측면에서 매우 선구적인 역할을 했습니다. 브랜드라는 개념이 확립되지 않은 당시에 상표등록을 했습니다. 지금도 동화약품은 '부채표', '활명수' 브랜드 가치를 유지하기 위해 지속적인 커뮤니케이션 활동을 하고 있습니다. 최근에는 젊은 층을 대상으로 한 브랜드 컬래버레이션, SNS 채널 운영 등을 통해 앞으로 100년을 바라보는 투자를 아끼지 않고 있습니다.

동화약품이 활명수 탄생 및 창립 125주년을 기념해 서울 성수동 서울숲 카페거리에 문을 연 '활명수 1897' 팝업스토어(사진 동화약품).

활명수 탄생 기념판 패키지(사진 동화약품 브로셔).

116주년 / 권오상
사진작가

116주년 / 박서원
크리에이티브
디렉터

116주년 / 홍경택
팝아티스트

117주년 / 이용백
미디어 아티스트

117주년 / 이동기
팝아티스트

118주년 / 나전칠 산수문 끊음질 이충룡
전통공예 나전칠기

119주년 / 활명수 X 카카오프렌즈

120주년 / 활명수 x 쇼미더머니

Q. 오래된 제품을 젊은 이미지로 만드는 작업도 만만치 않을 것 같습니다. 힙합 가수와 콜라보를 하는 등 파격적인 모습을 보이기도 했습니다. 이런 작업을 하는 데 기준이나 원칙이 있나요?

A. 활명수는 우수한 효과를 가장 기본으로 하는 의약품입니다. 브랜드는 젊고 신선하게 유지하되, 약효가 가볍게 보일 수 있는 방향은 지양하고 있습니다.

Q. 미인활명수나 꼬마활명수 등 새로운 제품군을 내놓는 이유는 무엇인가요?

A. 활명수의 기준이 되는 제품은 까스활명수지만 최근 변화하는 트렌드에 맞추어 다양한 제품을 공급하려 노력하고 있습니다. 꼬마활명수, 미인활명수, 활명수-유는 이러한 노력의 일환이며, 젊은 층의 접근이 쉬운 편의점에서 판매되는 의약외품군도 확대하고 있습니다.

Q. 페이스북 등 SNS 활동도 꾸준히 하는 모습입니다. SNS 마케팅을 어떻게 진행하고 있나요?

A. SNS 마케팅은 초기에 후시딘으로 시작해서 지금은 활명수도 적극적으로 운영하고 있습니다. 디지털 시대로 들어오면서 매체가 다양해지다 보니 SNS도 중요 커뮤니케이션 채널로 자리 잡았고, 이를 놓치지 않기 위해 노력 중입니다. SNS에서 활명수가 전하고 있는 메시지는 '맛있는 음식, 활명수와 함께'입니다.

활명수의 결정적 한 끗

진하게 농축된 126년의 역사

활명수 한 병에 농축된 126년의 히스토리

활명수를 공부하면서 가장 많이 든 생각은 '재미있다'였습니다. 활명수라는 제품에서 재미를 느낀 것은 아마도 활명수가 가지고 있는 다양한 히스토리 때문일 겁니다. 궁중 비법에서 시작해 서양 의학과의 접목, 독립운동, 각종 기네스 기록, 탄산 전쟁 등 자그마한 활명수 한 병에는 참 많은 이야기가 담겨 있었습니다.

그만큼 활명수는 스토리텔링 소재가 무궁무진한 제품이었습니다. 동화약품에서도 이런 점들을 마케팅 포인트로 잘 활용하고 있습니다. 대표적인 것이 황제의 비법을 담았다는 내용이었습니다. 일반인들은 잘 알 수 없는 궁중의 비법이 담겨 있다는 사실만으로도 사람들의 이목을 끌기는 충분했죠. '왕'이라는 단어에 담긴 묘한 궁금증과 경외감 등이 잘 어우러지면서 활명수를 돋보이게 한 듯합니다.

여기에 독립운동 자금을 지원했다는 사실도 활명수를 지금껏 지탱하게 한 힘이었던 것으로 보입니다. 한국 역사에서 가장 암흑기였던 일제강점기에 독립운동을 적극적으로 지원했다는 것은 사람들의 뇌리에 깊이 박힐 만한 소재였습니다. 왠지 더 관심이 가는 제품이 된 거죠.

더불어 126년간 유지된 활명수의 뛰어난 효능도 활명수가 오랜 기간 국내 소화제 시장을 석권할 수 있게 한 힘이었을 겁니다. 속이 불편하고 더부룩할 때 간단하게 복용할 수 있고 그 효과도 수많은 소비자의 경험으로 충분히 검증됐죠. 이런 요소들이 복합적으로 맞물리면서 활명수가 전통을 이어올 수 있었던 것으로 보입니다.

나이를 거꾸로 먹는 젊은 마케팅

오래된 브랜드에서 공통적으로 찾아볼 수 있는 브랜드 노후화를 막기 위한 노력도 활명수에는 깃들여 있습니다. 기존의 정체성을 유지하면서도 매년 새로운 시도를 통해 젊은 층과 호흡하려는 마케팅 전략은 소비자들에게 늘 새로운 활명수를 선보일 수 있는 원동력이 됐습니다.

동화약품은 2022년에 활명수 탄생 및 창립 126주년을 기념해 '활명수 1897' 팝업스토어를 서울 성수동 서울숲 카페거리에 열었습니다. 총 5개의 공간으로 이루어진 팝업스토어는 활명수의 탄생부터 현재까지의 모습을 압축적으로 보여주며 젊은 층에 큰 호응을 얻었습니다.

활명수는 제품에 농축된 흥미로운 히스토리를 다양한 방법으로 잘 소화해 낸 대표적인 제품입니다. 특히 제품의 히스토리를 마케팅에도 적절히 활용해 오랜 기간 국민 소화제로 자리매김할 수 있었습니다.

활명수 키워드

#궁중비법
궁중의 비법에 서양 의학을 접목해 급체와 토사곽란으로 고통받던 백성들을 치유.

#독립운동
활명수를 팔아 상하이임시정부 자금을 지원.

#기네스북
한국기네스협회로부터 국내 최고(最古)의 제조·제약회사, 최초 등록상표·상품(부채표, 활명수) 4개 부분에 걸쳐 기록을 인정.

#83억 5500만 병
1897년 처음 생산된 이후 현재까지 83억 5500만 병 판매.

#컬래버레이션
126년의 전통을 이어감과 동시에 새로운 세대들과의 호흡을 위해 다양한 협업을 시도.

DECISIVE SHOT

6

후발주자의 약점을 딛고
아이스크림 시장을 제패한

월드콘

• Since 1986 •

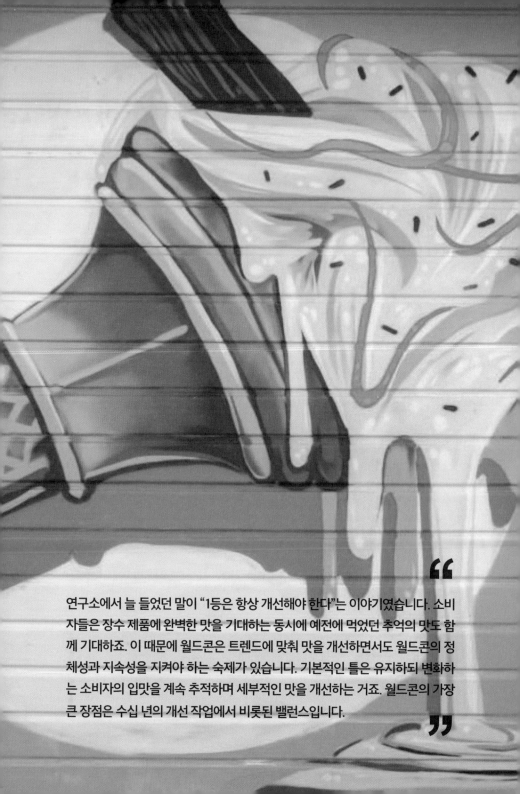

"

연구소에서 늘 들었던 말이 "1등은 항상 개선해야 한다"는 이야기였습니다. 소비자들은 장수 제품에 완벽한 맛을 기대하는 동시에 예전에 먹었던 추억의 맛도 함께 기대하죠. 이 때문에 월드콘은 트렌드에 맞춰 맛을 개선하면서도 월드콘의 정체성과 지속성을 지켜야 하는 숙제가 있습니다. 기본적인 틀은 유지하되 변화하는 소비자의 입맛을 계속 추적하며 세부적인 맛을 개선하는 거죠. 월드콘의 가장 큰 장점은 수십 년의 개선 작업에서 비롯된 밸런스입니다.

"

6-1
월드콘의 시작은 기원전이었다!

>> 알렉산드로스 대왕까지 거슬러 올라가는
아이스크림의 역사

아이스크림 참 좋아합니다. 시원하고 달콤한 그 맛에 한 번 빠지면 헤어나오기 어렵죠. 예전에는 여름에 주로 찾았지만, 이제는 사시사철 즐겨 먹습니다. 때로는 해장용으로 먹기도 합니다. 술을 많이 마신 날이면 편의점에 들려 아이스크림 하나 물고 집에 들어가면 다음 날 괜찮더군요. 아, 이건 극히 제 개인적인 임상시험 결과입니다.

　아무튼 이제 아이스크림은 남녀노소 할 것 없이 누구나 즐겨 찾는 식품이 됐습니다. 과거에 아이스크림은 왕과 귀족들만 맛볼 수 있는 귀한 식품이었다고 합니다. 그렇다면 아이스크림은 언제 처음 만들어졌을까요? 아이스크림의 역사는 생각보다 아주 오래됐습니다. 그 탓에 명확히 언제부터, 누가 처음 만들었다는 기록이 없습니다. 대신 아이스크림의 기원에 대한 여러 가지 설(設)이 난무합니다.

우선 가장 오래된 아이스크림 기원설은 기원전으로 거슬러 올라갑니다. 기원전 4세기경 알렉산드로스 대왕Alexandros the Great, B.C. 356~B.C. 323이 페르시아 원정길에 지친 병사들을 위해 높은 산에서 얼음을 운반해와 과일즙을 섞어서 먹였다는 일화가 있습니다. 로마의 네로 황제Nero Claudius Caesar Augustus Germanicus, 37~68도 아이스크림 역사에 등장하는 인물입니다. 네로 황제는 알프스의 만년설을 가져와 꿀을 타서 먹었다고 합니다.

아이스크림의 기원에 대한 이야기는 동양에도 있습니다. 중국 당나라의 수도 장안에 얼음과 얼린 음료를 판매하는 상점이 있었다는 기록이 있습니다. 원나라 때 중국을 여행했던 마르코 폴로Marco Polo, 1254~1324는 『동방견문록』에서 "우유로 만든 빙과자를 거리에서 팔고 있었다"고 적었습니다. 혹자는 마르코 폴로가 고향으로 돌아와 중국에서 먹어본 아이스크림 제조법을 유럽에 전파한 것이라고도 주장합니다.

▶▶ '셔벗'에서 '아이스크림'으로

문헌이나 각종 기원설을 종합해 보면 초창기 아이스크림의 형태는 지금과는 달랐을 것으로 추측됩니다. 프랑스의 디저트인 '소르베(sorbet)'나 '셔벗(sherbet)'의 형태였을 것이라는 설이 가장 유력합니다. 그런데 이 소르베와 셔벗도 나라마다 분류 기준이 다르고 엄밀하게 이야기하면 전혀 다른 식품입니다. 아무튼 초창기 아이스크림은 현재의 아이스크림과는 달리 입자가 거친 빙과 형태였을 것으로 보입니다.

실제로 이탈리아 피렌체의 공주 카트린 드 메디시스Catherine de' Medici, 1519~1589

알렉산드로스 대왕은 아이스크림의 원조 격인 얼음에 과즙이나 꿀 등을 섞은 음식을 매우 좋아했다고 전해진다. 그 탓에 아무 때나 이 음식을 찾아 곁에 있던 군사 및 정치 조언자들을 자주 짜증 나게 했다고 한다. 그림은 기원전 333년 소아시아 반도의 남동쪽 이수스에서 벌어졌던 알렉산드로스 대왕과 페르시아의 다리우스 3세 간의 전투를 묘사한 <이수스 대전> 중 알렉산드로스 대왕 얼굴 부분.

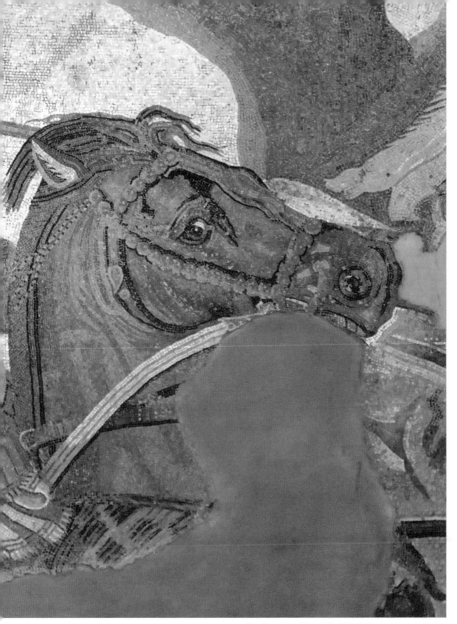

필록세누스, <이수스 대전(알렉산드로스 모자이크)>,
B.C. 100년경, 모자이크, 272×582cm, 나폴리국립고고학박물관

는 프랑스의 앙리 2세[Henry II, 1519~1559]와 결혼하면서 이탈리아에 있던 아이스크림 제조법을 가지고 갔다고 합니다. 이때의 아이스크림은 지금 같은 형태가 아닌 셔벗 형태였을 것으로 추정됩니다. 이는 훗날 프랑스 요리사 등을 통해 영국으로 전파됩니다. 아이스크림은 영국에서 다시 한 번 진화합니다.

지금과 같은 형태의 아이스크림이 처음 등장한 것은 17세기 영국입니다. 당시 찰스 1세[Charles I, 1600~1649]의 프랑스인 요리사 제럴드 티생은 최초로 우유와 크림을 사용해 아이스 디저트를 만든 것으로 알려졌습니다. 찰스 1세는 그가 만든 아이스크림 맛에 반합니다. 그래서 그에게 평생 연금을 약속했죠. 대신 아이스크림 레시피를 유출하지 않기로 합니다. 그 탓에 아이스크림은 왕과 일부 귀족만 먹을 수 있는 귀한 음식이 됐습니다.

아이스크림이 등장하는 최초의 문헌은 1781년 영국에서 출판된 『메리 에일스 아주머니의 요리책(Mrs. Mary Eales Receipts)』입니다. 이 책에는 아이스크림 제조법이 비교적 상세하게 적혀있습니다. 이때부터 서서히 아이스크림이 대중화되기 시작한 것으로 보입니다. 하지만 여전히 냉동기술이 부족했던 터라 아이스크림이 보편화되기에는 아직 기술이 받쳐주지 못했습니다.

▶▶ 냉동기술 발전, 아이스크림 산업에 날개를 달다!

아이스크림은 미국에서 확산되었습니다. 1843년 평범한 주부였던 낸시 존슨[Nancy Johnson, 1794~1890]이 손잡이를 돌려 손쉽게 크림을 얼리는 수동식 냉동기를 개발합니다. 하지만 그녀는 이 기술을 단돈 200달러에 주방기구 회

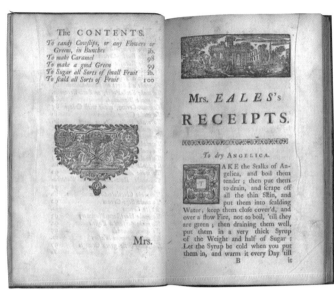

Mrs.

Mrs. EALES's
RECEIPTS.

To dry ANGELICA.

TAKE the Stalks of An-
gelica, and boil them
tender; then put them
to drain, and scrape off
all the thin Skin, and
put them into scalding
Water; keep them close cover'd, and
over a flow Fire, not to boil, 'till they
are green; then draining them well,
put them in a very thick Syrup
of the Weight and half of Sugar:
Let the Syrup be cold when you put
them in, and warm it every Day 'till
B   it

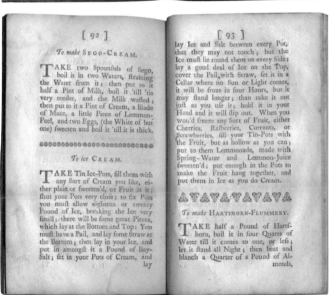

[92]

To make SEGO-CREAM.

TAKE two Spoonfuls of Sego,
boil it in two Waters, straining
the Water from it; then put to it
half a Pint of Milk, boil it 'till 'tis
very tender, and the Milk wasted;
then put to it a Pint of Cream, a Blade
of Mace, a little Piece of Lemmon-
Peel, and two Eggs, (the White of but
one) sweeten and boil it 'till it is thick.

To ice CREAM.

TAKE Tin Ice-Pots, fill them with
any Sort of Cream you like, ei-
ther plain or sweeten'd, or Fruit in it;
shut your Pots very close; to six Pots
you must allow eighteen or twenty
Pound of Ice, breaking the Ice very
small; there will be some great Pieces,
which lay at the Bottom and Top: You
must have a Pail, and lay some Straw at
the Bottom; then lay in your Ice, and
put in amongst it a Pound of Bay-
Salt; set in your Pots of Cream, and
lay

[93]

lay Ice and Salt between every Pot,
that they may not touch; but the
Ice must lie round them on every Side;
lay a good deal of Ice on the Top,
cover the Pail with Straw, set it in a
Cellar where no Sun or Light comes,
it will be froze in four Hours, but it
may stand longer; than rake it out
just as you use it; hold it in your
Hand and it will slip out. When you
wou'd freeze any Sort of Fruit, either
Cherries, Rasberries, Currants, or
Strawberries, fill your Tin-Pots with
the Fruit, but as hollow as you can;
put to them Lemmonade, made with
Spring-Water and Lemmon-Juice
sweeten'd; put enough in the Pots to
make the Fruit hang together, and
put them in Ice as you do Cream.

To make HARTSHORN-FLUMMERY.

TAKE half a Pound of Harts-
horn, boil it in four Quarts of
Water till it comes to one, or less;
let it stand all Night; then beat and
blanch a Quarter of a Pound of Al-
monds,

1718년 영국 런던에서 출판된 『메리 에일스 아주머니의 요리책(Mrs. Mary Eales's receipts)』에 소개된 아이스크림 제조법. 책 표지에는 메리 에일스를 앤 여왕의 제과업자로 소개하고 있다.

사인 윌리엄즈&컴퍼니에 넘깁니다. 이후 윌리엄즈&컴퍼니는 70여 차례 개량한 끝에 '챔피언'이라는 아이스크림 제조기를 선보입니다.

아이스크림 제조기의 등장으로 아이스크림 만들기는 훨씬 수월해졌습니다. 하지만 여전히 생산량은 많지 않았습니다. 아무래도 수동이다 보니 그랬을 겁니다. 그랬던 아이스크림이 본격적으로 대량 생산이 가능해집니다. 1851년 미국의 우유 판매상이었던 제이콥 푸셀^{Jacob Fussel, 1819~1912}은 여름에 팔리지 않고 남은 유제품 처리가 고민이었습니다. 처리법을 고심하던 그는 남은 유제품을 얼려서 보관하기 시작했죠.

제이콥 푸셀은 이 방법에서 착안해 세계 최초로 아이스크림 공장을 짓습니다. 그래서 그를 '아이스크림의 아버지'로 부릅니다. 그는 펜실베이니아 공장에서 생산한 아이스크림을 기차를 통해 볼티모어로 배달합니다. 가격도 종전의 3분의 1로 낮출 수 있었습니다. 그 덕에 제이콥 푸셀의 아이스크림은 큰 인기를 끕니다. 하지만 여전히 아이스크림 생산량은 수요를 따라가지 못했습니다. 그때까지도 냉동기술이 발전하지 못해 전적으로 얼음에 의존해야 했기 때문입니다.

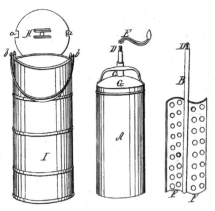

낸시 존슨이 1843년 9월 9일 특허를 낸 수동식 냉동기의 구조.

이후 1870년대 독일의 엔지니어 카를 폰 린데^{Carl von Linde, 1842~1934}가 냉동기술을 개발하면서, 얼음에만 의존해야 했던 냉동기술에 일대 혁신을 불러일으킵니다. 여기에 1926년 연속식 냉동기가 등장하면서 아이스크림 산업은 날개를 달기 시작합니다. 냉동고 보급으로 더 많은 사람이, 지역에 제한 없이, 언제든 아이스크림을 즐길 수 있는 토대가 마련됐습니다.

▶▶ 아이스크림 대중화를 앞당긴
호텔 짐꾼과 와플 장수의 번뜩이는 아이디어

냉동기술 발전으로 아이스크림은 하나의 산업으로 성장합니다. 덕분에 아이스크림뿐만 아니라 관련 상품도 연이어 출시됩니다. 대표적인 것이 아이스크림 스쿱(scoop)입니다. 아이스크림을 뜨는 스쿱은 1897년 아프리카계 미국인이었던 알프레드 크랄Alfred L. Cralle, 1866~1919이 처음 선보였습니다. 호텔 짐꾼으로 일하던 크랄은 음식을 서빙하는 직원이 아이스크림이 스푼에 달라붙어 곤란해하는 모습을 보고 스쿱을 개발했습니다.

아이스크림을 담는 콘(cone)도 마찬가지입니다. 여기에는 다양한 설이 있습니다. 국제낙농식품협회(IDFA)는 1896년 이탈리아 출신 이민자 이탈로 마르끼오니Italo Marchiony, 1868~1954가 미국 뉴욕에서 처음 만들었고, 1903년 12월 특허를 받았다고 설명하고 있습니다. 하지만 다른 의견도 있습니다. 이 역시 IDFA가 소개하고 있는 설인데요. 1904

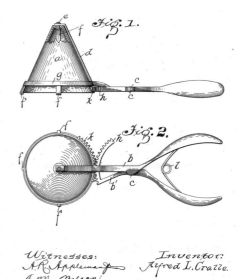

알프레드 크랄이 특허를 신청한 아이스크림 스쿱.

1904년 미국 세인트루이스 국제박람회 당시 콘에 담긴 아이스크림을 먹고 있는 아이들의 모습.

년 미국 세인트루이스 국제박람회 유래설입니다.

당시 시리아 출신 이민자 에르네스트 함위Ernest Hamwi, 1883~1943는 박람회장에서 고국의 전통 음식 '잘라비아(Zalabia)'를 판매하고 있었습니다. 잘라비아는 바삭하고 둥근 와플 모양의 과자입니다. 그런데 옆에 있던 아이스크림 가게에서 종이 접시가 부족해 곤혹스러워하자 이를 본 함위가 잘라비아를 원뿔 모양으로 얇게 구워 옆에 있는 아이스크림 가게에 건넸습니다. 여기에 아이스크림을 얹어 판매한 것이 콘아이스크림의 시작이라는 이야기입니다. 이후 함위는 미주리에서 콘을 만드는 회사를 세우고 본격적으로 사업을 시작합니다. 아이스크림이 산업화하면서 콘 사업도 급성장합니다. IDFA에 따르면 1924년 콘 생산량은 2억 4500만 개를 기록했고 자동화 시설이 발명되면서 현재는 매일 수백만 개의 원뿔형 아이스크림용 콘이 생산되고 있습니다. 이는 냉동기술의 발전이 아이스크림을 산업의 영역으로 확장시켰다는 것을 보여줍니다.

6-2

'물뺙다구'에서 '월드콘'까지, 한국 아이스크림史

▶▶ 뻬네라 아이스크림

기나긴 아이스크림의 역사를 알아봤으니 이제는 우리나라의 아이스크림 역사를 알아볼 차례입니다. 아이스크림이 언제 우리나라에 들어왔는지는 확실치 않습니다. 하지만 각종 문헌 등을 통해 살펴보면 아이스크림은 일제강점기 때 우리나라에 들어온 것으로 추정됩니다. 당시 신문 기사나 요리책 등에 아이스크림이 등장하기 시작합니다.

실제로 당시 신문 기사를 찾아보면 심심찮게 '아이스크림'이라는 단어가 등장합니다. 탑골 공원에서 아이스크림을 판매하는 행상 앞에 어른과 아이들이 몰려있습니다. 또 행사에 사람을 모으기 위해 아이스크림을 판매한다는 기사도 있는 걸 보면 아이스크림은 그때나 지금이나 사람들의 입맛을 사로잡는 식품이었던 듯합니다.

아이스크림 제조법이 실린 우리나라 요리책은 위관(韋觀) 이용기李用基,

▶「동아일보」1921년 8월 16일자에 실린 "아이스크림 장사"라는 제목의 사진(사진 네이버 뉴스라이브러리)

◇
『
아
이
스
크
림
』
장
사
==
작
일
탑
골
공
원
에
서
==

◀ 1924년 이용기가 한국과 외국 음식의 조리법에 관해 저술한 조리서 『조선무쌍신식요리제법』 표지 사진(사진 한국학중앙연구원). 이 책은 한국 최초로 컬러 도판 표지를 실은 요리책이다. 『조선무쌍신식요리제법』에는 '뻬네라(바닐라) 아이스크림' 조리법이 담겨 있다.

朝鮮無雙新式料理製法

七三

(10) 뻬네라아이스크림 한문양 한문신 인분에대

아이스크림둥에 둘반둥만뭇고 설탕五十匁를넛코 요민후에 소금차사시모삼분에일만넛코 다른그릇에다가 개란여달개만끄트코에서는 크렴한둥만알친메다가갓코(콘스다지)찻차사시로평균하게우사시둘둘에주는대 둘읍삽사시로 한사시메물은후에알친메다가갓코 석근후에 둘요민것읍알자크림과콘수다지첫대 다가부어서르근후 다시물에다가 어름반둥만놋코 호렷하리고둘이면서녹는노아서 살작익힌후에 안, 스크림둥에뭇고뻬네라차사시모 한사시만큿코 섈이는대는아이스크림둥에다가 어름반둥만놋코 호렷하리고둘이면서녹는대로짜고어름늣어서 얼너면되나이라

^{1870-1933?}선생이 1924년에 발간한 『조선무쌍신식요리제법(朝鮮無雙新式料理製法)』입니다. '조선에 둘도 없는 최신 요리책'이라는 이름에 걸맞게 한식은 물론 양식에 이르기까지 총 790가지 레시피가 담겨 있습니다. 1924년 초판이 발간된 이후 1942년까지 꾸준히 판매된 베스트셀러입니다. 여기에 '빼네라(바닐라) 아이스크림 제조법'이 쓰여있습니다.

당시의 아이스크림은 대부분 현재의 '바(bar)' 형태였습니다. 설탕물을 얼린 것이라고 할까요? 그래서 '물빽다구'로 불리기도 했습니다. 당시 우리나라의 냉동기술은 초창기였습니다. 대량 생산시설이 없었죠. 그 탓에 우리나라 아이스크림 사업은 영세했습니다. 그러다 보니 민간에서 아이스크림을 자체적으로 제작해 판매했습니다. 위생이 좋았을 리 만무합니다.

▶▶ '대량 생산' 아이스크림의 탄생

우리나라에 본격적으로 기업형 대량 생산 아이스크림이 나온 것은 1962년입니다. 삼강유지화학(훗날 롯데에 인수돼 롯데삼강으로 사명을 변경했다가 롯데푸드를 거쳐 현재는 롯데제과에 합병)이 선보인 '삼강하드아이스크림'이 국내 첫 대량 생산 빙과입니다. 삼강은 일본 유키지루시(雪印) 유업에서 중고 기계를 들여와 하드를 만들었습니디.

지금과 같은 형태의 아이스크림은 해태제과가 처음 선보였습니다. 해태제과는 1969년 말 덴마크 호이어(Hoyer)사에서 아이스크림 시설을 도입해 이듬해 '부라보콘'을 내놓았습니다. 하드류에 익숙했던 소비자들은 우유가 들어간 새로운 형태의 아이스크림에 열광합니다. 그 덕에 해태제과는 해마다 생산시설을 증설하면서 국내 아이스크림 업계를 선도하게 됩니다.

「조선일보」 1962년 8월 5일자에 실린 국내 첫 대량 생산 아이스크림 '삼강 하-드' 광고(사진 네이버 뉴스라이브러리).

오랜 기간 우리나라 아이스크림 시장을 휩쓸었던 부라보콘에게 강력한 경쟁자가 등장합니다. 바로 '월드콘'입니다. 롯데제과는 1986년 월드콘을 내놓습니다. 마침 멕시코 월드컵이 열리던 해라 롯데제과는 대대적인 마케팅에 돌입합니다. 국내뿐만 아니라 세계 시장에서도 인정받는 아이스크림을 내놓겠다는 포부였죠. 그런 만큼 상품성도 대폭 강화했습니다.

일단 월드콘은 한눈에 보기에도 경쟁 제품인 부라보콘에 비해 컸습니다. 부라보콘보다 한 입 정도 더 큰 크기였죠. 여기에 초콜릿과 땅콩 토핑을 더해 차별화를 꾀했습니다. 롯데제과의 이런 시도는 큰 성공을 거둡니다. 출시 2년 만에 부라보콘을 제치고 국내 콘아이스크림 판매 1위를 차지합니다. 이어 1996년부터는 전체 아이스크림 시장에서도 1위를 차지했습니다.

▶▶ 차별화에 목숨을 걸다

요즘은 콘아이스크림 끝에 초콜릿이 있는 게 일반적이지만 예전에는 달

1986년 출시 당시 방영된 월드콘 TV CF.
당대의 스타였던 전영록, 채시라, 이상아 씨 등을
모델로 내세워 큰 인기를 끌었다.

랐습니다. 콘 끝에 달린 고깔 모양 초콜릿의 원조는 부라보콘입니다. 재미있는 것은 해태제과가 의도하고 만든 게 아니라는 점입니다. 당시 해태제과는 부라보콘을 제조할 때 콘 안쪽이 아이스크림에 젖어 눅눅해지지 않도록 초콜릿을 코팅했습니다. 그런데 당시 기술 부족으로 초콜릿이 흘러내려 콘 끝에 고였던 겁니다.

소비자들은 이런 속 사정은 전혀 모른 채 콘 끝에 고여있는 초콜릿에 열광했습니다. 이를 눈여겨본 롯데제과는 아예 월드콘의 콘 끝에 초콜릿을 넣어 출시합니다. 소비자들의 니즈와 트렌드를 유심히 읽은 결과물인 셈입니다. 이뿐만이 아닙니다. 월드콘은 출시 전부터 철저히 부라보콘을 타깃으로 삼고 차별화를 꾀했습니다. 앞서 말씀드렸던 크기는 물론 맛, 토핑 모양까지 세심히 신경을 썼습니다.

대대적인 마케팅도 한몫합니다. "12시에 만나요. 부라보콘~"으로 시작하는 부라보콘의 CM송을 이기기 위해 월드콘은 "뭐니 뭐니 해도 맛있는 콘, 롯데 월드콘~"이라는 CM송으로 맞불을 놓습니다. 출시 37년이 지난 지금까지도 여전히 많은 분이 이 CM송을 기억하고 있다는 것은 그만큼 마케팅이 성공적이었다는 방증입니다.

당시 월드콘 CF는 큰 반향을 일으켰습니다. 당대 최고의 스타 가수 전영록 씨와 채시라, 이상아 씨가 등장하는 TV CF는 공전의 히트를 칩니다. 그 덕에 월드콘은 단기간 내에 부라보콘을 따라잡고 아이스크림 업계의 왕좌에 오릅니다. 월드콘은 2021년 655억 원의 매출을 기록하며 여전히 국내 콘아이스크림 시장 1위를 달리고 있습니다.

6-3

황금 비율이 없는 것이
37년째 1등 아이스크림을
만든 비결이다?!

➤➤ 스테디셀러이자 동시에 베스트셀러

수십 년간 사랑받는 스테디셀러를 만든다는 것은 보통 일이 아닙니다. 세대가 바뀌면서 입맛도 바뀌고 취향도 바뀌기 때문이죠. 잘 나가던 제품이 10년 후엔 겨우 명맥만 유지하는가 하면 한 시대를 풍미했다가 지금은 흔적도 없이 사라진 제품도 셀 수 없을 만큼 많습니다.

스테디셀러가 동시에 베스트셀러일 확률은 또 얼마나 될까요? 한 아이가 과거 초등학교인 국민학교도 들어가기 전 '1등 아이스크림'이었는데 그 아이가 어른이 되어서 결혼을 하고, 아이를 낳아 그 자녀도 똑같은 아이스크림을 먹고 있을 확률 말입니다. 정확히 계산할 수는 없겠지만 쉽지 않은 일일 겁니다.

그 어려운 일을 해내고 있는 아이스크림이 있습니다. 바로 롯데제과의 월드콘입니다. 1986년 출시됐으니 어느덧 나이가 40살이 다 돼 갑니다. 출시 3년 차인 1988년부터 콘아이스크림 1위에 올라, 1996년에는 빙과 전체 1위를 차지했습니다. 그런데 2023년 현재에도 월드콘은 여전히 매출 1위를 다투는 현역입니다.

월드콘은 어떻게 40년 가까이 아이스크림 시장의 왕좌를 수성할 수 있었을까요? 마흔 살 아저씨와 일곱 살 꼬마의 입맛을 모두 잡는 그 맛의 비밀은 뭘까요? 월드콘이 '뭐니 뭐니 해도 맛있을 수' 있었던 비결, 지금 살펴봅니다.

▶▶ 용두용미 월드콘 맛의 비밀

콘아이스크림에서 가장 중요한 원재료는 바삭바삭한 콘일 겁니다. 콘아이스크림을 아예 다른 카테고리로 분류하는 이유가 있죠. 고소한 콘은 아이스크림의 맛을 더 강화해 주기도 하지만, 때로는 안 먹느니만 못하게 만들 때도 있습니다. 눅눅해져 버린 콘과 아이스크림을 함께 먹다 보면 1+1이 2가 아닌 0이 될 수도 있다는 생각이 듭니다.

월드콘에서 가장 중요한 제조 과정 역시 이 바삭바삭한 콘을 완성하는 작업입니다. 월드콘은 즉석에서 만들어 먹는 제품이 아닌, 시중에 몇 달 이상을 유통해야 하는 제품입니다. 그런 만큼 콘의 바삭함을 오래 유지할 수 있는지가 맛의 핵심입니다.

월드콘은 내부에 초콜릿 코팅을 입혀 이 문제를 해결했습니다. 콘 모양으로 말려 있는 와플콘이 공장에 들어오면 스프레이를 이용해 내부에 초콜릿을 씌웁니다. 그다음 초콜릿을 분사한 콘에 노즐로 아이스크림을 채워 넣습니다. 이때 아이스크림의 차가운 온도 때문에 콘 내부에 분사한 초

바삭한 와플콘은 월드콘의 가장 중요한 경쟁력이
다. 월드콘은 와플콘 내부를 초콜릿으로 얇게 코팅
해 아이스크림의 수분이 콘에 직접 닿지 않게 한다.
그래서 몇 개월이 지나도 바삭한 맛을 유지한다.

DECISIVE SHOT

아이스크림 콘 끝에 있는 초콜릿 꼬다리는 코팅 기술 부족으로 콘 내부를 초콜릿으로 코팅할 때 흘러내린 초콜릿이 고여 만들어진 것이다. 이런 속사정은 모른 채 소비자들이 콘 끝에 고여있는 초콜릿에 열광하자, 이를 눈여겨본 롯데제과는 아예 월드콘의 콘 끝에 초콜릿을 넣어 출시했다.

콜릿이 굳으면서 코팅이 됩니다. 아이스크림의 수분은 초콜릿 코팅에 막혀 콘으로 흡수되지 못합니다. 만든 지 몇 달이 지난 제품도 바삭하게 먹을 수 있는 이유입니다.

이 과정에서 초콜릿을 조금 더 넉넉히 분사하면 우리가 사랑해 마지않는 '초콜릿 꼬다리'가 생깁니다. 콘에서 흘러내린 초콜릿이 뾰족한 콘 아래쪽에 모이는 거죠. 월드콘은 콘 밑부분 3.5cm를 초콜릿으로 가득 채웠습니다. 바닐라 아이스크림을 다 먹은 후 초콜릿 디저트로 입가심하는 느낌을 줬습니다. 부라보콘과 경쟁하는 월드콘만의 차별화 포인트였죠.

➤➤ 월드콘의 성공 비결, 황금 비율이 없다!

월드콘은 쿠앤크·딸기·모카 등 다양한 맛이 나오고 있지만 우리가 생각하는 '근본'은 바닐라맛일 겁니다. 가장 먼저 출시된 맛도 바닐라맛일뿐더러 월드콘 전체 매출의 80%를 바닐라맛이 차지하고 있을 정도입니다. 바닐라맛 월드콘은 바닐라빈 중 최고급이라는 마다가스카르산 바닐라를 사용해 풍부한 맛을 살렸습니다.

고급 재료를 사용했으면 그 다음은 '밸런스'입니다. 유지방과 유단백질의 밸런스가 맛과 향, 식감을 결정합니다. 아이스크림에 공기를 불어넣어 부피를 증대시키는 오버런(over-run : 공기 함량) 비율은 사르르 녹는 부드러움을 책임지죠. 흔히 변하지 않는 완벽한 비율이라는 의미로 '황금 비율'이란 말을 쓰지만 월드콘의 황금 비율은 계속해서 변화합니다. 소비자의 입맛이 변하기 때문입니다. 최근 트렌드는 공기 함유량을 늘린 '더 부드러운 맛'입니다.

월드콘이 처음부터 바닐라맛으로 기획됐던 건 아닙니다. 출시 직전까지도 3~4가지 맛의 시제품을 만들며 테스트를 이어갔죠. 바닐라맛은 물론 밤맛, 팥맛 등이 최후까지 출시를 놓고 경쟁했습니다. 내부에선 어떤 맛을 출시할지 쉽게 결론이 나지 않았습니다. 결국 소비자의 입맛을 확인하기로 했죠. 젊은 층이 많이 모이는 서울 남성동 롯데리아 본사로 직원들이 시제품을 들고 찾아가 품평회를 열었습니다. 여기서 절반 이상의 소비자가 바닐라맛을 선택하면서, 바닐라맛 출시가 결정됐습니다. 월드콘이 팥맛으로 출시됐었다면 지금의 월드콘은 존재하지 않았을 수도 있겠다는 생각이 듭니다.

바닐라는 난초과의 덩굴식물로 열매는
아이스크림, 쿠키 등에 달콤한 향을
내는 향신료로 쓰인다. 아프리카 남동부에
위치한 섬나라 마다가스카르는 날씨가 따뜻하고
습해 바닐라 재배지로써 최적의 환경이다.
월드콘은 마다가스카르산 바닐라를 사용해
풍부한 맛을 살렸다.

➤➤ 첫입부터 마지막까지 맛을 유지하는 킥!

월드콘이 다른 콘아이스크림과 차별화되는 또 하나의 비밀이 있습니다. 바로 '땅콩'입니다. 땅콩이 맛의 비밀이라고 하면 고개를 갸우뚱하는 분들이 많을 겁니다. 콘아이스크림의 포장을 뜯자마자 보이는 초콜릿 시럽과 땅콩은 너무나 일반적인 조합 아니냐고 생각할 수도 있죠.

월드콘은 여기에서 한발 더 나아갑니다. 일반적으로 땅콩의 고소함과 초콜릿의 달콤함이 바닐라 아이스크림의 부드러운 맛과 조화를 이루는 첫맛에 비해 중간 부분에 가서는 맛이 약해져 다소 '밋밋하다'는 느낌이 듭니다. 어떻게 해야 처음 맛을 끝까지 유지할 수 있을까를 고민한 끝에 월드콘은 아이스크림 전체에 땅콩을 섞기로 합니다.

여러분이 월드콘을 먹을 때 발견했던 중간중간에 박힌 까만 초콜릿 칩이 바로 땅콩입니다. 땅콩을 초콜릿으로 코팅해 달콤함을 더하는 동시에 땅콩이 눅눅해지는 것도 방지했죠. 윗부분에 다양한 토핑을 올린 콘아이스크림은 있었지만, 중간 부분의 맛까지 신경 쓴 콘아이스크림은 월드콘이 유일했습니다.

➤➤ '꼬다리 플라스틱'이 사라진 이유

출시 당시 월드콘이 앞세운 차별화 포인트는 '크기'였습니다. 국내 콘아이스크림 시장을 연 해태제과의 부라보콘은 140ml였습니다. 월드콘은 이보다 20ml 많은 160ml로 출시됐습니다. 경쟁 제품보다 '한 입 더' 먹을 수 있도록 하겠다는 전략이었죠.

단순히 용량을 늘리는 것만으론 부족했습니다. 부라보콘과 같은 모양의 콘을 써 보니 아이스크림을 20ml 더 넣어도 시각적으로 거의 차이가 없었죠. 이 때문에 더 뾰족하고 긴 콘을 만들었습니다. 소비자가 보는 순간 '크다'고 느낄 수 있게 한 겁니다. 지금도 월드콘은 부라보콘보다 아이스크림이 10ml 더 많습니다. 월드콘의 크기 우위는 여전한 셈입니다.

다만 이 때문에 생긴 문제도 있었습니다. 길고 뾰족한 콘을 사용하다 보니 운송 중에 콘 아랫부분이 부러지는 경우가 많았습니다. 콘을 길게 만들면서 제품이 가늘어지다 보니 충격에도 더 약해진 거였죠. 1980년대의 열악한 도로 교통 사정과 배송 시스템이 낳은 문제였습니다. 부러진 콘을 구매한 소비자들의 불만도 상당했습니다.

이를 해결하기 위해 등장했던 게 플라스틱 깍지. 일명 '꼬다리 플라스틱'입니다. 콘이 충격을 받아 깨지는 것을 방지하고, 설령 깨지더라도 플라스틱 깍지가 몸체를 잡아줘 먹을 때 불편함이 없도록 했습니다. 아이스크림을 천천히 먹는 경우, 초콜릿 부분이 녹아내리며 손에 묻는 것도 방지할 수 있었죠. 플라스틱 깍지는 곧 월드콘의 상징으로 떠올랐습니다.

하지만 유통·배송 기술이 발전하면서 더이상 배송 중에 제품이 부러지는 일이 없어졌습니다. 초콜릿보다는 아이스크림을 더 많이 먹고 싶다는 소비자 의견에 부응해 콘 아랫부분을 채우던 초콜릿 양도 점점 줄였습니다. 그리고 시대가 변해 플라스틱 쓰레기를 줄여야 한다는 사회적 인식이 강해지기 시작했습니다. 이것이 이제는 월드콘에서 플라스틱 깍지를 찾아볼 수 없게 된 이유입니다.

식음료 시장은 끊임없이 변화합니다. 30년 전의 완벽한 조합이 지금은 시장에서 통하지 않는 구닥다리 취급을 받는 일도 태반입니다. 이미 정상을 차지한 장수 제품도 이를 잘 알고 있습니다. 30년 전 맛 그대로인 것 같지만, 끊임없이 변화하는 소비자의 입맛에 맞춰 스스로를 바꿔 나갑니다.

⫸ "1등은 항상 개선해야 한다"

정원석 롯데중앙연구소 아이스연구팀장과 함께 월드콘의 변화와 미래에
관해 더 깊이 이야기 나누어보았습니다.

Q. 본인 소개를 부탁드립니다.

A. 롯데중앙연구소의 아이스연구 연구팀장 정원석입니다. 저희 팀은 합병 전부터
롯데제과와 롯데푸드의 아이스 신제품 개발·공정 개선·원가 개선 등의 업무를 맡
고 있습니다. 엔제리너스커피나 나뚜르 등에서 판매하는 아이스크림도 저희가 만
들고 있습니다.

Q. 월드콘은 출시되자마자 콘아이스크림 시장을 평정했습니다. 인기 요인이 뭐였
을까요?

A. 당시 롯데에는 내로라할 만한 콘아이스크림 제품이 없었습니다. 이에 '1등을 할
수 있는 콘을 만들자!'는 목표를 잡고 기존 인기 콘보다 크고, 고급 재료도 많이 넣
은 제품을 만들기로 했습니다. 특히 중요한 게 풍미라고 판단해 마다가스카르산 최
고급 바닐라빈을 공수해 사용했죠. 저가 바닐라향을 사용할 경우 우유와 풍미가 겉
도는 경우가 많습니다.

아이스크림에도 위에는 커피 코팅을 입힌 땅콩과 초콜릿 시럽을 뿌렸고 중간 부분
에서 맛이 밋밋해지는 걸 방지하기 위해 초콜릿 코팅을 입힌 땅콩을 넣었습니다.
맨 아래쪽 꼭지 3.5cm에는 초콜릿을 좋아하는 소비자를 겨냥해 콘을 코팅하고 남

은 초콜릿을 채워넣었죠.

크기 역시 양만 늘린 게 아니라 잡는 모양과 시각적 효과까지 고려했습니다. 몸통을 가늘고 길게 만들어 시각적으로 더 양이 많아 보이는 길쭉한 바디를 선택했죠. 콘아이스크림은 손으로 들고 먹는 제품이니만큼 그립감도 더 좋아졌습니다.

바삭한 콘을 오랫동안 유지하기 위해서는 안쪽에 스프레이로 초콜릿을 입히는 공정을 거칩니다. 콘의 바삭함을 유지할 수 있을 뿐만 아니라 초콜릿 맛이 바닐라와 어우러지며 더 진한 달콤한 맛을 내죠.

Q. 월드콘은 37년간 많은 변화를 겪어 왔습니다. 최근에도 바닐라와 우유 함량을 높이는 리뉴얼을 진행했죠?

A. 연구소에서 늘 들었던 말이 "1등은 항상 개선해야 한다"는 이야기였습니다. 소비자들은 장수 제품에 완벽한 맛을 기대하는 동시에 예전에 먹었던 추억의 맛도 함께 기대하죠. 맛이 아예 바뀌지 않으면 올드해졌다며 외면하고 맛이 너무 많이 바뀌면 '내가 알던 맛이 아니'라며 외면합니다.

이 때문에 월드콘은 트렌드에 맞춰 맛을 개선하면서도 월드콘의 정체성과 지속성을 지켜야 하는 숙제가 있습니다. 기본적인 틀은 유지하되 변화하는 소비자의 입맛을 계속 추적하며 세부적인 맛을 개선하는 거죠.

월드콘의 가장 큰 장점도 수십 년의 개선 작업에서 비롯된 밸런스라고 생각합니다. 아이스크림의 조직감과 유지방, 유단백질 비율, 바닐라의 밸런스, 오버런 등을 수없이 고쳐가며 만들어 낸 조합입니다. 이 비율을 끊임없이 개발하며 조절하고 있습니다. 이번에 바닐라향과 우유 함량을 2배로 늘린 것도 이런 작업의 일환입니다. 최근 소비자들은 깔끔하면서도 풍부한 맛을 선호하는 경향이 있습니다. 우유 함량을 늘려 신선한 우유의 맛을 강조하고 바닐라향을 더 가미해 풍부한 향을 함께 내는 데 주력했습니다.

월드콘은 출시 이후 20여 종의 확장 제품을 내놓았다. 매출 비중이 높지 않은 확장 제품을 꾸준히 내놓는 것은 월드콘이 제자리에 머물지 않고 새로운 트렌드를 받아들인다는 의미가 있다.

Q. 언젠가부터 플라스틱 깍지가 사라지고 월드콘의 상징과도 같은 '꼬다리 초콜릿'이 작아졌다는 의견이 있습니다.

A. 플라스틱 깍지의 경우 1980년대 유통 환경이 열악해 유통 중에 제품이 파손되는 경우가 많았습니다. 월드콘은 다른 제품보다 끝 부분이 뾰족하고 가늘어 그런 경우가 더 많았죠. 그래서 플라스틱 깍지를 씌워 파손을 방지한 겁니다. 최근에는 유통·운송 기술이 발전하면서 파손 사례가 많지 않습니다. 플라스틱 쓰레기를 줄인다는 의도까지 더해지면서 깍지를 빼게 됐죠.

콘 끝 부분의 꼬다리 초콜릿은 저희도 늘 고민하고 있는 부분입니다. 최근 커뮤니티 등에서도 월드콘 꼬다리를 돌려달라는 글이 자주 올라온 것을 알고 있습니다. 월드콘에 대한 추억이 있는 분이 특히 꼬다리 초콜릿을 좋아하시죠.

그런데 내부적으로 조사해 보면 초콜릿보다 아이스크림을 늘려 달라는 의견이 많았습니다. 초콜릿을 줄이고 끝까지 아이스크림을 채우는 걸 선호하는 소비자가 더 많았던 거죠. 그래서 아이스크림을 늘리는 방향으로 개선이 진행되고 있는 겁니다. 물론 초콜릿 양을 늘리는 것을 소비자가 더 선호한다고 판단하면 다시 초콜릿 양을 늘려야겠죠. 더 많은 분이 원하는 방향으로 개선해야 하니까요.

Q. 월드콘 하면 바닐라맛이 가장 먼저 생각나는데요. 그럼에도 꾸준히 새로운 맛이 나오고 있습니다. 월드콘의 변화와 미래에 대해 한 말씀 부탁드립니다.

A. 출시 전 밤맛과 팥맛 등이 후보로 올랐었지만, 고객 테스트 결과 가장 평가가 좋았던 바닐라맛이 출시됐고 지금도 전체 월드콘 매출의 80%를 차지하고 있습니다. 두 번째로 많이 나가는 건 커피 계열의 맛입니다. 월드콘 매출이 최정점이었을 때는 바닐라와 커피의 매출 비중이 7대 3까지 갔던 적도 있습니다.

지금까지 나왔던 확장 제품은 모두 20여 종에 가까운데요. 정기 제품으로 운영하는 건 6~7개 정도입니다. 매출 비중이 높지 않은 확장 제품을 꾸준히 내놓는 것은 월드콘이 정체하지 않고 새로운 트렌드를 받아들인다는 의미가 있습니다.

몇 년 전 출시한 애플크럼블의 경우 SNS에 베이커리 언급량이 매우 증가한 시기였습니다. 특히 애플파이의 인기가 높았죠. 그래서 아이스크림과 애플파이를 접목해 보자는 의견이 나와 제품을 내놓게 됐죠. 2021년에는 딸기 신제품을 내놨습니다. 최근에는 과육이 단단해 씹히는 맛이 좋고 상큼한 향을 강조한 딸기가 인기가 많다는 점을 고려해 제품을 개발했습니다. 중장기적으로 바닐라와 커피를 이을 세 번째 주력 플레이버(flavour)를 개발하는 게 목표입니다.

6-4

'모두를 반하게 한'
월드콘 마케팅

▶▶ 아이와 부모의 추억에
월드콘이 선명하게 자리하게 한 마케팅의 힘

"이래서 만날 마중 갔구나, 만날 월드콘 먹으려고, 나도 줘!!"

2016년 큰 인기를 끌었던 드라마 〈응답하라 1988〉에서 나온 대사입니다. 쌍문고 1학년 노을이는 동네 앞 둘리슈퍼로 아버지를 거의 매일 마중 갑니다. 퇴근길마다 아버지가 다른 가족 몰래 노을이에게 '월드콘'을 사줬기 때문이죠. 그러다 어느 날 노을이의 누나 덕선이가 이 장면을 목격하고 분을 참지 못하고 소리

tvN에서 방영한 〈응답하라 1988〉에 월드콘이 나오는 장면.

월드콘은 시대마다 옷을 바꿔 입으며 늘 우리와 함께했다. '월드콘=젊고 활기찬' 이미지를 구축하기 위해 월드콘은 한발 앞서 시대의 아이콘을 광고 모델로 발탁했다. 사진은 2020년 월드콘 모델로 발탁된 프로게이머 페이커(이상혁)(사진 롯데제과).

를 지릅니다.

월드콘이 그때에도 얼마나 인기 있었는지를 보여주는 장면입니다. 이후 30여 년이 지났지만, 월드콘은 여전히 우리의 입맛을 사로잡고 있습니다. 아이와 부모가 추억을 공유할 수 있는 아이스크림이기도 합니다. 누구나 어릴 적 월드콘을 먹은 추억 하나쯤은 다 있으니까요. 그래서 세대마다 월드콘을 기억하는 법도 다릅니다.

자녀에게 월드콘을 사주던 60대는 채시라 씨와 심형래 씨를, 월드콘을 먹고 자란 30~40대는 월드컵의 열기를 떠올릴 것입니다. 요즘 아이들은 프로게이머 페이커를 보면 월드콘을 떠올릴 겁니다. 이처럼 월드콘은 시대마다 옷을 바꿔입으며 늘 우리와 함께였습니다. 월드콘이 이토록 장수할 수 있었던 힘은 아마도 마케팅 때문이 아니었을까 하는 생각이 듭니다.

➤➤ "뭐니 뭐니 해도 맛있는~"
월드콘의 정체성이 담긴 CM송

1986년 롯데제과가 출시한 월드콘은 아이스크림 시장을 크게 바꿔놓습니다. 아이스크림 시장에서도 드디어 '경쟁다운 경쟁'이 펼쳐지기 시작한 겁니다. 품질뿐만 아니라 마케팅 경쟁이 본격화한 계기였습니다. 당시 콘아이스크림 시장은 1970년 해태가 출시한 부라보콘이 꽉 잡고 있었습니다. 후발주자인 월드콘에게는 큰 벽이었죠. 부라보콘은 월드콘보다 먼저 TV 광고를 활용해 입지를 굳힌 상태였습니다. 때마침 신문 · 라디오 · TV · 영화 등 매스미디어가 막 떠오르기 시작한 시기였습니다.

막강한 1위 업체가 있는 시장은 특별한 광고를 내놓기 어렵습니다. 확실한 마케팅 포인트가 없다면 '아류' 소리를 듣습니다. 게다가 당시 콘아이스크림은 대중에게 익숙하지 않았습니다. '부라보콘＝콘아이스크림'으로 생각하는 사람도 많았죠. 부라보콘의 브랜드 파워는 그만큼 막강했습니다. 1976년에 등장한 "12시에 만나요 부라보콘~"이라는 CM송은 공전의 히트를 쳤습니다. 지금도 기억하는 사람이 많습니다. 이처럼 월드콘의 시작은 쉽지 않았습니다. 부라보콘을 이길 마케팅 전략이 절실했습니다.

롯데제과는 '모험'을 선택합니다. 월드콘을 출시하면서 공격적인 TV 광고를 진행합니다. 당시 떠오르고 있던 매스미디어를 십분 활용한 전략이었죠. 광고 모델로는 당대 최고의 인기를 구가하던 코미디언 심형래 씨와 하이틴 스타 채시라 씨를 발탁합니다. 이상아 씨도 있었네요. "뭐니 뭐니 해도 맛있는 게 좋은 거죠~"로 시작하는 CM송은 당시 스타 가수 전영록 씨가 불렀습니다. 결과는 대성공이었습니다. TV 광고를 타고 월드콘의 인지도는 단번에 높아집니다.

월드콘과 부라보콘의 광고 콘셉트는 조금 달랐습니다. "12시에 만나요"로 시작하는 부라보콘의 CM송은 통기타로 대변되는 포크음악이었습니다. 중독성 있는 잔잔한 멜로디가 대표적입니다. 반면 월드콘 광고는 락 멜로디에 가깝습니다. "뭐니 뭐니 해도 맛있는~" CM송을 듣다 보면 샤우팅을 하게 됩니다. 이는 주류 음악이 포크송에서 락으로 바뀌던 시대상을 반영한 겁니다. 롯데제과는 '월드콘=젊고 활기찬' 이미지를 구축하는 데 집중했습니다. 영리한 선택이었습니다. 부라보콘과의 차별화에 성공한 거죠.

➤➤ 아이스크림에 내재된 스포츠 DNA

월드콘은 높아진 인지도를 바탕으로 롯데제과의 간판 제품이 됩니다. 출시 2년 만에 부라보콘의 아성을 뛰어넘습니다. 물론 이를 두고 롯데제과와 해태제과는 입장 차이를 보입니다. 롯데제과는 1988년에 부라보콘의 매출을 추월했다고 말합니다. 반면 해태제과는 1992년에서야 역전이 됐다고 이야기합니다. 어찌 됐던 중요한 사실은 월드콘이 부라보콘을 '이겼다'는 겁니다.

월드콘의 적극적인 스포츠 마케팅도 성공의 원동력이었습니다. 젊고 활기찬 월드콘의 이미지와도 잘 어울렸죠. 월드컵 등 세계적인 스포츠 이벤트를 활용한 독창적인 광고를 선보였습니다. 박주영, 이근호 등 당대 최고 인기 축구 스타를 모델로 발탁했습니다. 역동적이고 열정적인 이미지의 스포츠 스타 모델 활용은 30년을 넘긴 장수 제품인 월드콘에 신선함과 젊은 이미지를 불어넣었습니다. 그 덕에 스포츠는 월드콘을 상징하는 DNA로 자리 잡습니다.

특히 2006년 독일 월드컵, 2014년 브라질 월드컵 때는 '월드콘 먹고, 월드컵 보러 가자'는 이벤트도 함께 진행했습니다. 이런 스포츠 마케팅에 힘입어 월드콘은 월드컵(2010년, 2014년), 올림픽(2012년, 2016년) 등 세계적인 스포츠 대회 때 유독 더 큰 사랑을 받았습니다. 다른 해에 비해 판매량이 높게 나타나기도 했죠. 실제로 1998년 프랑스 월드컵 당시 월드콘 매출은 610억 원으로 전년 대비 20% 가까이 증가했습니다. 월드컵이 열린 2010년과 2014년에도 매출이 늘었습니다.

월드콘의 스포츠 마케팅은 여전히 유효합니다. 2020년에는 프로게이머 페이커(이상혁)를 광고 모델로 발탁해 화제가 됐습니다. 페이커는 게임 '리그오브레전드(LOL)' 세계 챔피언 출신입니다. 10~20대 사이에서 '영웅'으로 불립니다. 아이스크림의 주요 소비층이죠. 롯데제과는 식품 업계에서 누구보다 먼저 페이커의 가능성을 알아본 겁니다. 2021년에는 '배구 여제' 김연경을 광고 모델로 발탁해 효과를 톡톡히 봤습니다. 월드콘에 배구라는 이미지를 덧입힌 것도 큰 성과였습니다.

▶▶ 확장 제품으로 트렌드에 유연하게 대응

물론 위기도 있었습니다. 2000년대에 접어들면서 소비자의 입맛이 더욱 다양해지기 시작했습니다. 커피나 베이커리 등 다른 먹거리도 빠르게 늘어났습니다. 이는 전통적인 아이스크림 시장을 위협했습니다. 월드콘도 이 위기에서 자유롭지 못했습니다. 특히 경쟁사 미투 제품의 영향력도 커지기 시작했습니다. 외국 제품도 늘었습니다. 변화가 필요할 때면 과거의 역사가 부담이 되기도 합니다. 그동안의 정체성을 잃을 수 있으니까요.

2002년 한일월드컵 당시 월드콘 TV 광고(사진 롯데제과 스위트TV 유튜브).

하지만 이때 다시 마케팅의 힘이 발휘됩니다. 물론 품질 변화가 밑바탕이 됐기에 가능했습니다. 월드콘은 다양한 토핑으로 차별화를 꾀하기 시작했습니다. 광고 스타일에도 변화를 줍니다. 제품의 브랜드를 강조하던 기존 전략이 '원물' 중심으로 바뀌었습니다. 광고 전면에 우유와 고급 토핑이 쏟아지는 모습을 부각했습니다. 물론 월드콘 특유의 '페스티벌' 감성은 유지하면서 말입니다.

대표적으로 2010년 히트를 친 '월드콘 와퍼'가 있습니다. 아이스크림 가운데 6cm 크기의 통웨이퍼와 호두칩을 넣은 것이 특징이었죠. 광고는 이를 적극적으로 부각했습니다. 축구 경기장에서 초콜릿 와플이 날아와 월드콘에 꽂히는 모습을 담았습니다. 관중은 이를 보고 환호합니다. 당시 이 광고는 2010년 남아공 월드컵의 선전과 함께 큰 성과를 거뒀습니다. 차별화된 품질을 적절한 시기에 친숙한 마케팅으로 풀어낸 선례로 꼽힙니다.

2010년 당시 월드콘 TV 광고(사진 롯데제과 스위트TV 유튜브).
월드콘 특유의 '페스티벌' 감성은 유지하면서 제품의 브랜드를 강조하던 기존 전략이 '원물' 중심으로 바뀌었다.

이런 노력 덕분에 월드콘은 '왕좌'를 수성할 수 있었습니다.

월드콘은 더 젊은 상품으로 변신하고 있습니다. 헤이즐넛·무화과·유자·체리베리·바나나·모카크림 등 새로운 맛의 제품을 선보였습니다. 물론 일부 제품을 제외하곤 존속 주기가 짧습니다. 소비자 입맛이 계속 바뀌기 때문입니다. 어떤 해에는 바닐라맛이 더 잘 팔리고, 다음 해에는 초콜릿맛이 인기인 것처럼 말입니다. 중요한 점은 월드콘이 트렌드에 따라 유연하게 대처하고 있다는 겁니다.

월드콘은 대표 장수 브랜드입니다. 어느 세대가 모여도 추억을 함께 공유할 수 있는 상품입니다. 항상 시대 변화를 읽어내며 새로운 옷을 갈아입었습니다. 월드콘의 아이덴티티는 그대로 유지하면서 말이죠. 아마 이것이 월드콘이 37년간의 역사를 이어올 수 있었던 원동력일 겁니다.

➤➤ 마케팅은 자전거의 페달이다!

앞으로 월드콘은 또 어떤 모습으로 바뀌게 될지, 윤재권 롯데제과 마케팅 팀장에게 직접 들어봤습니다.

Q. 본인 소개를 부탁드립니다.

A. 롯데제과 마케팅실에서 아이스크림 브랜드를 담당하고 있는 팀장 윤재권입니다. 롯데제과에서 25년간 일했습니다. 다들 잘 아시는 설레임, 와플 등의 상품을 론칭하기도 했습니다.

Q. 월드콘은 1986년 출시 이후 많은 사랑을 받아왔습니다. 월드콘이 긴 역사를 이어올 수 있었던 원동력은 무엇일까요?

A. 월드콘을 마케팅한다는 것은 자전거를 타는 것과 같았습니다. 아무리 좋은 자전거라도 페달을 안 밟으면 쓰러집니다. 마케팅은 자전거의 페달이라고 생각합니다. 평지에서는 페달을 밟지 않아도 잘 달립니다. 하지만 오르막에서는 페달을 힘차게 밟아줘야 합니다. 제품의 품질 개선과 함께 이뤄진 TV 광고 등 최근의 ESG(환경·사회적 책임·지배구조 개선) 마케팅들이 그런 일환이었죠. 이처럼 월드콘은 그 시대의 니즈에 맞게 변신해 왔습니다. 이것이 계속해서 소비자의 사랑을 받을 수 있었던 원동력이라고 생각합니다.

Q. 월드콘을 마케팅하는 데에도 시대적인 흐름이 있었을 것 같습니다. 어떤 변화가 있었나요?

A. 첫 출시 때부터 심형래 씨와 채시라 씨를 통해 공격적으로 마케팅을 진행했습니다. '젊고 페스티벌'한 느낌이 잘 살았던 TV 광고였다고 생각합니다. 이후에는 이를

활용한 스포츠 마케팅을 펼쳐나가는 것이 주효했습니다. 월드컵 등과 함께 성과가 따랐습니다. 이후에는 엑소(EXO) 등 아이돌을 모델로 발탁했습니다. 항상 젊은 층의 관심사가 포인트였습니다. 최근에는 가치소비가 화두입니다. 열대우림동맹(RA) 인증 바닐라빈을 사용하는 등 ESG 마케팅도 집중하고 있습니다.

Q. 최근 진행한 마케팅 중 기억에 남는 에피소드가 있나요?

A. 에피소드라기보다 2021년 어려웠던 순간이 있었습니다. 김연경 선수를 모델로 쓰면서 관련 굿즈를 8월 15일까지 제공하는 이벤트를 진행했습니다. 하지만 6~8월에 비가 많이 오면서 수요 예측이 빗나갔습니다. 그래서 재고가 쌓일 뻔한 위기가 있었습니다. 위기를 기회로 만들어보고 싶었습니다. 오히려 경영진에 비용 투자를 더 권해 9월까지 행사를 연장했습니다. 결국 행사는 성공적으로 마무리됐습니다. 공격적인 행보를 통해 우려 섞인 시선을 긍정적으로 바꾸며 보람을 느꼈습니다.

Q. 광고 모델과 얽힌 재미있는 추억도 있었을 것 같습니다.

A. 실제로 모델이 광고를 촬영할 때 현장을 찾아가기도 합니다. 활기찬 월드콘의 느낌을 살리기 위해 "텐션을 조금 올려주시라"고 말씀드릴 때도 있습니다. 최근에 기억나는 분은 페이커 선수입니다. 회사 윗분들에게 설명하는 것이 어려웠습니다. 나이가 많은 분은 페이커 선수를 모릅니다. 제가 봉준호 감독과 함께 '대한민국 5대 국보'로 꼽힌 분이라고 계속 설득했던 기억이 납니다.

Q. 월드콘이 점유율 1위를 이어가고 있지만 아이스크림 시장이 과거보다 어려워지고 있는 것은 사실입니다. 이를 극복하기 위한 월드콘의 미래 전략에 대해 소개해주실 수 있을까요?

A. 국내 아이스크림 시장은 커지는 시장이 아닙니다. 거기서 '유지와 확장' 미션을 맡은 입장에서 마음이 무겁기도 합니다. 소비자의 입맛은 더 까다로워지고 있습니다. 앞으로는 프리미엄과 함께 가성비도 갖춰야 합니다. 한 단계 업그레이드된 기성 제품에 대해 준비를 하고 있습니다. 아울러 새로운 가치를 담는 노력도 하고 있습니다. 이를테면 앞으로 시니어층이 늘어날 텐데, 이들도 즐길 수 있는 제품을 만드는 겁니다. 당분 등 수치를 낮춘 제품들이 나올 수 있겠습니다.

Q. 역사가 길고 매출이 높은 상품의 마케팅을 담당한다는 것은 그만큼 부담감이 큰 일일 것 같습니다. 자신만의 스트레스 해소 방법은 어떤 것이 있을까요?
A. 주말에 맛집 등 일명 '핫 플레이스'를 둘러보러 갑니다. 걷거나 사람 구경을 하면서 스트레스를 푸는 거죠. 이 과정에서 얻는 인사이트도 많습니다. 사람들이 어디에 관심을 두고 있는지 알게 되니까요. 물론 업무의 연장선으로 보일 만합니다. 하지만 마케팅 업무를 하다 보면 일상생활의 모든 것을 마케팅과 연관 지어 생각하게 됩니다. 어쩔 수 없는 '직업병'이라고 생각합니다.

Q. 월드콘은 "한 마디로 ○○다"를 간단히 말씀해 주시면 좋겠습니다.
A. '월드 클래스'입니다. 해외에서도 인기가 늘어나고 있으니까요. 저에게는 '행운'이라고 표현하고 싶습니다. 누구나 좋아하는 아이스크림 제품과 함께 일할 기회는 흔치 않습니다. 직장인으로서 힘든 순간도 있었지만 보람된 순간도 많았습니다. 그런 점에서 월드콘을 만난 것은 제게 행운입니다.

월드콘의 결정적 한 끗

차별화와 세심함

월드콘이 단숨에 그리고 오랜 기간
1등을 차지할 수 있었던 이유

지금까지 우리나라 1등 콘아이스크림인 월드콘에 대해 낱낱이 파헤쳐 봤습니다. 오랜 기간 사랑받았던 제품이라 많은 분의 추억을 자극했으리라 생각합니다. 더불어 요즘 세대는 평소 즐겨 먹던 월드콘에 이런 이야기가 숨어 있는지 처음 아셨을 수도 있고요. 저도 이번 월드콘 편을 준비하면서 순간순간 추억에 잠기기도 했고, 곳곳에 숨어 있는 비하인드 스토리에 깜짝 놀라기도 했습니다.

월드콘은 출시 2년 만에 단숨에 국내 콘아이스크림 시장 1위에 올랐습니다. 사실 국내 식음료 시장에서 이런 경우는 무척 드뭅니다. 대부분의 스테디셀러들은 국내에 처음 소개된 제품이거나 처음 개발된 제품이 대부분입니다. 이른바 '원조'를 이기기는 쉽지 않습니다. 그럼에도 월드콘은 짧은 시간 내에 1등을 차지했습니다. 더욱 놀라운 것은 그 1등 자리를 37년이 지난 지금도 지키고 있다는 점입니다.

이처럼 월드콘이 단숨에 그리고 오랜 기간 1등을 차지할 수 있었던 이유는 단 한 가지입니다. 바로 차별화입니다. 월드콘은 기획 단계부터 기존의 것과는 '다른' 제품이 목표였습니다. 당시 월드콘의 가장 큰 상대는 부라보콘이었죠. 어찌 보면 확실한 경쟁자가 있다는 것은 후발주자에게는 넘어서야 할 기준이 명확하다는 의미이기도 합니다. 월드콘에게는 부라보콘이 그랬습니다.

| 월드콘 콘시장 점유율 |

기타
40.4

2019년 기준
시장 규모
1250억 원
단위 : %

월드콘
59.6

월드콘의 가장 눈에 띄는 차별점은 바로 크기입니다. '부라보콘보다 한 입 더' 베어 물 수 있도록 크기를 키웠습니다. 월드콘이 부라보콘보다 20ml 많은 160ml로 출시된 것도 이런 이유 때문입니다. 콘아이스크림의 맛을 결정하는 여러 요소 중 하나인 와플콘에도 월드콘은 차별점을 됐습니다. 와플콘의 생명인 바삭함을 유지하기 위해

월드콘은 출시 2년 만인 1988년부터 콘시장 전체에서 판매 1위를 차지했으며, 1996년부터 현재까지 우리나라 빙과시장 전체에서 1위를 지키고 있다.

아이스크림과 닿는 와플콘 안쪽을 초콜릿으로 코팅했습니다.

　가장 중요한 아이스크림에도 차별화를 꾀했습니다. 월드콘 중에서 가장 인기가 많은 바닐라맛의 경우 바닐라빈 중 최고급이라는 마다가스카르산 바닐라빈을 사용합니다. 이뿐만이 아닙니다. 아이스크림에 공기를 불어넣어 샤르르 녹는 부드러움을 유지합니다.

37년째 왕좌를 지킬 수 있었던 비결

월드콘의 차별화 이면에는 '세심함'도 있습니다. 토핑이 몰려있는 맨 위뿐만 아니라 먹는 내내 즐거움을 느낄 수 있도록 아이스크림 전체에 초콜릿 땅콩을 넣습니다.

　추억의 꼬다리 플라스틱도 월드콘의 세심함 중 하나입니다. 아이스크림 배송 중에 발생했던 아이스크림이 부러지는 현상을 방지하고 녹아 흘러내린 초콜릿을 모아줘 손에 묻지 않도록 했습니다. 지금은 플라스틱 사용에 대한 반감이 많아져서 없어졌지만 꼬다리 플라스틱은 월드콘을 상징하는 장치 중 하나였습니다.

롯데제과는 2021년부터 '배구 여제' 김연경을 월드콘 광고 모델로 발탁했다.

DECISIVE SHOT

월드콘은 제품뿐만 아니라 마케팅에서도 기존 제품과는 차별화를 분명히 했습니다. 월드콘은 출시와 동시에 공격적인 TV 마케팅에 돌입합니다. 마침 매스미디어가 활성화되던 시기였던 터라, 소비자들의 시선이 매스미디어로 집중되던 때였습니다. 락풍의 빠른 템포 CM송은 중독성이 있었습니다. 여기에 당대의 스타들을 광고에 대거 등장시킵니다. 월드콘이 가진 '젊음·활기찬' 이미지를 각인시켰습니다.

스포츠 마케팅도 월드콘의 차별화 요소이자 성공 요소로 꼽힙니다. 월드컵 등과 같은 세계적인 스포츠 이벤트를 적극 활용합니다. 국내 축구 스타들도 대거 등장시키면서 월드콘의 '역동성'을 강조합니다. 월드콘의 스포츠 마케팅은 이후 국내 식음료 업체들이 스포츠 마케팅에 적극적으로 뛰어드는 계기가 됩니다. 최근에도 프로게이머는 물론 배구 여제 김연경을 모델로 쓰는 등 여전히 젊고 역동적인 이미지를 유지하고 있습니다.

지난 37년간 월드콘을 관통한 단 하나는 '차별화'였습니다. 월드콘은 차별화를 통해 소비자들의 입맛은 물론 시선을 사로잡는 데 성공했습니다. 오래된 브랜드가 갖는 공통적인 현상인 브랜드 노후화도 월드콘은 차별화로 극복했습니다. 또 월드콘의 차별화 속에는 늘 새로움이 숨어 있습니다. 트렌드와 소비자의 니즈를 정확하게 파악하고 그에 맞춰 변화를 주는 빠른 대응이 월드콘 성공의 한 끗인 셈입니다.

월드콘 키워드

#핵심은 차별화
1등 부라보콘을 2년 만에 제친 저력은
크기, 맛, 마케팅 모두에서 '차별화'

#끝까지 맛있게
아이스크림 전체에 초콜릿 땅콩 칩을 넣어
처음부터 끝까지 맛에 재미를 유지

#최고급 바닐라빈
마다가스카르산 바닐라빈 사용

#꼬다리 플라스틱
기능적인 이유로 사용했지만
이제는 추억이자 월드콘의 상징

#스포츠 마케팅
이름에 걸맞게 월드컵 등 세계적인 스포츠 이벤트를 적극 활용.
국내 스포츠 스타들을 꾸준히 모델로 내세워 젊은 이미지 유지

1986년
출시 당시 TV CF

2004년
월드컵 CF

2005년
스무살 박주영 CF

2021년
김연경 광고 모델 발탁

자료 : 롯데제과

DECISIVE SHOT

DECISIVE SHOT

7

미국식 시리얼의 한국식 재해석

죠리퐁

• Since 1972 •

죠리퐁은 50년이나 된 브랜드입니다. 여타 스테디셀러와 마찬가지로 브랜드 노후화를 겪을 수밖에 없습니다. 대부분의 업체는 스테디셀러 제품의 브랜드 노후화를 다양한 프로모션으로 극복합니다. 하지만 죠리퐁은 조금 달랐습니다. 마케팅으로 변주하기보다는 스낵의 기본인 맛에 방점을 찍는 전략으로 세월을 이겨냈습니다. 여기에 다양한 제품과의 컬래버레이션을 통해 늘 새로운 이미지를 더하기 위해 노력해왔습니다.

7-1

'자전거방 주인' 꿈과
바꾼 죠리퐁

▶▶ 국민 1인당 평균 39.7봉지 소비

어린 시절 '죠리퐁'은 늘 제게 좌절감을 안겨주던 과자였습니다. 과자에 무슨 거창하게 좌절감까지 들먹이느냐고 하겠지만, 제게는 그랬습니다. 양껏 먹고 싶어 작은 손으로 한 움큼 집어도 입에 넣을라치면 늘 흘리는 것이 더 많았습니다. 그 탓에 실제로 입안에 들어가는 양은 적었습니다. 봉지째 입에 대고 털어도 봤습니다만 역시 손실이 더 컸습니다. 죠리퐁을 떠올리면 그때 생각이 납니다.

죠리퐁을 양껏 먹을 수 있게 된 것은 우유에 말아 먹는 방법이 있다는 사실을 알았을 때부터입니다. 그전까지는 몰랐습니다. 우유와 함께하면서 죠리퐁에 대한 작은 트라우마(?)에서 벗어날 수 있었습니다. 그러다 문득 이런 생각이 들더군요. '이거 시리얼인데?' 그제야 미국 사람들이 아침으로 먹는 시리얼과 비슷하다는 생각이 들었습니다. '죠리퐁의 시작은 시리얼이 아니었을까?'하는 의문은 그때부터 시작되었습니다.

죠리퐁은 1972년 처음 세상에 나왔습니다. 51년간 판매됐다는 것은 그만큼 소비자들이 꾸준히 찾았다는 방증입니다. 2021년 기준 누적 매출액은 7512억 원에 달합니다. 50년간 약 20억 5000만 봉지가 팔렸습니다. 국민 1인당 평균 39.7봉지의 죠리퐁을 먹은 셈입니다. 놀라셨죠? 죠리퐁은 알게 모르게 우리 곁에 무척 가까이 있었던 스낵입니다.

죠리퐁은 제조사인 크라운제과는 물론 국내 스낵 업계에도 무척 의미가 있는 제품입니다. 죠리퐁을 처음 생산한 크라운제과의 전신은 고(故) 윤태현 회장이 1947년 서울 중림동에 문을 연 '영일당제과(永一堂製菓)'라는 빵집입니다. 윤 회장은 처음으로 식용 글리세린을 바른 팥빵을 선보여 큰 인기를 끌었습니다. 식용 글리세린을 활용해 보관 기간을 늘리고 빵에 윤기를 더한 것이 성공 비결이었습니다.

팥빵이 성공을 거두자 윤 회장은 신제품을 고민하기 시작했습니다. 그러다 미군이 먹던 비스킷에서 힌트를 얻습니다. 그렇게 탄생한 것이 바로 '산도'입니다. 비스킷 사이에 크림을 넣은 산도는 선풍적인 인기를 끕니다. 당시에는 획기적인 상품이었습니다. 크라운제과가 우뚝 설 수 있었던 것도 이 산도 덕분이었습니다. 산도의 탄생 과정은 1999년 MBC에서 방영해 큰 인기를 끈 〈국희〉라는 TV 드라마의 소재로도 사용됐습니다.

▶▶ '산도'에 '루트 세일'을 입히다

산도의 성공으로 크라운제과는 계속 성장합니다. 이에 따라 윤 회장은 회사를 더욱 키우기 위해 큰아들을 회사로 불러들입니다. 그 큰아들이 바로

고(故) 윤태현 크라운제과 회장이 미군이 먹던 비스킷에서 힌트를 얻어 만든 것이 '산도'다. 비스킷 사이에 크림을 넣은 산도는 당시 1년간 국민 한사람이 50개씩 소비하며 선풍적인 인기를 끌었다. 산도가 크게 성공하며 영일당제과는 1968년 크라운제과로 법인전환을 했다.

산도의 탄생 과정은 1999년 MBC에서 방영해 큰 인기를 끈 <국희>라는 TV 드라마의 소재로도 사용됐다(사진 MBC 유튜브).

현재 크라운해태제과의 윤영달 회장입니다. 당시 윤영달 회장은 연세대 물리학과에 재학하다 미국으로 유학을 떠난 상태였습니다. 물리학도답게 기계 다루는 것이 능숙했던 윤 회장의 꿈은 자전거방 주인이었죠. 그러다 아버지의 부름을 받고 귀국해 1969년 크라운제과에 합류합니다. 본격적으로 경영 수업을 받기 시작한 겁니다.

미국에서 귀국한 윤영달 회장은 크라운제과의 핵심 상품이었던 산도의 판매 확대에 주력합니다. 하지만 당시 국내 제과 시장은 해태와 동양제과 (현 오리온)가 꽉 잡고 있었습니다. 산도가 아무리 잘 팔려도 이들 업체의 마케팅력을 따라가지는 못했습니다. 그러다 보니 상인들도 산도를 매대의 전면에 올려놓지 않았죠. 이를 직접 목격한 윤영달 회장은 제과 업체의 납품 시스템에 주목합니다.

그때만 해도 제과 업체들은 도매상을 통해 소매점에 제품을 공급했습니다. 도매상의 영향력이 절대적일 수밖에 없는 구조였습니다. 윤영달 회장은 이를 바꿔놓기로 마음먹습니다. 당시 코카콜라가 물건을 소매상에게 직접 납품하는 데에서 힌트를 얻습니다. 윤영달 회장은 '이거다!' 싶었습니다. 직원 몇 명과 직접 전북 전주로 내려갔습니다. 트럭을 살 돈이 없어 리어카를 끌고 소매상에 직접 물건을 납품하기 시작했습니다.

처음에는 시큰둥했던 소매상들도 윤영달 회장의 정성에 조금씩 마음의 문을 열기 시작했죠. 도매상을 거치지 않고 직접 물건을 납품받겠다는 곳이 늘어나자 윤영달 회장은 자신감을 얻었습니다. 그리고 이런 공급 방식을 전면적으로 도입합니다. 도매상을 거치지 않고 소매상에 직접 물건을 납품하는 방식인 '루트 세일 시스템'을 업계 최초로 적용한 겁니다. 덕분에 산도의 판매량도 급증했죠.

▶▶ 아버지의 '산도', 아들의 '죠리퐁'

산도가 공전의 히트를 쳤지만 크라운제과에게는 후속타가 필요했습니다. 언제까지 산도에만 기댈 수는 없었습니다. 윤영달 회장은 고민하기 시작합니다. 산도의 인기를 이을 제품 개발에 골몰합니다. 그러다 문득 미국 유학 시절 미국 사람들이 아침으로 즐겨 먹던 시리얼을 떠올렸습니다. 우리나라에도 식사 대용으로 충분한 맛과 영양을 담은 과자를 만들어보자고 결심합니다.

하지만 당시에는 미국식 시리얼을 만들 기술과 자본이 없었습니다. 그때 윤영달 회장의 눈에 들어온 것이 바로 국민 간식 '뻥튀기'였습니다. 뻥튀기 원리를 이용해 곡물로 시리얼과 유사한 형태의 스낵을 만들어보자는 생각을 한 겁니다. 결심이 선 윤영달 회장은 미친 듯이 뻥튀기에 몰두합니다. 사무실에 뻥튀기 기계 6대를 놓고 쌀, 옥수수, 보리, 팥, 밀, 율무 등 온종일 각종 곡물을 튀겼습니다. 시리얼 형태의 스낵에 최적화된 형태와 맛을 구현하기 위해서였죠. 사무실에서 먹고 자며 연구했고, 끼니는 실패한 뻥튀기로 때웠습니다. 밤새 뻥튀기 기계를 돌리다가 사무실 절반을 태운 적도 있었습니다. 그렇게 6개월을 튀긴 끝에 최종 낙점을 받은 것이 바로 '밀쌀'입니다. 하지만 밀쌀은 튀기면 쌉싸래한 맛이 납니다. 이를 보

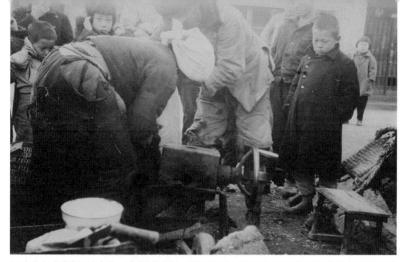

부산에서 뻥튀기를 기다리는 사람들을 찍은 사진(국립민속박물관). 1946년 1월부터 1947년 1월까지 부산 소재 주한미군정청에 재직한 헨리 G. 웰본의 소장 자료.
죠리퐁이 출시되었을 때 우리 소비자들에게는 기름에 튀기지 않고 고온고압으로 곡물을 순간적으로 팽창시킨 퍼핑 스낵은 흔히 먹던 뻥튀기와 다를 바가 없었다. 출시 초기 죠리퐁은 시장에서 외면받았다. 그러나 죠리퐁이 주한 미군들에게 시리얼 대용으로 인기를 끌며 상황은 반전되었다.

완하기 위해 '당액'을 개발해 튀긴 밀쌀에 입혀 건조했습니다. 이것이 바로 '죠리퐁'입니다.

튀긴 밀쌀 100g에는 배추 한 포기와 토마토 3~4개에 해당하는 식이섬유가 들어 있습니다. 윤영달 회장이 원했던 맛과 영양을 모두 갖춘 스낵에 최적화된 제품인 셈입니다. 윤영달 회장은 죠리퐁 개발에 성공하자 대량 생산에 돌입하기로 합니다. 평소 기계에 관심이 많았던 윤영달 회장은 뻥튀기 기계 원리를 바탕으로 소형 수동 퍼핑 건(puffing gun)을 직접 제작해 생산 라인에 활용했습니다.

➤➤ 주한 미군을 사로잡은 선진국형 스낵
죠리퐁의 원래 이름은 '조이퐁'이었습니다. '기쁨'이라는 의미의 'joy'에 뻥튀기를 튀길 때 나는 '퐁' 소리를 가져와 조이퐁이라고 지었습니다. 그런데 문제가 생겼습니다. 이미 조이퐁이 상표등록이 돼 있는 겁니다. 포장지 인쇄 돌입 직전에 확인한 터라 난감했습니다. 그래서 결국 이름을 바꾸기로 하고 조이퐁과 비슷한 '죠리퐁'으로 지었습니다. '행복한, 쾌활한, 즐거운'이란 의미의 '죠리(jolly)'로 바꿨죠.

죠리퐁은 당시로써는 고가(高價)의 과자였습니다. 산도 6개 한 묶음이 30원, 뻥튀기 한 봉지가 30원이던 시절 죠리퐁은 한 봉지에 50원이나 했습니다. 그럼에도 도매상들이 현금을 싸 들고 공장에 줄을 서면서까지 사갈 정도로 큰 인기를 끌었습니다. 죠리퐁은 당시 미국의 시리얼을 본뜬 한국 최초의 '선진국형 스낵'이라는 마케팅을 통해 소비자들의 눈과 입맛을 사로잡았던 겁니다.

사실 죠리퐁이 전국구 스타가 된 데에는 주한 미군들의 힘이 컸습니다. 당시 우리 소비자들에게 기름에 튀기지 않고 고온고압으로 곡물을 순간적으로 팽창시킨 퍼핑 스낵은 흔히 먹던 뻥튀기와 다를 바가 없었습니다. 뻥튀기를 50원씩이나 주고 사 먹는다는 것이 이해가 되지 않았을 겁니다. 하지만 죠리퐁은 주한 미군들에게 시리얼보다 훨씬 저렴하고 맛과 영양 면에서 뒤지지 않는다는 입소문이 나면서 불티나게 팔렸습니다.

죠리퐁은 포장도 기존 제품과는 달랐습니다. 기존 제품들은 투명한 포장지를 적용해 내용물이 보이게 만들었던 반면, 죠리퐁은 포장지에 원색을 인쇄했습니다. 더불어 서양 카드의 문양 중 하나인 스페이드 모양(♠)을 넣어 제품에 고급 이미지를 부여했죠. 이런 차별점들이 바로 오랜 기간 죠리퐁이 소비자들에게 꾸준히 큰 사랑을 받을 수 있었던 이유입니다.

Delicious? there ought to be a
better word just for Kellogg's Corn Flakes

There's one thing the whole world agrees on...Kellogg's Corn Flakes taste best... those crisp, golden flakes of plump, sunripened corn have a baffling flavour all of their own. Serve them to the whole family tomorrow morning...every morning!

Kellogg's
**MANY MORE
VITAMINS**
than the whole
grain itself

Nutritious
Kellogg's Corn Flakes are
far richer in vitamins
B1, B2, D, Niacin and
Food Iron than the
wonderful grain from
which they are made.

Kellogg's
**CORN
FLAKES**
MANY MORE
VITAMINS

RICHEST
TASTING
MOST
SUSTAINING

Kellogg's CORN FLAKES

죠리퐁은 미국식 시리얼을 한국식으로 재창조한 제품이다. 죠리퐁은 마케팅을 통해 죠리퐁을 먹으면 동경하는 미국식 라이프 스타일을 즐길 수 있다고 강조했다(사진은 켈로그 인쇄 광고).

7-2

죠리퐁,
'세 가지 벽'을 뛰어넘다!

▶▶ 소비자들의 '동경'을 마케팅하다

한 제품이 인기가 영원하기는 어렵습니다. 경쟁사가 비슷한 제품을 쏟아내면 원조의 위상이 흔들리니까요. 단, 과자는 예외입니다. 서로 다른 개성을 가진 제품이 수십 년간 판매되고 있습니다. 표준을 정하기 힘든 입맛을 공략하는 제품이기 때문일 겁니다. 죠리퐁이 그런 제품입니다. 큰 변화 없이도 꾸준히 사랑받고 있죠. 하지만 이런 죠리퐁도 난관이 있었습니다. 죠리퐁이 넘어선 세 개의 '벽'을 소개합니다.

죠리퐁이 출시됐던 1972년 당시 스낵은 소비자들에게 생소했습니다. '한국인은 밥심'이라는 인식이 강했습니다. 저품질 양산형 제품이 대부분이었던 스낵에 대한 불신도 컸고요. 그래서 많은 기업이 기술과 인프라에 투자하면서까지 스낵 시장에 뛰어들지 않았습니다. 게다가 당시는 경제 부흥에 집중하던 시기였습니다. 먹어도 배부르지 않은 스낵은 사치품이었습니다.

죠리퐁도 특별한 제품은 아니었습니다. 소비자들은 죠리퐁과 같은 '퍼핑 스낵'의 개념을 이해하지 못했습니다. 뻥튀기와 비슷했으니까요. 설상가상으로 죠리퐁은 비쌌습니다. 경쟁 스낵류와 비교하면 두 배가량 가격이 높았습니다. 당시 최고급 비스킷이었던 같은 회사의 산도보다도 비쌌습니다. 자연스럽게 출시 초기 죠리퐁은 시장에서 외면받았습니다.

윤영달 당시 크라운제과 상무(현 크라운해태제과 회장)는 죠리퐁을 '선진 국형 스낵'으로 마케팅합니다. 죠리퐁을 먹으면 동경하는 미국식 라이프 스타일을 즐길 수 있다고 강조한 겁니다. 첫 유통 경로도 서울 용산 주한 미군 기지였습니다. 윤 상무가 직접 용산 근처 슈퍼마켓을 돌며 죠리퐁의 장점을 적극 어필했습니다. 덕분에 죠리퐁은 용산 미군 기지 근처 매장에 입성합니다.

그의 전략은 적중했습니다. 얼마 지나지 않아 죠리퐁은 주한 미군과 그 가족들이 가장 좋아하는 과자가 됩니다. 죠리퐁의 가격은 당시 200원대 였던 미국산 시리얼의 4분의 1에 불과했습니다. 그럼에도 만족감은 시리얼과 비슷했죠. 주한 미군과 그 가족들은 죠리퐁에 열광합니다. 죠리퐁이 미국 사람들에게 통한 겁니다. 이런 사실이 알려지면서 죠리퐁은 순식간에 동납니다. 도매상들은 공장 앞에 줄을 서서 죠리퐁이 생산되기만을 기다렸죠.

> **'혁신'으로 제친 라이벌**

하지만 영광의 시간은 짧았습니다. 출시 이듬해 품질에 문제가 생깁니다. 죠리퐁은 밀쌀에 단맛을 입힌 제품입니다. 건조가 생명이죠. 당시 건조 과정은 기술적 한계 탓에 수동으로 진행됐습니다. 여기서 사달이 났습니다. 장마철이 오면서 습기 탓에 낱알이 서로 달라붙어 굳어버렸죠. 더위에 당밀(糖蜜 : 사탕수수나 사탕무를 설탕으로 가공할 때 부수적으로 나오는 진득한 시럽)이 녹아내리기도 했습니다. 죠리퐁 특유의 식감을 살릴 수 없게 됐습니다. 결국 여름철에는 죠리퐁 생산량을 줄여야 했습니다.

이 문제는 1978년 자동건조기가 도입되며 해결됩니다. 하지만 그 사이 죠리퐁에 대한 소비자 불만도 높아졌죠. 표면이 거칠어 식감이 좋지 않다는 클레임이 이어집니다. 이에 크라운제과는 분당(설탕)을 뿌리던 제조 방식에서 당액을 코팅하는 방식으로 바꿉니다. 우리가 알고 있는 죠리퐁은 이렇게 완성됐습니다. 이후 죠리퐁은 전성기를 맞습니다. 매년 판매량이 상승곡선을 그리며 최고 히트 상품에 등극합니다.

죠리퐁의 두 번째 위기는 1980년대 후반이었습니다. 경제 상황이 나아지자 죠리퐁의 원조 제품인 시리얼이 국내에 상륙합니다. 1988년 농심이 켈로그와 손잡고 '콘푸로스트'를 내놓았습니다. 몇 년 후에는 동서식품이 '콘푸라이트'를 출시했죠. 소비자는 죠리퐁과는 또 다른 재미가 있는 시리얼 제품에 관심을 갖습니다. 죠리퐁이 출시 이후 처음으로 제대로 된 라이벌을 마주하는 순간이었습니다.

전 세계 시리얼 시장의 40%를 점유하고 있는 켈로그는 농심과 손잡고 1988년 국내 시장에 상륙했다.

2016년부터 2022년까지 74g짜리 죠리퐁 제품 포장지 뒷면에는 33명의 장기 실종 아동 정보가 인쇄됐다. 이렇게 실종 아동 정보가 인쇄된 죠리퐁은 6700만 봉지에 달한다. 희망과자 프로젝트를 통해 가족과 헤어진 지 52년, 44년 만에 두 명의 실종자가 가족과 재회했다.

크라운제과는 '맞불'을 놓습니다. 1995년부터 죠리퐁에 종이 숟가락을 넣습니다. 이듬해에는 커피맛 '죠리퐁 라이트'를 출시하며 라인업을 늘립니다. 덕분에 죠리퐁은 매출이 증가해 1998년 누적 매출 3000억 원을 넘어섭니다. 크라운제과는 이런 핵심 제품의 성공에 힘입어 외환위기임에도 제과 사업을 지켜냅니다. 2005년에는 매출액 규모가 3배나 컸던 해태제과를 인수해 크라운해태그룹을 완성합니다.

▶▶ 세월을 이긴 비결, 협업

죠리퐁의 세 번째 벽은 바로 '세월'이었습니다. 시리얼 제품이 쏟아지면서 스낵 시장에도 참신한 신제품들 쏟아졌습니다. 수십 년간 판매됐던 죠리퐁은 이제 옛날 브랜드가 됐죠. 소비자들도 지루해하기 시작했습니다. 새로운 시도를 하기도 쉽지 않았습니다. 브랜드 노후화에 벤치마킹할 제품도 딱히 없었으니까요. 결국 죠리퐁 매출은 2014년 207억 원으로 정점

2017년 커피 브랜드 '쟈뎅'과
손잡고 내놓은 '죠리퐁 카페라떼'.

을 찍은 이후 2016년에는 195억 원까지 떨어집니다.

고심하던 크라운해태제과는 '콜라보'에서 활로를 찾습니다. 2017년 커피 브랜드 '쟈뎅'과 손잡고 '죠리퐁 카페라떼'를 내놓습니다. SNS에서 유행했던 레시피를 상품화했습니다. 이어 이랜드가 운영하는 한식 레스토랑 자연별곡에서 '죠리퐁 빙수'를 계절 메뉴로 선보입니다.

지금이야 컬래버레이션이 흔한 일이지만 당시만 해도 혁신적이었습니다. 이 전략은 '대박'을 칩니다. 이를 계기로 죠리퐁은 젊은 소비자에게 친숙한 제품으로 각인됩니다.

탁월한 마케팅도 빛을 발합니다. 크라운해태제과는 죠리퐁 봉지를 통한 사회적 마케팅을 진행해 왔습니다. 외환위기 시절 '아나바다(아껴쓰고·나눠쓰고·바꿔쓰고·다시쓰자) 캠페인'을 전개한 것이 대표적입니다. 크라운해태제과는 2016년에는 죠리퐁 포장지 뒷면에 실종 아동의 정보를 담는 '희망과자 프로젝트'를 진행합니다. 실제로 이 프로젝트를 통해 잃었던 가족을 찾는 사례가 나오면서 죠리퐁은 주목받게 됩니다.

죠리퐁은 세 번의 시련을 모두 획기적인 방법으로 이겨냅니다. 그리고 죠리퐁은 인기 디저트로 재탄생합니다. 2017년 매출도 206억 원으로 반등합니다. 2년 후에는 사상 최고치인 250억 원을 달성하죠. 불황이었던 제과 업계에서 나홀로 성장합니다. 이런 인기는 지금도 진행형입니다. 성공에 안주하지 않고 새로운 시도를 계속한 덕분입니다.

미국인의 입맛까지 붙든
한국산 시리얼

▶▶ 죠리퐁, 밀 사용 방식을 바꾸다

여러분은 죠리퐁의 핵심 원료가 무엇인지 아시나요? 죠리퐁 한 알을 들고 살펴보면 얼핏 보리 모양과 비슷합니다. 그래서 한때 죠리퐁이 보리로 만들어졌다는 이야기가 나오기도 했습니다. 하지만 죠리퐁의 원료는 '밀'입니다. 밀은 쌀과 함께 매우 오래전부터 인류의 식량이 돼왔던 작물이죠. 우리는 주로 밀을 가루로 만들어 국수, 만두 등 다양한 음식을 만듭니다.

밀은 쌀과 달리 갈아서 쓰는 경우가 대부분입니다. 곡식을 먹는 방법은 크게 두 가지로 나눕니다. '입식(粒食)'과 '분식(粉食)'입니다. 입식은 알곡 그대로를 먹는 것을 말합니다. 쌀이나 보리를 우리는 그렇게 먹죠. 반면 분식은 갈아서 가루를 내어 먹는 것입니다. 밀이 대표적이죠. 밀은 쌀이나 보리와 달리 알곡이 단단한 껍질에 겹겹이 쌓여 있습니다. 그 탓에 껍질이 쉽게 벗겨지거나 깎이지 않습니다.

밀은 기원전 7000년경 지금의 이스라엘, 레바논, 요르단, 시리아, 이란, 이라크 북동부 지역을 일컫는 '비옥한 초승달 지대(Fertile Crescent)'에서 처음 재배된 것으로 추정된다. 밀은 알곡이 단단한 껍질에 쌓여 있어 알곡 자체로 활용하기보다는 대부분 가루로 만들어 사용한다.

밀알의 껍질을 다 벗겨 내면 식용으로 이용하는 배유(胚乳)가 나옵니다. 그런데 이 배유는 너무 부드러워 쌀, 보리처럼 알곡 상태를 그대로 유지할 수 없습니다. 밀을 가루로 만들어 물에 반죽해서 쓰는 이유입니다. 이런 방식은 매우 오래전부터 사용돼 왔습니다. 밀은 기원전 7000년경 지금의 이스라엘, 레바논, 요르단, 시리아, 이란, 이라크 북동부 지역을 일컫는 '비옥한 초승달 지대(Fertile Crescent)'에서 처음 재배된 것으로 추정되고 있습니다.

밀은 한자로 '보리 맥(麥)'이라고 씁니다. 보리와 비슷하게 생겨 그런 듯합니다. 다만 구분을 합니다. 밀은 '소맥(小麥)', 보리는 '대맥(大麥)'이라고 씁니다. 그래서 밀가루는 '소맥분(小麥粉)'이라고 부릅니다. 죠리퐁의 주요 성분표를 살펴보면, 소맥이 사용되고 있음을 알 수 있습니다. 보리가 아닌 밀을 사용한다는 거죠. 그런데 죠리퐁은 이 밀을 기존의 방식과는 다르게 사용합니다. 통째로 높은 압력에 튀긴 겁니다.

➤➤ 51년간 쌓인 레시피

죠리퐁에는 '밀쌀'이 사용됩니다. 밀쌀은 밀의 겉겨를 벗겨 낸 겁니다. 앞서 말씀드렸듯이 밀을 둘러싸고 있는 많은 껍질 중 일부만을 벗겨 내고 알곡의 형태를 유지한 것입니다. 여기에 고압의 자동화 퍼핑 기술을 통해 밀쌀 내부의 수분을 제어합니다. 수분을 제어해야 씹었을 때 죠리퐁 특유의 바삭함을 유지할 수 있습니다. 더불어 밀쌀의 풍부한 영양소들을 지켜낼 수 있죠.

죠리퐁 생산 초창기에는 윤영달 크라운제과 회장이 직접 만든 반수동식 퍼핑기를 사용했지만, 지금은 자동화 설비를 활용합니다. 직접 튀겨보고 맛보면서 가장 최적의 압력 정도와 튀기는 시간 등을 찾아낸 겁니다. 윤 회장이 각종 곡물을 튀기다가 사무실 절반을 화재로 태운 것도 무수한 연구와 실험 과정 중 발생한 사고였죠. 이런 노하우와 레시피가 51년간 켜켜이 쌓인 것이 바로 죠리퐁입니다.

죠리퐁에 사용하는 밀쌀은 미국산입니다. 미국에서 생산되는 'DNS(Dark Northern Spring)'라는 품종입니다. 미국산 DNS 밀은 국내 간장 제조사도

죠리퐁에 사용되는 미국산 DNS 밀.
DNS 밀은 색깔이 가장 어둡고 표면이
단단하며, 단백질 함유량도 많다.

사용하고 있습니다. 퍼핑했을 때 팽창력이 좋고 진한 색감과 단단한 밀도가 특징입니다. 크기도 맞춰야 합니다. 생물인 밀쌀의 크기는 들쭉날쭉할 수밖에 없습니다. 이를 최대한 균일하게 가져가지 못하면 죠리퐁의 맛을 유지하기 어렵습니다. 그래서 엄격한 선별 과정을 거칩니다.

미국 공식 곡물 표준에 따르면 DNS 밀은 색깔이 가장 어둡고 표면이 단단합니다. 단백질 함유량도 많습니다. 미국 워싱턴주립대학교에 따르면 밀을 구성하는 성분 중 단단함을 결정하는 '유리질(법랑) 알맹이(vitreous kernels)'의 함량이 높을수록 단백질이 많이 포함돼 있다고 합니다. DSN 밀에는 단백질이 최소 14% 이상 함유돼 있습니다. 크라운제과가 죠리퐁의 영양성분을 강조하는 것도 이런 이유에서입니다.

➤➤ 죠리퐁의 맛을 좌우하는 '당액'

죠리퐁을 51년간 스테디셀러로 만들었던 또 하나의 요소는 바로 튀긴 밀쌀 겉에 코팅하는 '당액'입니다. 밀쌀의 특성상 고압으로 튀기면 고소하고 바삭합니다. 여기에 맛을 결정하는 각종 시즈닝을 입힐 수 있습니다. 죠리퐁이 다양한 맛으로 변신할 수 있었던 것도 이 때문입니다. 당액에는 크라운제과만의 비법이 들어갑니다. 하지만 이는 영업 비밀이어서 공개할 수 없다고 합니다.

또 하나의 비법은 바로 건조 기술입니다. 습기와 열에 약한 당액을 일 년 내내 같은 품질로 유지하기 위해서는 건조 기술이 중요합니다. 과거 수동으로 건조했을 당시 여름철에는 생산량을 줄여야 했습니다. 하지만 이제는 자동화된 죠리퐁만의 건조 기술을 사용해 이런 문제를 해결했습니다. 현재는 죠리퐁 완제품의 수분 함유량을 2%대로 유지하고 있습니다.

크라운제과가 죠리퐁 생산 시 가장 중요하게 생각하는 부분이 바로 밸런스입니다. 밀쌀을 튀기면서 최적의 식감을 내기 위해 밀쌀 내부의 수분을 조절하는 밸런스, 튀긴 밀쌀과 당액의 밸런스 등이 죠리퐁의 핵심 기술이자 비법입니다. 이를 위해 지난 51년간 끊임없이 연구와 실험을 반복해왔습니다. 우리가 현재 만나고 있는 죠리퐁은 이런 노력의 산물인 셈입니다.

▶▶ 진화하는 죠리퐁

제가 아무리 이야기한들 죠리퐁을 늘 연구하고 고민하는 실무자를 이길 수는 없습니다. 51살 죠리퐁을 더욱 사랑받는 제품으로 만들기 위해 지금도 노력하고 있는 문해미 크라운제과 스낵개발팀 연구원의 이야기를 들어보시죠. 그가 풀어내는 이야기 속에 죠리퐁 개발의 비밀이 곳곳에 숨어 있습니다. 보물찾기하듯 여러분도 한번 찾아보시죠.

오리지널 죠리퐁의 소형 패키지 제품 '죠리퐁 마시 멜로'. 죠리퐁 마시멜로는 오리지널 제품을 3분의 2 크기로 줄이고, 시리얼의 인기 토핑인 마시멜로를 섞었다. 한 봉지는 우유 한 팩과 1대 1로 섞어 먹기 딱 좋은 양이다.

Q. 죠리퐁의 원료는 밀쌀로 알고 있습니다. 여러 곡물 중 밀쌀을 선택한 이유가 궁금합니다.

A. 죠리퐁을 개발하기 위해 당시 한국에서 구할 수 있던 쌀, 옥수수, 보리, 팥, 밀 등 거의 대부분의 곡물을 직접 튀겨 보고 선택한 곡물이 밀쌀입니다. 스낵과자로도 맛있지만 한국형 시리얼로 식사대용으로도 즐길 수 있어야 했기에 영양소를 함유하고 있어야 했죠. 곡물에 함유된 영양소가 퍼핑했을 때도 많이 남아야 하는데, 다른 곡물들은 거의 남지 않았지만 밀쌀은 영양 손실이 가장 적고 맛과 모양도 좋았습니다. 식이섬유, 단백질 같은 영양소가 풍부하고 높은 포만감까지 제공할 수 있었던 점이 밀쌀을 선택한 이유입니다.

Q. 죠리퐁 제조의 비밀이 있을까요? 다른 곳은 절대 따라올 수 없는 크라운제과만의 죠리퐁 제조 비법이 궁금합니다.

A. 핵심은 자동화 퍼핑 기술입니다. 처음에는 반수동식 퍼핑건으로 제품을 생산했지만 이후 연구개발을 통해 최첨단기술인 CPG(Continuous Puffing Gun)로 최적의 조건에서 밀쌀을 가공하고 있습니다. 밀쌀 내부의 수분을 활성화하는 장치부터 압력을 가하는 시간 및 퍼핑 압력 조절 등 품질에 영향을 미치는 중요한 기술들이 거미줄처럼 연결되어 밀쌀 퍼핑시 최상의 식감을 구현합니다.

두 번째는 코팅 당액입니다. 코팅 당액은 공개할 수 없는 크라운만의 비법 원료가 들어 있습니다. 당액은 밀쌀 고유의 풍미를 극대화합니다. 당액을 적절한 당도로 가열시키면서 캐러멜화해 코팅하면 퍼핑된 밀쌀 특유의 맛을 담은 죠리퐁 고유의 맛이 완성됩니다.

세 번째는 건조 기술입니다. 우수한 코팅 시럽이 최상의 맛을 유지하기 위해서는 특화된 건조 기술이 필수적으로 필요합니다. 과도한 캐러멜화가 진행되면 죠리퐁 특유의 맛이 사라지고 건조가 부족하면 식감이 푸석푸석해집니다. 최상의 맛을 완성하는 것은 크라운만의 건조 기술과 시럽과 밀쌀의 밸런스입니다.

Q. 죠리퐁의 가장 큰 약점은 습기와 열일 듯합니다. 이들을 차단하기 위해 특별하게 조치하는 부분이 있나요?

A. 크라운만의 독보적인 건조 기술이 핵심입니다. 죠리퐁 완제품의 수분이 2% 이하로 유지되도록 건조 조건을 설정합니다. 우리나라는 계절에 따른 습도 차가 유독 크기 때문에 비가 많이 내리는 습한 여름과 건조한 겨울은 건조 조건이 다릅니다. 따라서 계절별로 건조 조건을 다르게 설정해 환경 변화에 대응할 수 있는 시스템을 구축했습니다. 또 제품을 포장할 때 포장지 내부에 질소를 충전해 공기를 포장지

밖으로 밀어내 포장지 내부에는 공기가 거의 남아 있지 않게 하고, 질소로 습기가 침투하는 것도 예방합니다.

Q. 죠리퐁은 다양한 시즈닝이 가능한 제품입니다. 시즈닝을 선택하는 기준이 궁금합니다.

A. 시장과 경쟁사 그리고 고객의 관점에서 최신 트렌드를 분석하고 우리의 능력과 현실을 파악하는 등 객관적인 관점으로 스스로에 대해 평가를 합니다. '할 수 있는가?' '도전할 만한 것인가?' 등 종합적인 평가를 마친 이후에 개발을 시작합니다.

또 가장 중요하게 검토하는 부분은 조화입니다. 밀쌀 뻥튀기 특유의 맛 때문입니다. 고유의 맛과 조화를 이루어 새로운 맛을 탄생시킬 수 있는지가 중요한 선택의 기준이 됩니다.

당액이나 시즈닝을 코팅하면 밀쌀의 맛이 느껴지지 않는 경우도 있는데요. 밀쌀의 맛을 감추는 게 아니라 조화를 통해 더 발전된 맛을 구현하는 것이 목표입니다. 이런 과정을 통해 죠리퐁을 한 차원 발전시킬 수 있을지, 또 고객들에게 더 사랑받을 수 있는 것인지에 대한 고민을 끊임없이 하고 있습니다.

Q. 죠리퐁 맛을 정립하고 구성하는 데 있어 가장 주안점을 두는 부분은 무엇인가요?

A. 맛의 베이스를 구성하는 밀쌀과 퍼핑 조건입니다. 죠리퐁에 사용하는 밀쌀은 미국 DNS라고 불리는 우수한 품종입니다. DNS는 색감이 진하고 밀도가 단단해 퍼핑할 때 우수한 팽창력을 기반으로 식감이 바삭바삭합니다.

또 밀쌀은 생물이다 보니 항상 균일할 수 없습니다. 엄격한 선별 과정을 통해 최적의 크기를 설정하고, 이것을 균일하게 퍼핑하기 위해 CPG 조건을 최적화해 최상의 제품만을 생산하고 있습니다.

Q. 본인이 생각하기에 죠리퐁을 가장 맛있게 먹는 방법을 알려주세요.

A. 무더운 여름에 얼음과 바닐라아이스크림, 우유를 죠리퐁과 믹서기에 갈아준 다음, 컵에 담고 그 위에 토핑으로 죠리퐁을 듬뿍 담아주면 시원하고 맛있는 '퐁크러쉬'가 탄생합니다. 프라이팬에 버터와 마시멜로를 넣고 녹인 후에 죠리퐁과 좋아하는 견과류, 말린 과일 등을 넣고 냉장고에 잠시 두었다가 먹기 좋은 크기로 자르면, 맛도 좋고 영양도 좋은 '죠리퐁 마시멜로바'가 완성됩니다. 뭐니 뭐니해도 죠리퐁은 우유와 함께 시리얼로 먹는 것이 가장 맛있는 것 같습니다.

Q. 향후 죠리퐁이 가고자 하는 근본적인 맛의 방향은 무엇으로 잡고 있나요?

A. 죠리퐁을 트렌드에 맞춰 지속해서 혁신해 나가고 있지만 곡물이 주는 곡물 본연의 맛이 기본이고, 이는 변함없는 기준입니다. 맛의 발전 방향은 통곡물 본연의 맛을 굳건히 유지하면서 견과류, 씨앗류, 말린 과일, 마시멜로 등 다양한 맛과 식감을 제공해 죠리퐁보다 더 발전된 시리얼을 만드는 것입니다.

Q. 새롭게 선보일 죠리퐁 신제품에 대한 힌트를 부탁드립니다.

A. 죠리퐁은 식이섬유와 각종 비타민 등 풍부한 영양성분을 함유한 건강한 과자입니다. 여기에 영양요소를 더 높이기 위해 세계 10대 슈퍼푸드로 선정된 곡물을 활용한 제품을 준비하고 있습니다. 고객들께 더 좋은 건강함을 드릴 수 있는 죠리퐁이 될 것이라 확신합니다.

7-4

여전히 '젊은'
51살 죠리퐁

>> '프리미엄 스낵'의 빈틈을 노린 큰 그림

스낵을 먹는 법은 정해져 있습니다. 맥주나 우유를 곁들이면 더 맛있는 제품도 있기는 하지만, 대부분 스낵은 본연의 맛을 즐기기 위해 먹습니다. 그런데 죠리퐁은 좀 다릅니다. 어떻게 먹는지 콕 집어 말하는 사람을 찾기 어렵습니다. 죠리퐁처럼 오랫동안 팔린 제품 중 이런 제품은 드뭅니다.

실제로 죠리퐁을 먹는 방법은 시간이 흐르며 변해왔습니다. 죠리퐁은 원래 한국형 시리얼로 기획된 제품이었습니다. 시장에 자리를 잡은 후 한동안은 보통 스낵이기도 했고요. 그런데 요즘 들어서는 라떼나 쉐이크 등의 재료로도 자주 쓰입니다. 이미지가 고정된 장수 제품이 이렇게 유연하게 변신할 수 있었던 이유는 무엇일까요. 바로 '마케팅의 힘'입니다.

죠리퐁이 출시된 1972년 국내 스낵 시장은 단순했습니다. 전병·뻥튀기 같은 길거리 과자가 주요 상품이었죠. 이들은 '크기'와 '깨끗함'을 보여주기 위해 투명한 봉지에 담겨 유통됐습니다. 브랜드 스낵도 다르지 않았습니다. 죠리퐁보다 1년 빨리 출시된 '새우깡(1971년 출시)'이나 수년 뒤 출시된 '오징어땅콩(1976년 출시)'의 초기 봉지도 투명했었죠.

반면 최초의 죠리퐁은 불투명 원색 봉지에 담겨 있었습니다. 봉지 표면에는 스페이드 모양이 큼직하게 인쇄됐고요. 뻥튀기와 비슷하기는 했지만 크기는 비교할 수 없을 만큼 작았습니다. 색상은 거뭇거뭇했고요. 여기에 가격까지 기존 스낵보다 비쌌습니다. 시장을 뚫어야 할 신제품이라고 하기에는 파격적인 모습이었죠. 그래서 출시 초기 죠리퐁은 소비자에게 외면받았습니다.

크라운제과는 왜 이런 선택을 했을까요? 죠리퐁을 고급 시리얼로 만들겠다는 전략이었습니다. 죠리퐁의 첫 유통 거점을 용산 미군기지로 정한 것도 이를 위해서였죠. 당시 수입품이 엄청나게 비쌌던 만큼, 국내 기준으로는 비싼 죠리퐁이 미군에게 '가성비 제품'이 될 수 있다는 점을 겨냥했습니다. 이 전략은 보기 좋게 맞아떨어집니다. 죠리퐁은 미군과 그 가족에게 날개돋친 듯 팔려나갑니다. 이에 힘입어 얼마 후에는 유통망이 확장됩니다.

그러자 특이한 구성과 패키징은 '신의 한 수'가 됩니다. 1970년대 한국인의 선진국 동경은 대단했습니다. 죠리퐁은 미군이 좋아한다는 점 하나만으로도 관심을 끌 수 있었죠. 이런 가운데 죠리퐁은 생김새마저 남달랐던 겁니다. 자연스럽게 고급스러운 이미지가 형성됐고, 높은 가격에도 설득력이 생겼죠. 죠리퐁은 프리미엄 스낵 시장을 개척하며 베스트셀러로 올라섭니다. 뚝심과 확신이 담긴 마케팅의 승리라고 할 수 있는 대목입니다.

▶▶ 작은 종이 숟가락 하나로 원조를 이기다!

죠리퐁은 1980년대 후반 강적을 만납니다. 경제가 성장하면서 서구식 식생활도 널리 퍼집니다. 죠리퐁의 '원형'인 시리얼도 이즈음 국내에 상륙합니다. 1988년 농심이 켈로그와 손잡고 '콘푸로스트'를, 얼마 후 동서식품이 '콘푸라이트'를 출시했죠. '첵스' 같은 다양한 맛과 모양의 시리얼도 쏟아집니다. 국내 시리얼류 시장에서 마땅한 경쟁자가 없었던 터줏대감 죠리퐁에게는 위기였죠.

당시 크라운제과는 정면돌파를 택합니다. 1995년부터 제품에 종이 숟가락을 넣었습니다. 우유에 말아 먹는 제품이라는 이미지를 살리면서, 편의성을 차별화하려는 시도였죠. 이 전략은 의외의 효과를 냅니다. 소비자는 죠리퐁을 그냥 먹을 때도 숟가락을 썼습니다. 누군가는 포켓몬 스티커처럼 숟가락을 모으기도 했고요. 죠리퐁이 놀이의 대상으로 다시금 주목받게 된 셈입니다. 그러면서 시리얼이라는 정체성도 자연스럽게 지켜졌고요.

고객 저변 확장에도 집중합니다. 크라운제과는 1998년 죠리퐁에 마시멜로와 다양한 곡물을 버무린 '와글와글'을 선보입니다. 와글와글에는 특유

죠리퐁은 우유에 말아 먹는 제품이라는 이미지를 살리면서 편의성을 더하기 위해, 제품에 종이 숟가락을 넣었다. 작은 종이 숟가락을 통해 죠리퐁은 소비자에게 놀이의 대상으로 주목받게 된다.

의 캐릭터가 나오는 TV 광고와 아이들 대상의 다양한 이벤트를 동시에 진행하는 통합 마케팅 전략을 적용했습니다. 그 결과 죠리퐁은 유소년층을 새 주력 고객으로 확보합니다. 같은 해 시리얼과의 치열한 경쟁에도 불구하고 누적 매출 3000억 원을 넘기기도 했고요. 한 시대의 '베스트셀러'가 '스테디셀러'로 변신하는 순간이었습니다.

➤➤ '내려놓기'로 세월을 뛰어넘다!

죠리퐁은 한계도 분명했습니다. 곡물을 달게 만든다는 스낵의 기본기에는 충실했지만, 초코파이·새우깡 같은 독자 영역은 사실 없었으니까요. 때문에 죠리퐁은 시리얼·스낵 시장에 참신한 신제품의 출시가 이어지자 점차 설 자리를 잃게 됩니다. 중장년층이 주로 찾는 오래된 과자로 전락했죠. 죠리퐁의 매출은 2014년 이후 내리막을 걸었습니다. 2016년에는 한동안 지켜왔던 연매출 200억 원도 무너졌고요.

죠리퐁은 이종 산업·상품과 협업하는 '크로스 마케팅'에서 활로를 찾았습니다. 정체성이 확고한 장수 제품에게는 쉽지 않은 결단이었죠. 2017년 커피 브랜드 쟈뎅과 협업한 '죠리퐁 카페라떼'가 출시됩니다. 당시 온라인에서 유행했던 레시피를 적용해 제품화했죠. 이 제품이 히트하면서 반전이 시작됩니다. 한식 레스토랑 자연별곡이 죠리퐁 빙수를 선보이는 등 비슷한 컬래버레이션 시도가 이어졌죠. 이제 죠리퐁은 '재료'라는 새로운 쓰임새를 찾게 됐습니다.

동시에 '선한 마케팅'도 빛을 발합니다. 크라운제과는 2016년 희망과자 프로젝트를 진행합니다. 국내 식품 업계 최초로 패키지에 실종 아동의 정

죠리퐁은 스낵이라는 정체성을 내려놓고 다양한 식품의 '재료'가 되는 컬래버레이션으로 위기를
돌파한다. 사진은 자연별곡과 협업해 만든 '죠리퐁빙수'와 '죠리퐁미숫가루'.

보를 담았죠. 이 프로젝트는 52년 만의 가족 상봉을 이끌어내며 보건복지부 장관 표창까지 받게 됩니다. 사회적 가치에 관심이 높은 젊은 소비자들이 죠리퐁을 다시 한 번 주목하는 계기였습니다. 내려만 가던 매출이 턴어라운드에 성공한 것은 당연한 결과였죠.

죠리퐁은 오늘도 변신하고 있습니다. 크라운제과는 2019년 배스킨라빈스와 손잡고 죠리퐁 아이스크림을 내놨습니다. 2021년에는 국순당과 함께 '국순당 쌀 죠리퐁당'이라는 막걸리를 출시해 인기를 끌었죠. 그 사이 식사 대용으로 먹을 수 있는 '죠리퐁 뮤즐리'도 시장에서 자리 잡았습니다.

▶▶ 끊임없는 변화로 위기를 넘어설 것

죠리퐁의 변신은 어디까지 계속될까요? 그 미래는 어떤 모습일까요? 죠리퐁을 마케팅하고 있는 크라운제과 김민아 과장에게 직접 들어보겠습니다.

Q. 출시 당시 죠리퐁은 패키지도 이질적이고, 가격까지 비싼 제품이었습니다. 그럼에도 소비자를 공략할 수 있었던 이유는 무엇일까요?
A. 당시 패키지 디자인에는 '한국 최초의 시리얼'이라는 자부심이 담겨 있습니다. '최고'이자 '유일함'을 알리려는 시도이기도 했고요. 이에 걸맞은 품질까지 갖추고 있었기에 죠리퐁이 성공할 수 있었다고 생각합니다. 크라운제과의 노하우와 기술력이 담긴 바삭한 식감이 고객을 사로잡을 수 있었던 것 아닐까요.

Q. 죠리퐁에 종이 숟가락이 들어간 1995년에는 이미 시리얼이 대중화돼 있었습니

다. 죠리퐁은 일반 스낵으로도 잘 팔리고 있었고요. 그럼에도 굳이 숟가락을 넣은 이유는 무엇일까요? 또 마케팅 차원의 효과는 있었을까요?

A. 우유에 타 먹으면 더 맛있다는 점을 강조해 시리얼과 경쟁하려 했습니다. 또 손에 묻는 불편함도 덜고, 간편하게 먹을 수 있는 기능도 고려했죠. 그런데 시간이 지나면서 취지와 달리 숟가락이 재미 요소로 인기를 끌었습니다. 이후 다양한 디자인의 숟가락을 제공해 수집욕을 자극하는 등의 시도를 이어가면서 재미 요소도 극대화하려 노력하고 있습니다.

Q. 죠리퐁 와글와글 출시 이후 아이들에게 집중한 차별화 마케팅을 다양한 채널에서 전개했습니다. 당시만 해도 스낵 시장에서 여러 채널을 동원하는 마케팅이 흔치 않았는데요. 공격적인 결정을 내린 배경을 알고 싶습니다.

A. 죠리퐁은 당시에도 식이섬유와 비타민 등 영양성분이 풍부한 점을 어필했습니다. 덕분에 어린이 영양간식으로도 사랑받아왔죠. 따라서 자연스럽게 아이들과 더욱 소통하면서 제품의 특장점을 알리려 했습니다. 와글와글도 이런 노력의 결과로 탄생한 상품이었고요. 공모전 같은 다양한 행사는 이런 성원에 보답하기 위해 기획됐던 것입니다. 지금도 비슷한 마케팅 행사가 이어지고 있고요.

Q. 스테디셀러 스낵 중 이종 제품군과 협업한 사례가 많지는 않습니다. 기존 정체성을 무너뜨릴 수도 있으니까요. 그럼에도 죠리퐁은 서슴없이 컬래버레이션 제품을 선보이고 있습니다. 이들 제품은 항상 인기를 얻는 데 성공하고요. 이것이 가능했던 비결은 무엇일까요?

A. 죠리퐁은 그 자체로도 맛있지만, 원래부터 우유와 함께 즐기는 시리얼로도 사랑받아 왔습니다. 어떻게 보면 하이브리드 제품인 셈인데요. 그러다 보니 다른 제품

에 비해 죠리퐁을 더 맛있게 즐기는 방법에 대한 소비자들의 연구도 활발했던 것으로 생각합니다. 실제로 지금까지 100여 개의 '꿀조합 레시피'가 탄생하기도 했고요. 이런 관심 덕분에 부담 없이 컬래버레이션 마케팅에 나설 수 있다고 생각합니다.

Q. 장수 브랜드를 마케팅한다는 것은 담당자에게 큰 부담일 것 같습니다. 죠리퐁을 마케팅하면서 가장 기억에 남았던 사건과 부담감을 이겨내기 위한 본인만의 노하우를 소개해 주세요.

A. 가장 기억에 남는 사건은 물론 희망과자 프로젝트입니다. 우리 과자로 사회 문제를 해결하고, 용기와 사랑을 전달할 수 있어 자부심을 느꼈습니다. 이런 성과가 부담감 속에서도 재미를 느끼는 원동력이 된 것 같습니다. 업무를 통해 스트레스를 낮추려는 시도도 하고 있습니다. 수시로 SNS에 올라온 레시피를 따라 해보고, 모두 맛보면서요. 이와 함께 전국 핫플레이스 카페를 돌아다니며 새로운 레시피를 개발하는 것도 재미있는 업무입니다.

Q. 죠리퐁이 반전을 일으키고는 있지만, 전체 스낵 시장이 과거보다 어려워지고 있는 것은 사실입니다. 이를 극복하기 위한 죠리퐁의 미래 전략을 소개해 주세요.

A. 앞으로는 최초의 한국형 시리얼이라는 독보적 경쟁력을 강조하면서, 죠리퐁만의 가치를 고객에게 전달하기 위해 노력할 것입니다. 아울러 젊은 세대에게는 죠리퐁을 단순한 과자가 아니라 재미 요소로 활용할 수 있다는 점을 적극적으로 알리겠습니다. 장기적으로는 식이섬유 등 영양이 풍부한 점을 강점 삼아, 한 끼 대용식으로도 충분하다는 점을 어필하고 싶습니다. 이를 통해 '죠리퐁 = 건강 스낵'이라는 이미지를 만들어 보려 합니다.

죠리퐁의 결정적 한 끗

자신만의 속도로
묵묵히 나아간다

한국인의 입맛을 조용히 지배한 죠리퐁

살다 보면 너무 익숙해서 오히려 잘 모르고 지내는 경우가 많습니다. 죠리퐁이 그렇습니다. 저도 죠리퐁이 51년이란 기간 동안 우리 곁에 있었는지 처음 알았습니다. 죠리퐁의 시작이 한국형 시리얼을 표방한 것도, 죠리퐁이 밀쌀을 사용한다는 것도 글을 준비하면서 새롭게 알게 된 사실이었습니다.

죠리퐁 편은 우연한 기회에 시작하게 됐습니다. 크라운해태제과 분들과 만난 자리에서 무심코 던졌던 질문이 발단이 되었죠. "크라운해태제과에서 오랜 기간 꾸준히 잘 팔리는 제품이 뭔가요?"라고 물었습니다. 저는 내심 '크라운 산도'를 염두에 두고 있었습니다. 그런데 의외의 답이 나왔습니다. "소비자들은 잘 모르시는데 죠리퐁이 51년간 꾸준히 판매고를 올리는 제품"이라더군요.

최초의 한국형 시리얼 죠리퐁은 마케팅으로 변주하기보다는 스낵의 기본인 맛에 방점을 찍는 전략으로 51년이라는 긴 세월을 이겨냈다.

기본인 '맛'에 방점을 찍고 세월과 싸워

흥미로웠습니다. '죠리퐁이 그렇게 오래됐었나?' 싶었습니다. 곰곰이 생각해 보니 죠리퐁은 제가 어린 시절부터 늘 가게 매대에 있었던 제품이었습니다. 죠리퐁 편은 그렇게 시작됐습니다. 죠리퐁은 51년이라는 세월 동안 늘 우리 곁에 다양한 모습으로 있었습니다. 다양한 맛으로 남녀노소 모두에게 사랑받고 있는 것은 물론 여러 가지 사회 공헌 활동의 매개체 역할도 하고 있습니다.

죠리퐁은 51년이나 된 브랜드입니다. 여타 스테디셀러와 마찬가지로 브랜드 노후화를 겪을 수밖에 없습니다. 대부분의 업체는 스테디셀러 제품의 브랜드 노후화를 다양한 프로모션으로 극복합니다. 하지만 죠리퐁은 조금 달랐습니다. 마케팅으로 변주하기보다는 스낵의 기본인 맛에 방점을

찍는 전략으로 세월을 이겨냈습니다. 여기에 다양한 제품과의 컬래버레이션을 통해 늘 새로운 이미지를 더하기 위해 노력해왔습니다.

더불어 죠리퐁은 스토리텔링이 가능한 제품이었습니다. 창업주의 아들이 직접 만든 제품입니다. 윤영달 크라운해태제과 회장이 직접 개발 과정에 뛰어들어 A부터 Z까지 챙긴 제품입니다. 소재부터 기술까지 직접 고민하고 개발했던 만큼 기본기가 탄탄한 제품입니다. 콘셉트도 국내 최초 시리얼 제품이었습니다. 품질로

얼음과 바닐라아이스크림, 우유, 죠리퐁을 믹서기로 간 다음, 컵에 담고 그 위에 죠리퐁을 뿌려 완성하는 '퐁크러쉬'. 죠리퐁은 라떼, 빙수, 마카롱, 에너지바 등 소비자들이 자발적으로 개발한 레시피만 100여 종에 달한다.

주한 미군들의 입맛을 사로잡았고 독특한 형태와 다양한 맛으로 소비자들에게 변함없는 인기를 누리고 있습니다.

개발 과정에서 마주한 각종 난관을 오로지 기술력으로 극복하면서 51년을 이어온 제품이라는 점도 주목할만합니다. 그렇게 쌓은 경험과 노하우는 죠리퐁이 계속 성장할 수 있는 밑거름이 됐습니다. 결국 화려한 수식어에 매몰되기보다 기본에 충실했던 것이 죠리퐁이 51년간 지금의 자리를 지킨 결정적 한 끗이 아닐까 싶습니다.

크라운 죠리퐁 키워드

Jollypong

#회장님의 스낵
윤영달 크라운해태제과 회장이 개발.
'한국식 시리얼'이라는 죠리퐁의
초기 콘셉트부터 기술적인 부분까지
모두 직접 관여.

#밀쌀
밀은 가루만 먹는다는 고정관념을 깨고
알곡 형태로 제조. 영양가 높고 배부른
제품이라는 제품 개발 콘셉트에 부합하
는 원료.

#최초의 한국형 시리얼
미국의 시리얼을 한국식으로 재해석.
형태는 시리얼에서 가져왔지만
재료와 제조법 등은 직접 개발.

#기술력
자체 개발한 퍼핑 기술을 바탕으로
시장을 개척. 건조 기술도 오랜
노하우를 바탕으로 계절에 맞도록
조정해 일 년 내내 균일한 제품 생산.

DECISIVE SHOT

8

대한민국의 아침을 확 깨운 31년

컨디션

• Since 1992 •

호아킨 소로야, 〈세라우조의 술고래〉, 1910년, 캔버스에 유채, 115×140cm, 런던내셔널갤러리

컨디션은 특허출원과 임상시험 등 R&D를 통해 31년 동안 총 여섯 번의 리뉴얼을 거쳤습니다. 업계 최초로 숙취 해소를 전문으로 연구하는 조직도 꾸렸고요. 미배 아 발효추출물, 헛개 등 숙취 해소 관련 소재를 다양하게 발굴하고 대중화할 수 있었던 배경입니다.

급변하는 트렌드에 기민하게 대응한 점도 장수의 비결입니다. 컨디션은 병 음료 로 시작해 타깃 소비자별, 제형별로 제품 종류를 확대해 왔습니다. 소비자가 취향 에 따라 제품을 선택할 수 있도록 하기 위해서입니다.

8-1

'주당'들을 구원하다!

>> 인류의 숙제 '해장'

"내가 다시 술을 먹으면 개다!"

술 좋아하시는 분이라면 누구나

한 번쯤은 해보셨을 말일 겁니다.

마실 때는 모릅니다. 흥에 취해, 사람에 취해, 분위기에 취해 분명 즐겁게
마셨는데 그 결과는 처참합니다. 쓰린 속과 머리를 쪼개는 듯한 두통에 숨
쉬기도 버겁습니다. 요즘처럼 마스크가 일상이 돼 있는 경우는 더 합니다.
이른 아침 출근길, 숨을 쉴 때마다 마스크 안에 가득 차는 술 냄새에 또 한
번 정신이 몽롱해집니다.

　소위 주당들은 각자 나름의 해장법을 보유하고 있습니다. 누군가 끓여
주는 해장국이 최고겠죠. 하지만 그것도 부지런한 사람이나 챙겨 먹을 수
있는 호사품입니다. 저는 개인적으로 이온음료를 자주 찾습니다. 어떻게

든 전날의 숙취를 깨고 일상으로 복귀하려는 안간힘입니다. 대한민국의 많은 샐러리맨이 비슷한 경험을 갖고 계실 거로 생각합니다.

인류가 술을 마시기 시작한 이후 '해장'은 줄곧 온 인류의 숙제였습니다. 국립국어원의 『표준국어대사전』에 따르면 해장의 정의는 "전날의 술기운을 풂. 또는 그렇게 하기 위하여 해장국 따위와 함께 술을 조금 마심"으로 돼 있습니다. 한자로는 '풀 해(解)'에 '숙취 정(酲)'을 씁니다. 원래는 '해정'입니다. 흔히 '장(腸)을 푼다'로 알고 계시지만 사실 '숙취를 푼다'가 맞습니다.

예부터 해장국으로는 콩나물국, 북엇국, 선지국 등이 꼽힙니다. 신기하게도 이 음식들을 현대 과학으로 분석해 보면 다들 숙취를 해소하는 데에 탁월한 성분을 함유하고 있습니다. 하지만 바쁜 현대인이 숙취 해소를 위해 매번 해장국을 챙겨 먹기란 쉽지 않습니다. 그래서 '간단하게 숙취를 해소하는 방법'을 찾는 여정이 시작됐습니다. 긴 여정 끝에 탄생한 것이 이젠 국민 숙취 해소 음료가 된 '컨디션'입니다.

▶▶ 신박한 음료의 탄생

컨디션은 국내 최초 숙취 해소 '음료'입니다. 약이 아닙니다. 1992년 당시 제일제당 제약사업부(현 HK이노엔)가 출시한 제품입니다. 워낙 첫 등장이 강렬했던 터라, '숙취 해소 음료=컨디션'이라는 공식은 여전히 유효합니다. 물론 그동안 많은 경쟁 제품이 쏟아져 나오면서 컨디션의 자리를 위협했지만, 여전히 국내 숙취 해소 음료 시장 1위는 컨디션이 차지하고 있습니다. 시장 선점 효과가 그래서 무섭습니다.

사실 컨디션 성공의 이면에는 다른 제품의 성공이 자리하고 있습니다. 여러분도 기억하실 겁니다. 바로 1989년 현대약품이 내놓은 '미에로 화이바'입니다. 당시 식이섬유를 함유한 기능성 음료로 국내 음료 시장에 큰 돌풍을 일으켰습니다. 컨디션과 미에로 화이바가 무슨 관계냐고 물으실 수도 있을 겁니다. 하지만 찬찬히 살펴보면 연관성이 있습니다. 컨디션은 미에로 화이바가 넓혀 놓은 시장에 안착한 제품이니까요.

미에로 화이바는 국내 음료 시장에서 선구자적인 역할을 한 제품입니다. 바로 '기능성 음료' 시장을 연 제품이어서입니다. 미에로 화이바 출시 전까지만 해도 국내에는 기능성 음료 시장이 거의 존재하지 않았습니다.

하지만 간편하게 한 병 마시는 것만으로 몸에 좋은 식이섬유를 섭취할 수 있다는 마케팅이 통하면서 기능성 음료 시장이 활짝 열렸습니다.

제일제당도 이 시장에 주목합니다. 아이템을 찾던 제일제당의 레이더에 당시 크게 성장하고 있던 일본의 숙취 해소 음료 시장이 들어옵니다. 제일제당은 "이거다!" 싶었습니다. 그리고는 제약사업부와 식품사업부가 TF를 꾸려 숙취 해소 음료 개발에 나섭니다. 일본 사람보다 술에 더욱 진심인 우리 소비자의 특성을 감안하면 분명 성공하리라 생각한 겁니다. 그리고 이 예상은 적중합니다.

1980년대 후반 국민소득이 늘면서 건강에 대한 관심이 높아졌다. 당시 식이섬유가 비만이나 성인병을 예방한다는 학계 보고도 잇따랐다. 현대약품은 이러한 흐름에 착안해 1989년 미에로 화이바를 내놓으며 기능성 음료 시장을 열었다.

➤➤ 컨디션, '퍼스트 무버'가 되다

1992년 첫 출시 당시 컨디션의 주요 성분은 콩에서 추출한 성분과 쌀 배아를 함께 발효해 만든 '미배아 발효추출물(글루메이트)'이었습니다. 글루메이트는 숙취를 일으키는 아세트알데히드를 쉽게 분해하는 효과가 있는 것으로 알려진 성분입니다. 이후 여러 번의 리뉴얼을 거쳐 현재는 헛개 성분이 컨디션의 주요 성분으로 사용되고 있습니다.

컨디션의 등장은 주당들에게 희소식이었습니다. 굳이 해장국을 챙겨 먹지 않아도 됐으니까요. 술 마시기 전이나 술을 마신 후에 한 병만 마시면 숙취를 해결할 수 있다는 제일제당의 마케팅 덕분에 컨디션은 불티나게 팔립니다. 당시 컨디션 한 병 가격은 2500원으로 매우 비쌌습니다. 국민 드링크제인 박카스가 한 병에 300원이었던 것을 감안하면 약 여덟 배가량 비싼 가격이었습니다.

그럼에도 불구하고 컨디션은 술자리가 많은 대한민국 직장인의 마음을 파고들면서 출시와 동시에 공전의 히트를 칩니다. 실제로 출시 1년 만에 1000만 병이 판매됩니다. 매출액도 100억 원을 기록하죠. 물론 그때나 지금이나 컨디션의 효과에 대한 논란이 많은 것도 사실입니다. 하지만 컨디션이 국내에 숙취 해소 음료 시장이라는 새로운 장을 열었다는 것을 부인할 사람은 없습니다.

컨디션 출시 후 많은 소비자가 술자리 전이나 이후 초록색 컨디션 병을 챙기기 시작했습니다. 하나의 트렌드가 된 겁니다. 컨디션은 이후에 출시된 여러 숙취 해소 음료의 기준이 됐습니다.

8-2

컨디션이 꽃피운
춘추전국시대

➤➤ 컨디션, 한판 붙자!

컨디션이 선풍적인 인기를 끌자 다른 업체들도 잇따라 숙취 해소 음료 시
장에 뛰어듭니다. 컨디션과 차별화를 두기 위해 숙취 해소에 좋은 성분을
잇따라 연구해 내놓습니다. 대표적인 것이 당시 미원(현 대상)이 내놓은
'아스파'입니다. 아스파는 대표적인 해장국인 콩나물국에서 힌트를 얻었
습니다. 콩나물 뿌리에 함유돼 있는 '아스파라긴산'이 숙취 해소에 좋다는
연구 결과를 토대로 신제품을 내놨죠.

이뿐만이 아닙니다. 조선무약에서는 '솔표 비즈니스', 청주 제조업체인
백화는 '알지오', 럭키(현 LG생활건강)는 '비전'이라는 숙취 해소 음료를 선
보였습니다. 종근당도 생약소재의 '시티맨', 보해양조는 꽃가루와 식이성
섬유 음료를 혼합한 '굿모닝'을 출시하기도 했죠. 하지만 지금까지 남아있
는 제품은 컨디션이 유일합니다. 그만큼 컨디션의 위력은 대단했습니다.

많은 업체가 시장에 뛰어들면서 국내 숙취 해소 음료 시장 규모는 급성장합니다. 컨디션 출시 4년 만인 1996년 국내 숙취 해소 음료 시장 규모는 500억 원대를 기록합니다. 컨디션에 도전장을 내민 여러 업체는 컨디션과 차별화를 위해 안간힘을 썼습니다. 하지만 컨디션의 벽을 넘어서기에는 역부족이었습니다. 소비자에게 각인된 컨디션의 이미지가 워낙에 강렬했기 때문입니다.

그러자 컨디션을 겨냥한 경쟁 업체의 다양한 '음해 마케팅(?)'이 등장합니다. 경쟁사들은 광고에 "그날의 컨디션을 믿고 마시다 보면 자칫 과음하게 돼 큰코다치기 쉽습니다", "컨디션이 안 좋으면 OOO"과 같은 카피를 사용해 컨디션을 저격했습니다. 유사품도 나옵니다. 일부 중소업체들은 '콘디션', '컨트롤' 등 유사품을 내놨죠. 이 제품들은 주로 서울 변두리 지역이나 지방 소도시에서 몰래 판매되다 적발되기도 했습니다.

≫ 중소기업의 반란, 컨디션을 긴장시킨 맞수

하지만 컨디션이 독주하던 국내 숙취 해소 음료 시장에도 강력한 도전자가 등장합니다. 지금껏 컨디션에 도전장을 내밀었던 업체들보다 규모도 작습니다. 마케팅도 세련되지 않았습니다. 그럼에도 소비자의 입소문을 타며 컨디션의 경쟁자로 급부상합니다. 바로 '여명 808'입니다. 1998년 출시된 여명 808은 '숙취 해소용 천연차'임을 앞세워 빠른 속도로 시장을 잠식합니다.

여명 808은 '807번의 실험 실패 끝에 808번째에 성공했다'고 해서 붙은 이름입니다. 더불어 국내 최초로 특허를 받은 숙취 해소 음료이며 총

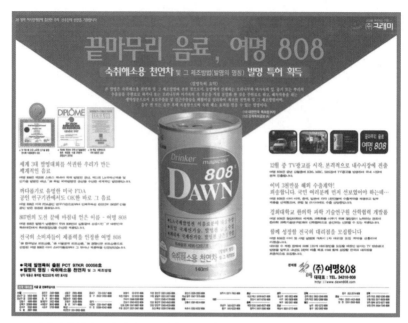

1998년 출시된 '여명 808'. 여명 808은 '세계 최초', '특허받은 숙취 해소용 천연차'라는 점을 앞세워 컨디션에 도전장을 내밀었다(사진 「한겨레」 1998년 12월 17일 1면 광고, 네이버 뉴스라이브러리).

11개국에서 특허출원을 했다는 점을 강조하면서, 나름의 묘한 스토리텔링을 만들어 냅니다. 특유의 한방차 같은 맛을 특징으로 소비자에게 큰 인기를 끌기 시작합니다.

실제로 여명 808은 출시 2년 만에 컨디션에 이어 시장점유율 2위를 차지하는 기염을 토합니다. '특허'와 '세계 최초'를 전면에 내세우는 조금은 촌스러운 광고와 마케팅이 컨디션이 꽉 잡고 있었던 국내 숙취 해소 음료 시장을 뒤흔든 겁니다. 그리고 이후 2000년대까지 컨디션과 여명 808의 양강 구도는 계속 이어집니다.

그럼에도 여전히 시장점유율 1위는 컨디션이었습니다. 여명 808의 강력한 도전을 받았음에도 컨디션은 특유의 마케팅과 탄탄한 소비층 등을 토대로 꾸준히 시장을 지켜내고 있습니다. 시장 조사업체인 닐슨코리아에 따르면 2019년 기준 컨디션의 시장점유율은 47.5%입니다. 2022년 출시 30년을 맞은 컨디션의 누적 판매량은 6억 7200만 병에 달했습니다.

▶▶ 주인이 바뀌어도 압도적 1위

경제 뉴스에 관심이 많은 분은 잘 아시겠지만 몇 년 전부터 컨디션의 제조사가 바뀌었습니다. 쉽게 말해 주인이 바뀐 것이죠. 앞서 말씀드린 것처럼 컨디션은 1992년 제일제당 제약사업부가 만든 제품입니다. 이후 제일제당은 CJ제일제당으로 사명을 변경했죠. CJ제일제당은 2014년 제약사업부를 CJ헬스케어로 떼어냅니다. 이후 CJ그룹은 재무 구조 개선을 위해 2018년 CJ헬스케어를 한국콜마에 매각합니다.

현재 컨디션은 한국콜마의 자회사인 HK이노엔이 판매합니다. 컨디션은 매각 전 CJ헬스케어에게 매우 중요한 자산이었습니다. 실제로 CJ헬스케어 매각 협상 당시 CJ그룹은 컨디션만큼은 매각을 원치 않았다고 합니다. 하지만 한국콜마가 컨디션이 빠진 CJ헬스케어는 인수하지 않겠다고 나서면서, 결국 컨디션을 품에 안았다는 이야기도 있습니다. 컨디션은 지금도 HK이노엔의 주요 제품 중 하나입니다.

주인은 바뀌었지만 컨디션의 입지는 여전합니다. 이는 다양한 변신이 있었기에 가능한 일이었습니다. 2000년대 들어 국내 주류 시장은 많은 변화를 겪습니다. 대표적인 것이 여성 음주 인구가 급격하게 늘어난 겁니다.

컨디션은 출시 이후 지금까지 총 여섯 번 리뉴얼하며, 음주 인구 구성과 트렌드 변화에 민감하게 반응하고 있다. 사진은 MZ세대를 타깃으로 젤리 형태로 만든 컨디션 스틱(사진 HK이노엔).

여성의 사회 참여가 증가하면서 여성들도 남성 못지않게 주류 시장의 중요한 소비자로 등장했습니다. 최근에는 MZ세대 등도 주요 소비층으로 급부상했습니다.

    음주 인구의 구성과 트렌드 변화는 컨디션을 비롯한 숙취 해소 음료 시장에도 큰 영향을 미칩니다. 최근 급성장하고 있는 환(丸) 형태의 숙취 해소제가 대표적입니다. 저렴한 가격과 휴대성을 앞세워 젊은층에게 어필하고 있습니다. 컨디션도 2019년 '컨디션 환'을 내놓는 등 변화에 대응하고 있습니다. 컨디션은 출시 이후 지금까지 총 여섯 번의 리뉴얼을 거쳤습니다. 그만큼 변화에 민감하게 반응했다는 증거입니다.

8-3

해장 비법의 진화,
쌀눈에서 헛개로

▶▶ 숙취 해소에 가장 뛰어난 성분을 찾아서

술과 함께 필연적으로 등장하는 숙취는 인류가 해결해야 할 과제 중 하나로 꼽힙니다. 과음한 다음 날의 고통은 다들 아실 겁니다. 덕분에 다양한 형태의 해장 문화도 생겨났습니다. 실제로 고대 로마인은 술독을 없애기 위해 올빼미 알을 띄운 와인을 먹었다고 합니다. 몽골인은 해장음식으로 양의 눈을, 시리아인은 참새 부리를 갈아 마셨습니다. 기상천외하죠. 이렇듯 숙취 해소를 위한 인류의 피나는 노력은 지금도 진행형인데요. 제약 기술이 발달한 오늘날에도 여전히 완벽한 해답을 찾아가는 중입니다. 컨디션도 그 과정의 일환이겠죠.

출시 31년을 맞은 컨디션은 절대 짧지 않은 시간 동안 한 번도 1위 자리를 내주지 않았습니다. 그 비결이 궁금하지 않을 수 없습니다. 컨디션을 마시면 정말 숙취가 눈 녹듯 사라질까요? 컨디션의 제조 비밀을 캐봤습니다.

➤➤ 헛개 열풍의 서막, 열매로 '쓴맛'을 잡다

컨디션은 국내 '헛개' 음료 시장을 이끈 제품입니다. 하지만 처음부터 헛개 성분 기반의 숙취 해소제는 아니었습니다. 초창기 컨디션의 핵심 원료는 미배아(쌀눈) 발효추출물입니다. 콩에서 추출한 성분에 쌀눈을 함께 발효해 만든 것인데요. 미배아 발효추출물은 알코올 분해를 돕는 '피틴산' 함유량이 많습니다.

이후 제일제당 제약사업부(현 HK이노엔)는 숙취 해소에 도움을 주는 원료를 추가하며 리뉴얼에 나섭니다. 2000년에는 타우린을 추가한 '컨디션F'를, 2004년에는 자리 · 황기 · 로터스 등 식물 추출물을 추가로 첨가한 '컨디션ADH'를 내놓습니다. 2007년엔 아연(Zn)을 추가하고 미배아 발효추출물의 용량을 늘린 '컨디션파워'도 출시합니다. 쉼 없는 진화의 연속이었죠.

지금의 헛개 성분이 본격적으로 들어간 건 2009년입니다. 기존 컨디션 제품에 헛개나무 열매 성분을 추가한 것인데요. 헛개나무 성분은 과학적으로 숙취 해소에 도움을 준다고 인정받은 몇 안 되는 물질입니다. 헛개나무의 이름 역시 '술을 마신 뒤 이것을 달여 먹으면, 술이 헛것이 된다'고 해 붙여진 이름입니다. 네 번의 리뉴얼 끝에 탄생한 '헛개컨디션파워'는 '숙취 해소엔 헛개'라는 이미지를 구축하고 헛개 유행을 본격적으로 선도합니다.

물론 이 과정이 순탄치는 않았습니다. 헛개나무는 떫은맛과 쓴맛이 강해 음료로 개발하기에는 어려움이 많았거든요. 약이 아닌 음료인 만큼 맛이 없다면 인기를 끌기 어렵죠. 요즘엔 헛개 성분의 숙취 해소제가 익숙하지만 당시 헛개는 두루 찾는 소재가 아니었습니다. HK이노엔은 오랜 연구

헛개나무는 『동의보감』에 "주독을 풀고 갈증과 답답함을 멈춰주고, 대소변을 잘 통하게 한다"라고 설명되어 있다.
헛개나무에 다량 함유된 다당류 활성 화합물이 아세트알데히드를 빠르게 분해하고 외부로 배출을 도와 숙취를 빠르게 해소하는 데 도움을 준다. 또 호베니틴스나 암페롭신 같은 성분은 간을 보호하는 데 도움을 준다.

끝에 헛개나무 부위 중 '열매'에 주목했습니다. 헛개 열매는 단맛이 나는 동시에 알코올 분해를 돕는 '암페롭신'까지 들어 있습니다. 이를 통해 헛개 본연의 쓴맛을 상당 부분 잡은 셈이죠.

결국 컨디션의 완성은 헛개나무 열매에 있다고 볼 수 있는데요. 컨디션은 100% 국내산 헛개를 사용합니다. 국내산 헛개는 수입산보다 수확량이 매우 적고 가격도 비쌉니다. 그럼에도 국내산을 고집하는 이유는 헛개에 따라 맛과 품질이 달라질 수 있어서입니다. 컨디션은 산지에 따라 헛개의 맛과 향이 다른 것을 고려해 헛개나무 열매 산지별 배합 비율을 일정하게 유지하고 있습니다.

▶▶ 숙취 해소, 알코올 분해 촉진이 핵심

그렇다면 컨디션이 어떻게 숙취 해소에 도움을 줄까요? 사실 컨디션은 일반식품입니다. 보통 숙취 해소제라고 하면 건강기능식품이나 일반의약품으로 오해하기 쉬운데요. 의약품으로 인정받으려면 임상시험으로 효과를 입증한 뒤 식품의약품안전처의 허가를 받아야 합니다. 시중에 판매 중인 숙취 해소제는 알코올을 직접 분해하는 기능이 있진 않습니다. 대신 과음 후 몸의 상태를 조절하는 데 도움을 주거나 간을 보호하는 보조제 정도 역할을 하고 있습니다.

숙취 해소제의 원리를 알기 위해선 우선 숙취가 생기는 원인을 알아야 합니다. 술을 마시면 몸속 에탄올이 분해되는 과정에서 아세트알데히드라는 물질이 생깁니다. 아세트알데히드는 다시 아세트산으로 분해된 뒤 몸 밖으로 배출되고요. 아세트산이 신속하게 분해되지 못할 경우 독성 성분

숙취는 알코올 분해 과정에서 생기는 '아세트알데히드'가 두통, 구토, 어지러움 등의 증상을 일으키며 발생한다.

이 체내 혈관을 확장하면서 숙취가 발생합니다.

즉 숙취 해소제의 목표는 아세트알데히드를 조금이라도 더 '빨리' 분해하는 것입니다. 컨디션은 숙취의 주범인 아세트알데히드의 분해를 촉진하는 성분을 포함하고 있습니다. 컨디션에 들어 있는 당분은 알코올 해독 과정에 필요한 에너지를 보충하기도 하고요. 다만 숙취 해소제가 아세트알데히드를 직접 분해하진 않는 만큼 애초에 알코올 분해 효소가 없는 사람은 온전히 숙취 해소제의 효과를 보긴 어렵다고 합니다.

▶▶ 컨디션, 'R&D'에 승부를 걸다

HK이노엔은 스테디셀러 컨디션의 인기 비결로 끊임없는 연구개발(R&D)을 꼽습니다. 컨디션은 동물실험, 임상시험 등 R&D를 통해 31년 동안 총 여섯 번의 리뉴얼을 거쳤습니다. 업계 최초로 숙취 해소를 전문으로 연구하는 조직도 꾸렸고요. 미배아 발효추출물, 헛개 등 숙취 해소 관련 소재를 다양하게 발굴하고 대중화할 수 있었던 배경입니다.

급변하는 트렌드에 기민하게 대응한 점도 장수의 비결입니다. 컨디션은 병 음료로 시작해 타깃 소비자별, 제형별로 제품 종류를 확대해 왔습니다. 소비자가 취향에 따라 제품을 선택할 수 있도록 하기 위해서입니다. 여성 소비자를 공략한 '컨디션 레이디', 프리미엄 숙취 해소 음료 '컨디션 CEO', 가볍게 먹기 좋게 만든 '컨디션 환' '컨디션 스틱'등이 대표적이죠. 숙취 해소 관련 특허를 받은 컨디션 CEO는 개발에만 3년의 기간이 걸렸습니다.

연구원 입장에서 숙취 해소제를 만드는 일은 참 어려운 일일 겁니다. 숙취 해소에 도움이 되는 물질을 찾고, 어떻게 맛있게 만들어야 할지, 또 앞으로 어떻게 변화를 줄 수 있을지 등 지속해서 많은 고민이 필요하겠죠. 이런 고민을 오롯이 안고 있는 이은주 HK이노엔 건강기능식품 · 화장품 · 음료(HB&B) 연구1팀 부장을 만나 컨디션 제조 비밀을 들어봤습니다.

Q. 숙취 해소제로서 컨디션의 차별점은 무엇인가요?

A. 최초 브랜드이자 대표 브랜드가 가진 R&D 노하우라고 생각합니다. 연구팀은 알코올 분해 능력뿐만 아니라 두통이나 매스꺼움, 구취처럼 음주 후 발생하는 후유증을 완화하는 소재를 계속해서 발굴하고 배합하고 있습니다. 여기에 TPO(Time, Place, Occasion)에 따라 소비자가 제품을 다양하게 경험하도록 종류를 확대한 것도 컨디션만의 강점입니다.

Q. 환, 젤리 등 다양한 종류의 숙취 해소제가 나와 있습니다. 제형별 장단점이 있을까요?

A. 환은 알약 형태의 숙취 해소제입니다. 음료보다 작고 간편해 상대적으로 편의성이 더 높습니다. 맛에 거부감을 느끼는 소비자의 입맛도 잡을 수 있고요. 유통 과정 중 파손될 위험도 적습니다. 특히 컨디션 환은 세로 스틱형으로 돼 있어 물이나 숙취 해소 음료와 한 번에 섭취할 수 있어요. 목 넘김이 좋다는 평을 듣고 있습니다. 여기에 엘더베리 향을 첨가해 후각 장벽을 낮췄습니다. 스틱 젤리의 경우 물 없이 짜 먹을 수 있는 타입입니다. 휴대성과 함께 음용의 편리함을 강조한 제품이에요.

Q. 실제로 컨디션은 숙취 해소에 도움이 되나요?
A. HK이노엔은 국내 유수의 대학이나 연구소와 임상시험을 진행하고 있습니다. 건강한 성인 남성을 대상으로 인체 적용 시험을 한 결과, 컨디션 제품(100㎖/1병)을 마셨을 때 혈중 알코올 농도와 아세트알데히드 수준을 낮추는 것을 확인했습니다. 특히 알코올 섭취 후 초반 20분, 40분에 유의적 감소가 나타났습니다. 다만 인체 시험결과가 모든 사람에게 동일하게 적용되는 것은 아닙니다.

Q. 향후 컨디션 신제품 탄생을 위해 어떤 노력을 기울이고 있는지 궁금합니다.
A. 31년 동안 컨디션이 시장 1위 브랜드의 위치를 유지할 수 있었던 힘은 끊임없는 제품 혁신입니다. 특허출원과 임상시험 등 R&D를 통해 지금까지 총 여섯 번 제품을 업그레이드했습니다. 또 숙취와 동반하는 증상을 해소할 수 있는 신규 물질을 지속해서 발굴하고 있고요. 다양한 제품으로 확장성을 높이기 위한 연구도 계속하고 있습니다.

8-4
살기 위해 마시는 시대에서
즐기기 위해 마시는 시대로

>> **살기 위해 마셔야 하는**

   비즈니스맨의 애환을 달래는 음료

과거 아버지들은 늦은 밤 술에 취해 퇴근하시는 일이 많았습니다. 회식도 업무의 연장이라고 여겼던 만큼 무조건 참석해야 했던 탓에 많은 직장인은 늘 숙취 속에 살아야 했습니다. 컨디션이 출시와 동시에 큰 인기를 끈데에는 이런 사회적 배경이 깔려있습니다. 컨디션은 숙취에 시달리던 직장인에게 일종의 해방구였습니다. 그들의 니즈를 제대로 저격했죠. 그리고 그 이면에는 고도의 마케팅 전략이 깔려있었습니다.

컨디션은 출시 당시부터 타깃을 명확히 했습니다. 바로 '접대가 많은 비즈니스맨을 위한 음료'라는 문구가 컨디션이 노리는 수요층을 말해줍니다. 당시 우리나라는 경제가 급성장하던 시기였습니다. 그런 만큼 술자리와 회식이 많았죠. 그 여파로 많은 직장인이 숙취에 시달렸습니다. 컨디션은 이런 직장인을 노렸습니다.

눈여겨볼 부분은 컨디션 출시 광고입니다. 당시 제일제당 제약사업부
(현 HK이노엔)는 종전과 다른 광고 기법을 사용했습니다. 일반적으로 신제
품을 출시할 경우 첫 모델로는 유명인을 쓰기 마련입니다. 하지만 컨디션
의 첫 TV 광고 모델은 달랐습니다. 제일제당 제약사업부 즉, 컨디션을 제
조해 판매하는 자기 회사 직원을 내세웠습니다.

컨디션 첫 광고에는 강석희 현 HK이노엔 상임고문(당시 컨디션 영업본부
장)과 곽달원 현 HK이노엔 대표이사 사장(당시 신입사원)이 직접 출연합니
다. 유명인이 아닌 자사 직원을 모델로 기용해 직장인들의 모습을 가감 없
이 보여줍니다. 더불어 익숙한 세련된 멘트가 아닌 어설픈 멘트 처리로 친
근감을 줍니다. 이는 '당신과 같은 직장인에게 꼭 필요한 숙취 해소 음료'
라는 것을 간접적으로 강조한 겁니다.

게다가 제조회사의 직원이 직접 출연한 만큼 신뢰감을 주기에도 충분했
습니다. 당시 언론에서도 컨디션의 광고 전략에 대해 많은 관심을 보였습
니다.

1992년 컨디션 첫 TV 광고에 출연
한 강석희 현 HK이노엔 상임고문
(오른쪽, 당시 컨디션 영업본부장)
과 곽달원 HK이노엔 대표이사 사장
(왼쪽, 당시 신입사원).

1993년 11월 16일자 「매일경제」는 "自社員 CF 기용 확산"이라는 제목의 기사를 통해 당시 제일제당이 컨디션 광고에 회사 임직원을 출연시킨 것을 다루기도 했습니다. 그만큼 당시에는 꽤 파격적인 방식이었던 셈입니다.

>> 즐기기 위해 술을 마시는 시대에 필요한 마케팅 전략

스테디셀러들은 브랜드 노후화가 늘 걱정입니다. 세월은 가고 트렌드는 빠르게 변하는데 브랜드는 그대로 있으니까요. 이 때문에 많은 업체가 브랜드 노후화를 벗어나기 위해 애를 씁니다. 컨디션도 마찬가지입니다. 컨디션은 이제 출시 31년째를 맞습니다. 그동안 경쟁제품이 쏟아졌죠. 그럼에도 컨디션은 '부동의 1위'입니다. 컨디션이 1위를 고수하고 있는 데에는 혁신의 마케팅이 있었습니다.

보통 특정 연령층을 겨냥해 출시한 제품은 소비자들이 한정됩니다. 컨디션은 출시 당시 3040세대 직장인이 집중 타깃이었습니다. 하지만 시간이 지나면서 점차 그 영역을 넓히기 시작합니다. 음주 연령과 구성이 바뀌었기 때문입니다. 컨디션은 이에 맞춰 발 빠르게 진화합니다. 지금은 MZ세대부터 50대에 이르기까지, 남성과 여성을 아우를 만큼 브랜드 영역을 확장했습니다.

컨디션은 가수 싸이와 자이언티를 비롯해 방송인 유병재 씨, 배우 박서준 씨, 래퍼 머쉬베놈 등에 이르기까지 젊은 세대에게 인기 있는 연예인을 마케팅에 적극적으로 활용했습니다. 브랜드 이미지를 젊게 만들기 위해서입니다. 이뿐만이 아닙니다. 최근에는 자체적으로 자사 브랜드를 소재로 한 '브랜디드 콘텐츠'도 선보였습니다.

HK이노엔이 유튜브를 통해 선보인 브랜디드 콘텐츠 <환생연애>의 한 장면(사진 HK이노엔 유튜브). 컨디션 드링크보다는 상대적으로 소비 연령이 낮은 컨디션 환을 광고하기 위해 MZ세대가 즐겨보는 숏폼 형태의 드라마를 제작했다.

HK이노엔은 2020년 유튜브 채널을 통해 자체 제작한 <환생연애>를 공개했습니다. <환생연애>의 러닝타임은 6분입니다. 짧은 영상에서 강렬한 임팩트를 원하는 MZ세대가 타깃입니다. <환생연애>는 두 남녀가 해피엔딩을 맞기까지 컨디션을 되돌려 소개팅을 수차례 반복하는 타임루프 드라마 형식의 콘텐츠입니다. <환생연애>는 공개 이틀 만에 조회수 56만 회를 돌파하는 등 MZ세대에게 큰 인기를 끌고 있습니다.

▶▶ 대리운전에서 라면까지, 파격적인 협업

브랜드 노후화를 막기 위한 컨디션 마케팅은 각종 협업에서도 나타납니다. HK이노엔은 2016년 카카오와 손잡고 모바일 대리운전 호출 서비스를 연계한 이벤트를 진행했습니다. 컨디션에 붙어있는 스크래치 카드를 긁으면 대리운전비 할인 쿠폰을 제공하는 이벤트입니다. 음주와 대리운전 사이에 컨디션을 매개체로 넣어둔 겁니다.

2021년에는 인기 유튜버와 랜선 연말 홈파티를 콘셉트로 라이브 커머스를 진행했습니다. 컨디션 모델로 활동하고 있는 배우 박서준 씨와 함께하는 랜선포차와 팬미팅을 열기도 했죠. 이 모든 것이 숙취 해소 음료 시장에서 큰손으로 부상하고 있는 MZ세대들을 잡기 위한 전략의 일환입니다. 스크래치 카드 이벤트는 기존 고객을 위한 것이라면 랜선 파티 등은 새로운 고객을 위한 마케팅인 셈입니다.

컨디션의 마케팅 영역 확대는 여기가 끝이 아닙니다. 2020년에는 편의점 이마트24와 협업해 출시한 '속풀라면×컨디션'을 선보였습니다. 속풀라면은 이마트24가 2017년 출시한 자체개발 상품(PL)입니다. 속풀라면×컨디션은 속풀라면의 국물에 헛개와 강황 등 컨디션EX5 농축액을 추가한 것이 특징입니다. 해장과 숙취 해소제의 결합으로 애주가들에게 큰 호응을 얻고 있습니다.

▶▶ 타깃별 커뮤니케이션 방법을 달리해 메시지 전달력 UP

31년의 세월이 지났지만 컨디션의 시계는 거꾸로 가고 있습니다. 새로운 소비층을 확보하기 위해 젊은 세대와 적극적으로 소통하고 그에 걸맞은 마케팅으로 브랜드 이미지를 젊게 가꿔가는 것이 그 비결입니다. 그렇다면 앞으로는 또 어떤 마케팅으로 소비자들에게 새로운 모습을 보여줄까요? HK이노엔에서 컨디션 마케팅을 담당하고 있는 조유진 브랜드매니저(BM)를 만나 자세한 이야기를 들어봤습니다.

해장의 神[신]

속 풀 라 면

속풀라면과 컨디션의 핫한 콜라보!

컨 디 션

심장이 두근두근!
당신의 막힌 속을 확!
풀어줄 가장
핫한 라면!

KOREA NO.1

HK이노엔과 이마트24
가 협업해 선보인 '속
풀라면×컨디션'. 속풀
라면의 국물에 헛개와
강황 등 컨디션EX5 농
축액을 추가했다. 해장
과 숙취 해소제의 결합
으로 애주가들에게 큰
호응을 얻었다.

속 풀 라 면 × 컨 디 션

#속이 풀리는 시원한 맛   #컨디션EX5 액상스프   #세상이 놀란 깜짝 콜라보

Q. 초기 컨디션 광고에 사내 직원을 광고 모델로 기용한 이유는 무엇인가요?

A. 컨디션 출시 당시 광고 시장에서는 광고에 유명 연예인이 등장하는 게 일종의 공식이었습니다. 이전까지는 없었던 '숙취 해소 음료'라는 인식을 새롭게 심어줘야 했던 컨디션은 발상을 전환해 실제 임직원을 모델로 활용하는 모험을 감행했습니다. 일반인 모델을 활용해 실제 있을법한 이야기로 광고를 풀어나감으로써 컨디션을 실제로 언제, 어떻게 마셔야 하는지 전달하며 공감대를 형성하려는 목적이었습니다.

접대 및 회식 자리가 많았던 당시 직장인의 모습을 현실적으로 보여주기 위해 광고에는 입사한 지 1년도 채 안 된 당시 제일제당 제약사업부(현 HK이노엔)의 신입사원부터 현 강석희 상임고문 등 10여 명이 넘는 임직원이 출동했습니다. 심지어 광고에 등장하는 사무실도 실제 업무를 보던 사무실을 써서 정말 주변의 사례처럼 느껴질 수 있도록 표현했습니다.

Q. 최근 광고에는 박서준 씨, 머쉬베놈, 이도현 씨, 고민시 씨 등 트렌디한 스타들이 많이 보이는데요. 소비층 타깃이 직장인에서 젊은 세대로 바뀐 것 같습니다.

A. 2020년부터는 컨디션 출시 30년을 앞두고 그동안 쌓은 브랜드 자산을 바탕으로 새로운 고객층을 확보하기 위해 MZ세대에게 친근한 브랜드로 변신하는 것을 목표로 삼았습니다. 결론적으로 컨디션의 주요 마케팅 대상은 즐거운 술자리를 바라는 남녀노소입니다.

하지만 라인업별로 주요 소비자가 다른 만큼 타깃별 커뮤니케이션 방법을 달리해 메시지 전달력을 높이려고 합니다. 남녀노소 모두에게 익숙한 박서준 씨는 컨디션을 대표하는 드링크 제품을 소개하고 MZ세대의 대세 래퍼인 머쉬베놈은 해당 세대가 많이 찾는 컨디션 환을 소개하는 형태로 진행했습니다.

Q. 코로나로 회식과 술자리가 줄어들면서 숙취해소제 시장 전반이 어려운 걸로 알고 있습니다. 컨디션의 마케팅 전략에는 어떤 변화가 있었는지 궁금합니다.

A. 모임이 늘어나는 연말연시임에도 불구하고 코로나19로 모바일 메신저로만 안부를 챙겨야 하는 상황을 마케팅에도 접목했습니다. 컨디션 모바일 교환권이 비대면 상황 속에서 서로의 마음을 챙기는 수단으로 자리 잡을 수 있도록 카카오와의 협업을 통해 '선물하기' 등 다양한 디지털 프로모션을 진행하고 있습니다. "컨디션 어때?", "컨디션 잘 챙겨" 등 일반 명사로 쓰이는 제품의 네이밍 덕분에 소비자의 공감대를 얻기에도 수월했습니다.

컨디션은 비대면 쇼핑과 선물 시장의 성장에 발맞춰 카카오톡 선물하기 등으로 판매 채널을 확대하고 있다.

Q. 앞으로 컨디션이 나아갈 마케팅 방향은 무엇인가요?

A. 즐거운 술자리에는 분위기 메이커가 항상 존재합니다. 그리고 분위기 메이커의 핵심은 '선을 넘지 않는다는 것인데요. 간혹 재미있는 분위기에 집중하다 보면 누군가는 기분이 상하는 일이 발생하기도 합니다. 마케팅도 동일하다고 생각합니다. 그래서 탄탄한 기획을 바탕에 두고 선을 넘지 않는 마케팅을 통해 컨디션이 즐거운 술자리를 위한 분위기 메이커가 되길 바랍니다.

DECISIVE SHOT

쉼 없이 소비자를
연구하다

끊임없는 도전과 변화를 통해 한 걸음씩 전진

지금까지 국내에 숙취 해소제라는 개념을 처음으로 도입한 컨디션을 만나봤습니다. 컨디션에 관해 취재하며 초창기 제품에는 헛개나무 열매가 들어 있지 않았었다는 사실에 가장 놀랐습니다. 많은 사람의 머릿속에 '숙취 해소제=헛개'라는 인식이 뿌리내린 데는 HK이노엔의 숨겨진 노력이 있었습니다. 쌀눈부터 타우린, 황기, 아연 등을 거쳐 17년의 세월 동안 여러 연구 끝에 헛개나무 열매가 들어간 컨디션이 탄생했습니다.

2013년에는 여성 소비자를 위해 '컨디션 레이디'를 내놨습니다. 오리지널 컨디션에 피부 보습에 효과적인 히알루론산과 알코올로 손상된 지방간을 치료하는 항지간작용 외에 카르니틴을 생성해 신장을 보호하는 베타인이 추가됐습니다. 여성은 알코올 섭취 시 남성보다 위와 간의 손상이

배우 박서준 씨와 '충청도 랩'으로 대중을 사로잡은 머쉬베놈이 함께한 '확 깬 상태' 캠페인 광고 영상(사진 HK이노엔 유튜브).

더 심하다고 합니다. 이에 기존 컨디션의 주요 성분은 유지하면서 여성에게 좋은 성분을 더한 겁니다.

또 2017년 선보인 '컨디션 CEO'도 현재까지 인기를 이어오고 있습니다. 컨디션 CEO는 월계수 잎, 선인장열매(백년초), 자리 복합 추출물을 추가한 프리미엄 제품입니다. 용량도 기존 컨디션(100ml) 보다 1.5배 더 많습니다.

컨디션의 또 다른 인기 비결은 '회춘'입니다. 1990년대 출시 당시 컨디션의 타깃은 대부분 3040세대 남성 직장인이었습니다. 그런데 지금은 남녀 구분 없이 2030세대도 컨디션을 즐겨 마십니다. 소비층 타깃에 따른 '맞춤형 마케팅' 덕분입니다.

"난 몰러유. 숙취가 뭔지 난 몰러유. 컨디션 한 병을 마셔요"로 시작되는 래퍼 머쉬베놈의 〈몰러유〉는 아직도 입가에 맴돕니다. 드라마 형식으로 제작한 브랜디드 콘텐츠 〈환생연애〉도 MZ세대를 중심으로 많은 사랑을 받았습니다. 영상 스토리와 브랜드 이미지가 자연스럽게 이어져 광고라기보다는 한 편의 짧은 단편 드라마 같은 느낌을 줍니다. 조회수 100만 회를 넘기면서 TV보다 유튜브 시청률이 더 높은 MZ세대에게 폭발적인 관심을 끌고 있습니다.

2025년 예고된 숙취 해소제 시장의 지각변동

컨디션 출시 이후 숙취 해소제 시장은 1992년 100억 원대에서 2019년에는 2500억 원 규모로 무려 25배가량 성장했습니다. 컨디션은 31년이라는 시간 동안 단 한번도 1위를 놓치지 않았습니다. 2021년 코로나로 술자리가 대폭 줄어들었지만 컨디션은 여전히 숙취 해소 음료 시장에서 50%에 가까운 시장점유율을 확보하고 있습니다.

국내 최초이자 1등 숙취 해소제 브랜드 컨디션이 31년간 시장 1위를 지킬 수 있었던 비결은 멈추지 않고 소비자와 제형별로 제품 연구를 계속해왔기 때문입니다. 그 결과 직장인에서 MZ세대, 남성에서 여성에 이르기까지 많은 소비자에게 사랑받아왔습니다.

다가오는 2025년 숙취 해소제 시장은 지각변동을 일으킬 것으로 보입니다. 숙취 해소제 제조·판매자들이 2024년까지 숙취를 해소한다는 과학적 근거를 제시하지 못할 경우 '숙취 해소' 표현을 쓰지 못하도록 식품의약품안전처가 규제를 강화했기 때문입니다. 이렇게 되면 숙취 해소 효과를 검증하는 인체 적용 시험을 거쳐 과학적 근거 자료를 내놓아야만 합니다. 컨디션은 보유한 특허증과 근거 자료를 바탕으로 인체 적용 시험에 대비하고 있습니다. 숙취 해소제에 대한 식약처의 과학적 근거 요구가 컨디션에 기회일지 위기일지, 앞으로의 대응이 기대됩니다.

inno.N 컨디션 키워드

EXIT →
비상구

#숙취 해소제
1992년 출시된 국내 최초 숙취 해소 제품.

#30년간 시징 1위
대한민국을 확 깨운 30년.
누적판매량 6억 7200만 병 돌파.

#트렌디한 마케팅
사내 직원부터 배우, 랩퍼까지 광
고 모델의 파격 변화 및 브랜디드
콘텐츠 등으로 MZ세대 저격.
모바일 대리운전·해장라면 등과 파
격 컬래버레이션.

#헛개나무열매
쌀눈에서 헛개나무열매로 시장 리드.
알코올 분해를 돕는 '암페롭신' 성분 함유.
품질 좋은 100% 국내산 헛개 사용.

DECISIVE SHOT

DECISIVE SHOT

9

온 국민을 중독시킨 심심풀이

오징어땅콩

• Since 1976 •

SQUID & PEANUT
SINCE 1976
Only Fresh Products

"

동양제과는 오징어땅콩을 론칭하면서 당시로는 이례적으로 대대적인 TV 광고를 진행합니다. 광고에서는 하이틴 스타 이덕화 씨가 경쾌한 음악을 배경으로 오징어땅콩을 공중에 던지며 즐겁게 먹는 모습을 보여줬습니다. 이후로도 동양제과는 광고를 통해 오징어땅콩에 젊고 친숙한 이미지를 불어넣었습니다.
하지만 이것만으로는 오징어땅콩이 스테디셀러로 자리 잡은 이유를 설명하기 어렵습니다. 성공 비결은 제품 그 자체에 있습니다. 오징어땅콩은 이전까지는 없었던 볼(ball) 형태로, 시장의 니즈를 완벽히 파악해 만들어 낸 제품이었습니다.

"

9-1

특명!
새우깡을 잡아라!

▶▶ 국내 제과 업계에 파란을 몰고 온 '새우깡'

오징어와 땅콩의 조합은 맥주 안주로, 시간 때우기용으로 오랫동안 사랑받아왔습니다. 오징어와 땅콩은 찰떡궁합입니다. 오징어에는 타우린 성분이 많습니다. 타우린은 알코올 성분 분해에 도움이 되고 술 냄새와 숙취 해소 등에 효과적입니다. 대신 마른오징어는 생오징어보다 콜레스테롤 수치가 높은 것이 단점이죠. 이 단점을 보완해 주는 것이 바로 땅콩입니다. 역시 오랜 기간 사랑받아 온 것에는 다 이유가 있습니다.

우리에게 친숙한 오징어땅콩은 1976년에 처음 출시된 제품입니다. 생각보다 오래됐죠. 1970년대는 국내 제과 업계에 변곡점이 된 시기입니다. 그 기폭제는 농심이 1971년 출시한 '새우깡'이었습니다. 새우깡은 국내 최초로 해물을 사용한 스낵입니다. 그 이전까지 국내 제과 업계에서는 감자, 고구마, 옥수수 등을 활용한 스낵을 선보였습니다. 하지만 새우깡을

1971년 출시된 농심 새우깡은 국내 최초로 해물을 사용한 스낵이다. 새우깡 출시에 당시 제과 시장을 장악하고 있던 동양제과는 위기감을 느끼고, 새우깡에 대항할 제품 개발에 몰두했다.

시작으로 국내에서도 해물맛 스낵의 시대가 열렸습니다.

새우깡의 등장으로 국내 소비자의 스낵 선택의 폭도 훨씬 넓어졌습니다. 농심은 새우깡을 발판으로 라면은 물론 스낵 부문에서도 시장을 빠르게 장악하기 시작합니다. 반면 새우깡의 등장은 기존 제과 업체에는 큰 위협이었습니다. 특히 당시 해태제과와 함께 국내 제과 시장을 장악하고 있던 동양제과(현 오리온)에게 새우깡의 등장은 달가운 일이 아니었습니다.

▶▶ 새우의 대항마 오징어

새우깡 출시에 위기감을 느낀 동양제과는 즉시 대항마 마련에 골몰하기 시작합니다. 1972년 동양제과는 신제품 개발에 착수합니다. 선풍적인 인기를 끌고 있던 새우깡을 잡기 위해서는 같은 해물을 사용한 스낵이 필요했습니다. 그대로 됐다가는 새우깡에 시장의 상당 부분을 잠식당할 수도 있었기에 개발을 서두릅니다.

동양제과는 다양한 해물을 베이스로 테스트를 거듭합니다. 하지만 마땅한 대안을 마련하지 못했습니다. 그러다 문득 서민들의 안주로 인기 높은 오징어에 생각이 미쳤습니다. 고심 끝에 오징어를 활용한 스낵을 만들기로 결정한 동양제과는 '오징어 스낵 개발반'을 신설합니다. 더불어 오징어 스낵 개발에 사활을 겁니다. 하루라도 빨리 신제품을 내놔야 새우깡의 독주를 막을 수 있기 때문입니다.

동양제과의 전사적인 지원과 오랜 연구 끝에 마침내 1976년 오징어땅콩이 탄생했다. 오징어땅콩은 새우깡과 견줄만한 국내 대표 해물맛 스낵으로 자리 잡게 된다.

하지만 오징어만으로는 새우깡에 대항하기 힘들다고 판단한 동양제과는 오징어와 어울릴만한 다른 재료를 찾습니다. 그것이 바로 땅콩이었습니다. 오징어와 땅콩은 서민들이 가장 쉽게 접하고 흔히 찾는 술안주였습니다. 익숙한 맛이기에 이 맛을 스낵으로 구현하면 성공 가능성이 높을 것으로 봤습니다. 동양제과는 이후 오징어와 땅콩을 주제로 많은 실험을 진행합니다.

동양제과의 전사적인 지원과 오랜 연구 끝에 마침내 1976년 오징어땅콩이 탄생합니다. 신제품을 준비한 지 4년 만의 일이었습니다. 그만큼 많은 공을 들인 제품이었습니다. 그래서였을까요. 오징어땅콩은 출시와 동시에 큰 인기를 끕니다. 대표 술안주였던 오징어와 땅콩을 내세웠지만, 오히려 어린이와 젊은 층에 크게 어필하면서 동양제과의 효자 품목이 됩니다.

➤➤ 생김새부터 남달랐다

오징어땅콩이 큰 인기를 얻게 된 이유는 여러 가지가 있습니다. 가장 대표적인 것은 과자의 모양이 종전의 스낵들과 달랐다는 점입니다. 오징어땅콩은 국내 최초 '볼(ball)' 형태의 스낵입니다. 한입에 쏙 들어갈 수 있도록 만들었습니다. 더불어 오징어와 땅콩이라는 익숙한 맛을 제대로 구현해냈습니다. 여기에는 동양제과만의 기술력이 큰 힘을 발휘했습니다.

오징어포를 활용하고 땅콩의 품질 확보에도 많은 공을 들이면서 오징어땅콩은 새우깡과 견줄만한 국내 대표 해물맛 스낵으로 자리 잡게 됩니다. 짭짤하면서도 고소한 맛과 더불어 마케팅도 기존 제품과 다른 방향을 선택합니다. 주 타깃을 젊은 층으로 정하고 대대적인 TV 광고에 나섭니다. 모델도 당시 하이틴 스타였던 이덕화 씨를 앞세웠습니다.

맛과 마케팅에서 소비자의 니즈를 제대로 저격하면서 오징어땅콩의 판매량은 꾸준히 상승합니다. 출시 47년이 지난 지금까지도 오징어땅콩은 초코파이와 더불어 오리온을 대표하는 상품으로 자리 잡고 있습니다. 더욱 눈에 띄는 것은 오리온이 오징어땅콩과 관련해 특별한 광고 등을 하지 않고 있음에도 소비자들이 수십 년간 꾸준히 찾고 있다는 점입니다.

오징어땅콩의 성공을 지켜본 경쟁사들도 잇따라 유사 상품을 선보입니다. 제과 업계에서 미투 상품은 흔한 일입니다. 하지만 원조의 벽을 넘기란 쉽지 않습니다. 오징어땅콩은 특히 더 그랬습니다. 많은 업체가 오징어땅콩의 맛과 모양을 모방했습니다. 그러나 결과는 참담했습니다. 소비자들이 그 차이를 제일 먼저 알아차렸습니다. 오징어땅콩은 그렇게 47년간 스테디셀러의 자리를 굳건히 지켜냅니다.

9-2

'용띠' 오징어땅콩이
용이 된 사연

> **한 해 500억 원어치 팔리는 과자계 거물**

제과 시장에는 '이무기'가 많습니다. 매년 수많은 신제품이 '용(龍)'이 되기 위해 애쓰고 있습니다. 이 중에는 혁신적인 제품도 제법 많습니다. 이무기가 천 년 동안 물속에서 수행하듯 오랫동안 연구·개발한 제품도 눈에 띄고요. 하지만 대부분이 출시 초반 반짝인기를 끈 후 사라지곤 합니다. 사람들의 입맛이 빠르게 바뀌고, 대체할 수 있는 제품이 많아서입니다.

그래서 오징어땅콩은 더 특별합니다. 오징어땅콩은 4년간의 수련을 거쳐 1976년 '용띠' 해에 태어났습니다. 이후로는 말 그대로 제과 시장의 용이 됐습니다. 성장도 멈추지 않았습니다. 2000년대 178억 원이었던 연매출은 10년 뒤 300억 원이 됐습니다. 2020년에는 500억 원을 넘겼죠. 제과 업계에서 대박의 기준은 연매출 120억 원입니다. 오징어땅콩이 내 온 성과가 '넘사벽(넘을 수 없는 사차원 벽)'인 이유입니다.

▶▶ 춘추전국을 돌파한 힘, '이름'과 '기술'

오징어땅콩은 어떻게 용이 될 수 있었을까요? 오징어땅콩의 역사가 시작
된 순간부터 한 번 짚어보겠습니다. 국내 최초의 양산 과자는 1945년 해태
가 출시한 '연양갱'입니다. 해태는 이듬해 최초의 국산 사탕인 '해태캬라
멜'도 내놓습니다. 이때까지만 해도 국내 제과 시장에는 이렇다 할 브랜드
가 없었습니다. 다양한 제조사가 비슷한 시장 과자를 내놓는 구조였죠. 오
리온의 전신인 동양제과도 마찬가지였습니다.

| 오징어땅콩 매출 및 디자인 변화 | 단위 : 억 원

상황은 1970년대부터 바뀝니다. 경제개발 5개년 1차 계획이 완료되자 국민 생활에 여유가 생겼습니다. 자연스럽게 간식에 대한 관심이 높아지면서 '과자 붐'이 일었죠. 선두주자는 롯데(현 농심)였습니다. 1971년 롯데가 선보인 새우깡은 엄청난 인기를 끕니다. 많은 기업이 새우깡의 성공을 지켜보며 '브랜드의 힘'을 깨달았습니다. 새우깡은 또 다른 화두도 던집니다. 성분을 제품명에 내세우는 '각인 효과'입니다.

브랜드 과자 시장에서는 후발주자였던 오리온은 새우깡의 네이밍 전략에 주목합니다. 새롭게 개발 중이었던 제품명에 이를 그대로 도입하죠. 초코파이와 오징어땅콩의 이름이 이렇게 지어졌습니다. 두 제품은 출시 전까지 국내에 비슷한 제품이 없었던 '완전한 신제품'이었습니다. 그래서 브랜드를 알리기 위해 직관적 이름이 필요했습니다. 상품의 특징을 오롯이 담은 이름은 이 두 브랜드의 연착륙을 이끌게 됩니다.

물론 성공 비결이 이름에만 있는 것은 아니었습니다. 오리온은 오징어땅콩 개발에 4년을 투자했습니다. 사내에 '맛튀김 개발부'와 '오징어 스낵 개발부'를 신설해 전력을 기울입니다. 하지만 맛튀김 개발부는 신제품을 출시에 실패하면서 해체됩니다. 반면 오징어 스낵 개발부는 땅콩 위에 반죽을 두른 후 구워내는 이중 구조 개발에 성공합니다. 오리온은 이를 통해 오징어땅콩에 새로운 식감과 형태를 담아냈습니다.

▶▶ '근본'이 만든 '대박'

오징어땅콩의 초반 성공에는 광고도 한몫했습니다. 특히 당시 막 보급되기 시작한 TV를 활용한 광고가 큰 성공을 거둡니다. 오리온은 이덕화 씨를 첫 모델로 기용합니다. 지금은 근엄한 '왕'의 이미지인 이덕화 씨는 당시까지만 해도 신인급 하이틴 스타였죠. 높은 품질의 제품에, 화려한 마케팅까지 펼쳐졌으니 성공은 당연했습니다. 오징어땅콩은 1980년 오리온 총 매출의 14.7%를 차지하는 '효자 상품'으로 거듭납니다.

하지만 이것만으로는 오징어땅콩이 스테디셀러로 자리 잡은 이유를 설명하기 어렵습니다. 앞서 말씀드렸듯 식품 시장에는 단기 히트작, 이른바 '원 히트 원더(one-hit wonder : 한 개의 싱글 또는 곡만이 크게 인기를 끌고 잊힌 가수)'가 많습니다. 오징어땅콩의 성공 비결은 제품 그 자체에 있습니다. 이전까지는 없었던 형태로, 시장의 니즈를 완벽히 파악해 만들어 낸 제품이라는 이야기입니다. 실제로 오징어땅콩은 출시 당시 콘셉트부터 국내 시장에 최적화된 제품이었습니다.

한국인의 수산물 사랑은 오래됐습니다. 기록에 따르면 삼국시대부터 수산 시장이 존재했습니다. 특히 오징어는 한국, 중국, 일본 삼국의 '소울(soul) 수산물'이었습니다. 중국 사신이 조선에 오징어를 진상품으로 원할 정도였으니까요. 조선 말기부터는 울릉도가 본격적으로 개발되며 서민층에도 오징어가 널리 퍼집니다. 근현대 들어 맥주와 말린 오징어의 맛이 '찰떡궁합'이라는

1946년 육당 최남선이 조선에 관한 상식을 널리 알리기 위해 문답형식으로 저술한 『조선상식문답』을 보면 "근래에는 부럼으로 땅콩을 많이 먹는다"고 기록되어 있다(사진 대한민국 역사박물관).

것이 발견되면서 최고의 술안주로 자리 잡습니다.

땅콩은 근현대 시기부터 주목받기 시작합니다. 사학자이자 문인인 최남선은 『조선상식문답』에서 "예전에는 부럼으로 밤·호두를 까먹었지만 근래에는 낙화생(땅콩)을 많이 먹는다"고 적었습니다. 다만 1970년대 이전까지 땅콩은 가끔 즐기는 별미였습니다. 출하 시기에 따라 가격 변동이 심해 주로 어른들의 술안주로 소비됐죠. 오징어땅콩은 이 둘을 합친 제품입니다. 한국인들에게 지극히 익숙한 맛의 조합입니다. 근본이 만든 대박인 셈입니다.

▶▶ 반 백살 오징어땅콩, '젊은 제품'이 되다

오징어땅콩은 1990년대 들어 새로운 도전에 나섭니다. 경제 상황이 급격히 좋아지면서 프리미엄 과자 시장이 먼저 흔들립니다. 높은 품질과 강력한 브랜드 파워를 보유한 외국산 제품이 범람하죠. 2000년대 들어서는 제조 공정이 발전하며 기성 브랜드의 미투 제품도 쏟아집니다. 이 탓에 술집에서 '짝퉁' 오징어땅콩을 쉽게 볼 수 있었습니다. 이에 오리온은 오징어땅콩의 포지션을 '일상 스낵'으로 전환합니다.

오리온은 2004년 배우 이동건 씨를 모델로 새로운 광고를 내보냅니다. 당시 이 씨는 드라마 〈파리의 연인〉의 성공으로 최전성기를 달리고 있었습니다. 이 광고는 '심심 프리(Free)'를 슬로건으로 삼았습니다. '심심풀이' 오징어땅콩에 '자유'를 보탰습니다. 윙크하거나 돼지코를 닮은 오징어땅콩의 무늬로 유머러스함도 살렸습니다. 오리온은 이 광고로 오징어땅콩을 맥주 안주 혹은 고속도로 과자에서 젊고 친숙한 이미지로 바꿉니다.

오징어땅콩의 장수 비결에는 시의적절한 광고도 한몫을 담당했다. 오리온은 2004년 '심심 프리(Free)'를 슬로건으로 유머러스한 광고를 내보냈다. 이 광고로 오징어땅콩의 이미지는 맥주 안주 혹은 고속도로 과자에서 젊고 친숙한 과자로 바뀌게 된다(사진 오리온 유튜브).

'정통성'을 강조하는 작업도 이어졌습니다. 오리온은 2006년 '30년 진품' 광고를 선보입니다. 이에 발맞춰 패키지도 리뉴얼했습니다. 당시 오리온은 패키지에 'Since 1976'이라는 글자를 넣어 역사를 강조했습니다. 후면에는 제조 공정을 삽입해 차별화된 기술력을 어필했죠. 디자인도 바뀝니다. 전면에 바다를 연상시키는 파도 이미지와 오징어를 큼직하게 넣어 소비자들에게 '원조'가 누구인지 각인시켰습니다. 이런 마케팅을 통해 오징어땅콩은 정통성을 지켜냅니다.

이렇게 오징어땅콩은 반백 년에 가까운 기간 동안 '역사'를 만들어왔습니다. 화려하게 등장해 친근하게 자리 잡았고 지금까지도 맥주를 마시거나 축구 경기를 볼 때 즐겨 먹는 스낵 하면 가장 먼저 떠올리는 제품이 됐죠. 아마 우리 아이들 역시 오징어땅콩을 먹으며 자라날 겁니다. 덕분에 똑같은 제품을 사이에 두고 '공감'을 쌓을 수 있게 되겠죠.

9-3

바삭한 식감의 비밀은
'28'

▶▶ 원물을 이긴 힘

"오징어, 땅콩이 왔어요."

이 말을 듣고 추억이 떠오르면 '아재'라고 합니다. 지금은 사라졌지만 과거 기차 여행을 하다 보면 간식을 판매하는 분이 이 말을 외치며 다니셨습니다. "오징어, 땅콩이 왔어요"라는 말을 들으면 괜히 출출해집니다. 한 봉지 사서 여행 내내 심심풀이로 즐기기에 딱이었습니다. 짭짤하면서 쫄깃한 오징어와 고소하면서 아삭한 땅콩. 이 둘은 그야말로 찰떡궁합입니다.

이처럼 오징어와 땅콩은 우리의 오랜 간식거리였습니다. 지금도 여전히 간식이나 술안주로 빠지지 않는 메뉴이기도 합니다. 주로 어른들의 맥주 안주로 여겨지곤 하지만 남녀노소 누구나 한 번쯤은 맛봤을 그런 조합입니다.

오리온 오징어땅콩은 이런 전통의(?) 간식을 스낵으로 만든 제품입니다. 모조(模造)는 원조(元祖)를 따라잡을 수 없다고 하죠. 하지만 이제 오징어땅콩은 원조와 비교해도 뒤처지지 않을 만큼 인지도가 있는 제품으로 자리 잡았습니다. 오징어땅콩이라고 하면 흔히 오리온 과자를 떠올릴 정도니까요.

그렇다면 과연 오징어땅콩은 어떤 매력으로 원조를 따라잡을 수 있었을까요? 단순히 오징어와 땅콩을 섞어 놓기만 했다면 굳이 사람들이 오징어땅콩을 찾지는 않았을 텐데요. 오징어땅콩만의 특징은 무엇일까요? 어떻게 맛을 재창조했는지 한번 살펴보겠습니다.

➤➤ '28번'의 바삭함을 입히다

오징어땅콩 맛의 핵심은 '땅콩'입니다. 사실 오징어땅콩은 과자 이름도 오징어가 먼저인 데다가 포장에도 오징어가 더 크게 쓰여 있는데, 땅콩이 핵심이라니 무슨 말이냐고요? 일단 맛부터 그렇습니다. 오리온에 따르면 오징어땅콩에서 맛을 좌우하는 것은 땅콩입니다. 그래서 땅콩의 품질과 맛이 가장 중요합니다.

오징어땅콩의 제조 공정 역시 땅콩이 중심입니다. 오징어땅콩의 제조는 우선 땅콩을 과자의 가운데에 두는 데서부터 시작합니다. 흔히 오징어땅콩은 반죽에 땅콩을 담가 만들었다고 생각하기 쉽습니다. 바삭한 과자 껍질이 땅콩을 감싼 식으로만 보여서죠.

하지만 그렇게 만들면 과자 원물이 울퉁불퉁해질 수밖에 없습니다. 울퉁불퉁하면 두께에 따라 식감도 천차만별이 됩니다. 반드시 땅콩이 '중심'에 있어야만 합니다. 그래서 오징어땅콩은 땅콩에 얇은 반죽 옷을 여

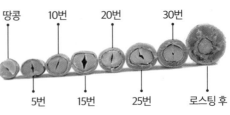

땅콩   10번   20번   30번

5번   15번   25번   로스팅 후

오징어땅콩은 땅콩에 얇은 반죽 옷을 여러 번 돌려 입히는 방식으로 만든다. 땅콩에 반죽을 평균 28회 코팅한다. 여러번 반죽을 입힌 뒤에 구우면 오징어땅콩 내부에 특유의 독특한 그물망 구조가 형성되어 깨물었을 때 식감이 바삭해진다.

러 번 돌려 입히는 방식으로 만듭니다. 평균 28회 정도 코팅합니다.

땅콩은 아무래도 자연에서 수확하다 보니 크기가 일정하지 않은데요. 그래서 땅콩이 크면 27회, 작으면 29회가량 반죽을 입혀 과자의 크기를 일정하게 맞춥니다. 이렇게 여러 번 반죽을 입힌 뒤 구우면 오징어땅콩 내부에 특유의 독특한 그물망 구조가 형성되어 바삭한 식감을 냅니다.

그리고 마지막 반죽을 입히면서 드디어(?) 오징어를 붙입니다. 오징어땅콩에는 0.2mm 이하의 아주 얇은 오징어채가 들어갑니다. 오징어채를 껍질 겉면에 입혀 오징어의 짭짤한 맛을 강조합니다. 다만 오징어채만으로는 해물 맛이 부족해 새우액기스를 더합니다. 오징어채는 다양한 무늬를 만들어 시각적으로도 즐거움을 줍니다.

오징어땅콩의 가장 큰 특징은 바삭한 식감입니다. 바삭한 과자를 씹은 뒤 아삭한 땅콩을 만나게 되는 묘미가 바로 원조 오징어 땅콩과 가장 다른 점입니다. 그 비결은 땅콩을 가운데 두고 옥수수 전분으로 만든 얇은 반죽을 28회 입히는 기술력이고요.

➤➤ 맛의 핵심은 품종부터 남다른 '땅콩'!

그렇다면 가운데 떡 하니 자리 잡고 있는 땅콩은 어떻게 관리할까요? 그 냥 시중 땅콩을 구매해 넣으면 끝나는 일일까요? 물론 아닙니다. 오리온 은 오징어땅콩을 만드는 과정에서 이 땅콩을 관리하는 데 가장 공을 많이 들입니다.

　오징어땅콩에 들어가는 땅콩은 우리가 흔히 시중에서 볼 수 있는 것과 는 다른 종입니다. 국내에서 주로 생산되는 타원형의 땅콩은 버지니아 품 종입니다. 오징어땅콩에는 원형의 스패니쉬 타입을 씁니다. 타원형이 아 닌 원형을 쓰는 이유는 균일한 식감과 맛을 내기 위해서입니다. 반죽을 그 냥 덧대지 않고 얇게 펴서 입히는 것과 같은 이유입니다.

　땅콩은 중국산을 씁니다. 중국은 우리나라와 달리 스패니쉬 타입을 대량으로 생산하고 있기 때문입니다. 오리온 내 오징어땅콩팀은 매년 중국을 방문합니다. 땅콩은 기름을 함유하고 있기 때문에 변질되기 쉽 습니다. 이에 따라 기온이 낮은 중국 북부 지방 업체와 공급 계약을 맺 고 있습니다.

　오리온 연구원들은 오징어땅콩 에 들어가는 땅콩의 품질을 관리 하는 노하우가 있습니다. 땅 콩이 함유한 기름의 평균 을 측정하는 게 대표적입니 다. 맛의 변질 정도를 관리할 수 있기 때문입니다. 땅콩은 주 로 11월쯤 수확하는데요.

오징어땅콩에 사용하는 스패니쉬 타입 땅콩.

오리온은 수확 직후 1년 동안 쓸 땅콩을 한 번에 사들인 뒤 저온 창고에 보관해 관리합니다.

▶▶ 단단함에서 '가벼운 바삭함'으로 변화

소비자의 입맛은 시간이 지나면서 달라집니다. 하지만 오징어땅콩은 이런 법칙을 거스르며 꾸준한 인기를 끌어왔습니다. 이유가 있습니다. 오징어땅콩이 그동안 알게 모르게 많은 변화를 지속적으로 시도했기 때문입니다.

오리온은 2017년 오징어땅콩 '껍질'의 식감을 부드럽게 개선했습니다. 기존에는 다소 단단하면서 바삭한 식감이었다면, 이제는 씹기가 더 편한 식감으로 바뀌었습니다. 오징어땅콩 특유의 그물망 조직을 줄여서 한 번에 쉽게 부서질 수 있도록 했습니다. 이런 변화를 곧장 눈치챈(?) 소비자들도 적지 않았다고 합니다. 실제로 "옛날보다 (그물망) 조직이 없어졌다"는 소비자의 의견이 있었다고 합니다.

오리온은 또 오징어땅콩 브랜드로 매콤치즈맛이나 고추장마요맛, 마라맛, 고로케땅콩 등 다양한 맛의 제품을 출시해 왔습니다. 오징어땅콩에 변

오징어땅콩의 핵심 원재료인 땅콩(첫 번째 사진). 오리온 직원이 오징어땅콩에 넣을 오징어채를 살펴보고 있다(두 번째 사진). 오징어땅콩은 땅콩 위에 혼합분을 뿌리는 오토팬코팅의 마지막 과정에서 얇게 썬 오징어채를 넣고 코팅한다.

화를 줘서 소비자들이 다양한 맛을 즐길 수 있게 하기 위해서입니다. 하지만 이런 다양한 맛의 제품들이 여전히 원조인 오징어땅콩을 따라가지 못한다는 점이 오리온의 고민이라고 합니다.

참! 여러분이 모르셨을 또 하나의 사실을 알려드리자면 오징어땅콩의 겉면에는 별도의 양념(시즈닝)을 뿌리지 않습니다. 소금으로만 간을 맞추는데요. 오징어와 땅콩에는 역시 소금이 가장 잘 어울리나 봅니다. 이런저런 시즈닝을 뿌려가며 변화를 시도했지만 소비자들은 여전히 소금으로만 간을 맞춘 오징어땅콩을 가장 많이 찾고 있습니다.

▶▶ 땅콩이 빠진 오징어땅콩은 어떨까?

오징어땅콩은 새로운 맛의 제품을 지속해 출시하며 변신을 포기하지 않을 계획입니다. 그렇다면 앞으로 오징어땅콩에 어떤 변화가 있을까요? 또 어떻게 맛을 유지하며 지금껏 쌓아 온 명성을 이어갈까요? 담당 연구원에게 직접 들어봤습니다. 오징어땅콩의 '맛'을 책임지고 있는 김준영 오리온 기술개발연구소 선임연구원입니다.

Q. 오징어땅콩만의 장점과 특징은 무엇일까요?

A. 무엇보다 고소한 땅콩이 가장 핵심입니다. 땅콩과 어울리는 은은한 해물 맛도 특징이고요. 얇은 반죽을 28회 코팅해 구운 바삭한 식감도 장점입니다.

Q. 오징어땅콩하면 생각나는 게 바로 바삭한 식감입니다. 이를 위해 땅콩을 가운데에 두고 주변을 반죽으로 28회 코팅한 다음 굽는다고 하는데요. 굳이 28회 반죽을 코팅하는 이유가 있나요?

A. 여러 번 반죽을 입히는 이유는 일단 바삭한 식감을 만들기 위해서입니다. 더불어 땅콩을 가운데에 두기 위해서이기도 합니다. 얇게 한 겹 한 겹 입히지 않고 한 번에 반죽으로 감싸면 땅콩이 한쪽으로 치우칠 수 있어 맛이 들쑥날쑥할 수 있죠. 그럼 깨물었을 때 느낌이 매번 다르겠죠. 또 28번 코팅을 하는 데에 특별한 이유가 있다기보다는 제품이 완성된 뒤에 적정 크기가 만들어지는 횟수가 아닐까 합니다. 한 입에 쏙 먹을 수 있어야 하니까요.

Q. 오징어땅콩의 맛은 예나 지금이나 같은가요?

B. 큰 변화는 없었습니다. 다만 제가 오징어땅콩을 맡은 뒤 식감을 개선했습니다. 오징어땅콩은 껍질 안에 그물 조직이 있습니다. 이 조직 덕분에 바삭한 식감이 만들어지는데, 자칫하면 유리처럼 깨지고 단단한 식감이 될 수 있습니다. 이 조직 자체를 줄여서 한 번에 쉽게 부서지는 방식으로 개선을 했습니다. 그래서 과거 오징어땅콩의 식감이 '단단한 바삭함'이었다면, 지금은 '가벼운 바삭함'으로 바뀌었습니다. 식감이 바뀐 뒤에 매출이 늘어난 걸 보면 소비자의 반응은 좋았던 것 같습니다.

Q. 땅콩을 가장 공들여 관리한다고 들었습니다. 땅콩 관리에 특별한 노하우가 있나요?

A. 땅콩 자체 원물에 대한 기준을 가지고 있습니다. 땅콩에는 기름이 많은데요. 그렇다 보니 변질을 방지하기 위해 기름의 평균치를 측정하는 기준이 있습니다. 연구와 생산, 품질 담당 등 2~3명이 중국으로 가서 땅콩을 고르는데요. 두세 군데 업체와 계약을 맺고 품질이나 가격을 확인해 할당량을 정합니다.

Q. 오징어땅콩은 어떻게 먹어야 가장 맛있나요? 그리고 앞으로 계획도 소개해주세요.

A. 오징어땅콩은 오리지널 그대로 맥주와 함께 먹는 게 가

오징어땅콩은 '땅콩 가공 → 오토팬코팅 → 로스팅 → 조미 → 냉각 → 포장'의 과정을 거쳐 완성된다.

장 맛있는 것 같습니다. 오징어땅콩은 맛이 단순한 제품이라고 할 수 있습니다. 오징어땅콩을 담당한 뒤 마라맛이나 고로케땅콩 등을 만들었는데요. 아무리 해도 오리지널이 가장 맛있었습니다. 오징어땅콩은 양념으로 소금만 넣는데요. 소금이 땅콩의 맛을 가장 잘 느끼게 해주는 것 같습니다. 그래서 다음에는 땅콩에서 벗어나는 걸 고민하고 있습니다. 제품 제조 방식은 유지하되 과자 안의 땅콩에 변화를 주는 겁니다. 기대하셔도 좋습니다.

9-4

'1등 심심풀이'를 만든
마케팅

▶▶ 일상으로 스며드는 마케팅 전략

가끔 별다른 생각을 하지 않고 행동할 때가 있습니다. 국가대표 축구 경기 중계를 볼 때 치킨을 주문하고 자기 전에 침대에서 스마트폰을 들고 영상을 보는 것처럼요. 그런데 곰곰이 생각해 보면 이런 행동의 규칙은 대부분 정해져 있습니다. 축구를 볼 때 주문하는 치킨 브랜드는 정해져 있고, 침대에서 보는 유튜브도 거의 대동소이하죠.

이렇게 행동하는 이유에 대한 답은 늘 한결같습니다. 그저 당연한 일이어서입니다. 딱히 고민하지 않는 일이죠. 47년째 우리 곁에 있는 오징어땅콩도 마찬가지입니다. 맥주 안주로 먹을 과자를 떠올리면 자연스럽게 오징어땅콩이 생각납니다. 누구나 한 번쯤은 둥근 오징어땅콩을 허공에 던진 후 입으로 받아먹으며 놀아보기도 했고요. 우리가 오징어땅콩에 이렇게 젖어 든 이유는 무엇일까요? 그것이 바로 마케팅의 힘입니다.

➤➤ 같은 전략, 다른 접근

1971년 농심이 내놓은 새우깡은 과자 시장을 변화시킵니다. 양갱이나 캐러멜을 제외하면 과자라는 큰 카테고리에서 펼쳐지던 경쟁을 '브랜드' 중심으로 바꿔놨습니다. 당시에는 새우깡처럼 원재료를 앞세운 네이밍 전략의 효과가 컸습니다. 상품을 알리는 창구도 바뀝니다. TV가 널리 보급되면서 신문에서 TV로 광고 매체가 바뀝니다. 5년 후인 1976년 오징어땅콩이 탄생했을 무렵에는 이런 경향이 더욱 강해집니다.

새우깡이나 오징어땅콩은 특별한 '광고'를 만들기 어렵습니다. 제품명부터 원재료를 어필한 만큼 마케팅 포인트가 없으니까요. 게다가 오징어와 땅콩의 조합은 오래전부터 친숙했습니다. 1970년 1월 24일 한 신문의 "명절 백화점 쇼핑 가이드" 기사에는 오징어와 땅콩이 '안주 선물세트'로 소개돼 있기도 합니다. 오징어땅콩은 출시 전부터 이미 정체성이 정해져 있던 겁니다. 별다른 마케팅 없이도 충분히 성공할 수 있었던 거죠.

하지만 동양제과의 생각은 달랐습니다. 동양제과는 오징어땅콩 론칭과 함께 대대적인 TV 광고를 진행합니다. 모델로는 당시 하이틴 스타였던 신인 배우 이덕화 씨를 발탁합니다. 이는 새우깡과는 다른 전략입니다. 새우깡은 출시 직후 희극인 고(故) 김희갑 씨를 모델로 발탁했습니다. 이는 젊은 이미지보다는 신뢰를 높이는 데 집중한 것으로 보입니다. 두 업체의 타깃과 방향이 달랐던 겁니다.

실제로 두 제품의 광고 방식은 다릅니다. 새우깡은 초기 광고에 제품을 전면에 내세웠습니다. 당시만 해도 비싼 원물이던 새우를 넣었다는 점을 강조했죠. 반면 오징어땅콩 광고는 원물을 어필하지 않습니다. 경쾌한 음악과 함께 이덕화 씨가 오징어땅콩을 공중에 던지며 즐겁게 먹을 뿐입니다. 오리온은 이 광고를 통해 오징어땅콩에 젊은 이미지를 불어넣습니다. 이런 전략은 젊은 층에게 크게 어필하면서 큰 인기로 이어집니다.

▶▶ 친숙하지만 묵직하게

오징어땅콩은 시간이 갈수록 승승장구하면서 오리온의 효자 상품이 됩니다. 제조 방법이 어려워 한동안 경쟁 제품도 만나지 않았습니다. 오징어땅콩은 땅콩 위에 반죽을 약 28번 입혀 만듭니다. 이 공정은 2000년대 이전까지 수동이었습니다. 인건비가 많이 들어가 효율성이 떨어지는 구조입니다. 그래서 단기간에 큰 수익을 내는 것이 목적인 미투 제품이 나타나지 않았던 겁니다.

이 시기 오징어땅콩의 마케팅 전략에는 큰 변화가 없습니다. 1980년대에서 1990년대까지 기존의 전략을 그대로 가져갑니다. 오리온은 매번 당대의 젊은 배우들을 오징어땅콩의 모델로 기용했습니다. 이를 통해 젊은 배우들이 에너지를 발산하는 모습을 광고에 담았습니다. 과자를 던져 먹는 '시그니처 무브'도 꼬박꼬박 삽입했죠. 이때까지는 역사가 엄청나게 길었던 것도 아닌 만큼 역사성을 내세우지도 않았습니다.

상황은 2000년대 들어 바뀝니다. 제조 공정 발전으로 오징어땅콩 미투 제품이 등장합니다. 롯데와 해태가 비슷한 제품을 내놨습니다. 오리온은 '증산(增産)'으로 대응합니다. 2004년부터 전면 자동화 공정을 적용해 생산량을 크게 늘렸습니다. 또 다양한 맛의 오징어땅콩을 선보이면서 확장에 나섭니다. 정체성은 지키고 새로움은 추가하는 시도였죠. 덕분에 오징어땅콩은 미투 상품과의 경쟁 속에서도 오히려 매출이 크게 증가합니다.

초창기 오징어땅콩(왼쪽)과 새우깡(오른쪽)의 광고는 '콘셉트'부터 달랐다(사진 오리온, 농심 제공).
새우깡은 제품의 신뢰를 높이는 데 집중한 반면, 오징어땅콩은 제품에 젊고 친근한 이미지를 불어
넣었다.

　아껴뒀던 '역사' 카드도 이즈음 꺼내 듭니다. 오리온은 2006년 오징어땅
콩의 새 광고를 내놓습니다. 이 광고에는 '30년 진품'이라는 문구가 담겼
습니다. 패키지도 리뉴얼합니다. 전면에 바다와 오징어를 등장시키며 원
물을 강조합니다. 패키지 후면에는 제조 공정을 담아 기술력을 어필합니
다. 소비자들은 처음으로 오징어땅콩의 역사를 제대로 알게 됐죠. 2010년
에는 '오땅월드' 홈페이지를 개설해 젊은 세대를 공략하는 데 집중합니다.

▶▶ '낡음' 벗고 '젊음'으로

오징어땅콩도 위기가 없었던 것은 아니었습니다. 2016년 1월 오징어땅
콩의 주요 생산기지인 이천공장에 대형 화재가 발생했습니다. 총 다섯 개
의 생산라인 중 네 곳이 전소됐습니다. 오징어땅콩의 공급에 차질이 생기
자 경쟁사들이 시장을 파고들었습니다. 미투 제품이 매대를 채웠고 TV 등
에서도 미투 제품의 광고가 활발히 진행됐죠. 오징어땅콩 역사상 최대의

위기였습니다. 생산이 막힌 만큼 대응도 불가능했습니다.

하지만 이때 원조의 힘이 발휘됩니다. 오리온은 2016년 6월부터 익산공장에서 오징어땅콩을 다시 생산하기 시작합니다. 과거와 마찬가지로 증산을 단행해 생산량을 30% 늘렸습니다. 미투 상품을 밀어내기 위해 물량 승부에 나선 겁니다. 그 결과 오징어땅콩은 1년 만에 '왕좌'에 복귀합니다. 전년 대비 매출이 두 배 가까이 올랐죠. 차별화된 품질과 친숙한 마케팅으로 쌓아둔 이미지가 없었다면 불가능한 일이었을 겁니다.

이때부터 오징어땅콩은 더욱 빠르게 젊은 스낵으로 변신하고 있습니다. 2017년 '간장와사비맛', 2018년 '고추장마요'에 이어 2019년에는 '마라맛'까지 선보였죠. 특히 2018년에는 '고로케땅콩'이라는 파생 제품을 내놓기도 했습니다. 제품에 트렌드가 담기기 시작합니다. 이들 제품은 편의점을 중심으로 유통됐습니다. 맥주와 묶음 판매가 진행되기도 했고요. 젊은 층을 겨냥한 마케팅 전략이었습니다. 이런 변화는 지금까지도 계속되고 있습니다.

오징어땅콩은 '오래된 제품'입니다. 하지만 시대와 트렌드 변화에 유연하게 대처해왔습니다. 그러면서도 남녀노소 누구에게나 친숙한 이미지는 지켜냈습니다. 덕분에 우리 일상에 자연스럽게 스며들었습니다. 아마 이것이 반백 년에 가까운 역사를 이어올 수 있었던 원동력일 겁니다.

▶▶ 최고의 품질로 쌓은 50년 역사

앞으로 우리는 오징어땅콩하면 무엇을 떠올릴까요? 오징어땅콩이 꿈꾸는 미래는 어떤 모습일까요? 문형국 오리온 마케팅 매니저에게 직접 들어봤습니다.

Q. 오징어땅콩이 긴 역사를 이어올 수 있었던 원동력은 무엇일까요?

A. 짭짤한 풍미의 오징어맛과 고소한 땅콩의 조화로 남녀노소 모두 즐길 수 있도록 만든 점인 것 같습니다. 또 대부분 스낵이 얇은 칩 또는 긴 형태인 데 비해 오징어땅콩은 볼 타입의 독특한 형태로 출시 직후부터 주목받았습니다. 여기에 땅콩 위에 반죽을 더한 이중 구조를 통해 색다른 재미와 식감을 선사한 점도 주효한 것 같습니다.

Q. 오징어와 땅콩을 같이 먹은 것은 오래됐지만, 오징어땅콩의 맛과는 다소 다릅니다. 이 다른 둘을 하나로 만들고자 했던 배경이 궁금합니다.

A. 오리온은 1972년부터 땅콩을 주원료로 하는 과자 개발에 도전했습니다. 해외 설비를 도입했지만 기술 부족 등의 원인으로 독특한 제품을 개발하기 어려웠습니다. 당시 '진미스낵', '백설스낵' 등의 연이은 실패도 겪었죠. 이에 맛튀김 개발부와 오징어 스낵 개발부를 신설하면서 완전히 새로운 신제품 개발에 도전했습니다. 여기서 오징어 스낵 개발부가 땅콩과 오징어의 결합을 생각해내며 제품이 탄생했습니다. 과자인 만큼 색다른 맛과 식감을 주는 것에도 집중했죠.

Q. 오징어땅콩은 눈에 띄는 마케팅을 자주 하지 않고 있습니다. 그럼에도 시장에 자리 잡은 비결은 뭘까요?

A. 품질이 뒷받침된 상태에서 영업에 힘쓴 것입니다. 오징어땅콩은 보통 동네 마트 등의 맥주 진열대 옆에 인접해 진열합니다. 그리고 가성비 혜택을 제공하는 '3개 묶음' 제품 등도 마트에 집중적으로 공급하고 있습니다. 안주로 각광 받고 있는 만큼 주류 구매 시 자연스럽게 연계 구매할 수 있도록 유도하는 전략입니다. 또 오징어땅콩이 사랑받으면서 개인 마트 점주께서 자체적으로 팝업 진열을 해주시는 등 감사한 협조도 이어졌습니다.

Q. 오징어땅콩이 특히 인기를 끄는 장소가 있을까요?

A. 일단 안주 시장에서 인기가 높습니다. 특이한 점은 고속도로 휴게소에서 가장 많이 팔리는 과자로 꼽힙니다. 볼 타입 형태로 한입에 먹기 편하고, 바삭 깨물면 졸음을 없애주는 효과까지 있다는 의견이 많았습니다.

Q. 오징어땅콩은 많은 유사품이 있었습니다. 이들을 이겨낼 수 있었던 원동력이 무엇일까요?

A. 핵심 원동력은 결국 맛과 품질입니다. 2016년 이천공장 화재 당시 경쟁사들이 미투 제품을 엄청나게 쏟아냈습니다만, 얼마 후 생산이 재개되자 빠르게 매출이 회복된 바 있죠. 이를 보면 아무리 이름과 패키지가 비슷해도 소비자가 품질의 차이를 명확히 알고 계신다고 볼 수 있습니다. 오리온의 오징어땅콩을 최고로 인정해 주시는 것 아닐까요. 또 이것이 오징어땅콩이 스테디셀러로 자리 잡은 비결이라 생각합니다.

Q. 앞으로의 오징어땅콩 마케팅 전략은 무엇인가요?

A. 소비자와 지속적 소통을 이어가고 있습니다. 특히 젊은 분들이 소통에 많은 관심을 보여주시는데요. 때로는 오징어땅콩에서 땅콩을 빼 달라는 이야기가 들리기도 합니다. 당장 출시까지는 아니더라도, 이벤트성 상품을 내놓을 계획도 있습니다. 이런 활동과 이벤트 등을 통해 오징어땅콩의 젊은 이미지를 점차 강화해 나가려고 합니다.

오징어땅콩의 결정적 한 끗

47년째 '국민 간식'의 비결은 친숙함

한국인의 소울 푸드를 과자로

지금까지 '국민 간식'으로 불리는 오징어땅콩에 대해 알아봤습니다. 47년 전 오징어땅콩이 처음 탄생한 뒤 어떤 성장 과정을 거쳤는지, 제조 비법은 무엇인지. 또 미투 제품이 등장했을 때 위기를 어떻게 헤쳐나갔는지 등 다양한 분야를 살펴봤습니다.

취재하고 글을 쓰면서 놀랐던 것은 '오징어땅콩이 어느새 이렇게 성장했지?'하는 점이었습니다. 제게 오징어땅콩은 어린 시절부터 봐왔던 오래된 스낵이었을 뿐이었는데, 연 매출 500억 원을 훌쩍 뛰어넘을 정도로 사랑받고 있다는 사실은 이번에 처음 알았습니다. 단순히 '장수 브랜드'가 아닌 그야말로 국민 간식이라는 수식어가 어울릴 만한 제품이더군요.

오징어땅콩이 이처럼 인기를 지속해온 비결은 무엇일까요? 우선 오징어와 땅콩이라는 한국인의 소울 푸드를 스낵으로 만들겠다는 아이디어 자체가 성공의 포인트라고 할 수 있습니다. 간식거리, 안줏거리 하면 떠오르는 오징어와 땅콩을 '과자'로 즐길 수 있다는 점에서 소비자들은 자연스럽게 오징어땅콩을 집어 들곤 합니다.

공들여 고른 땅콩 원물을 얇은 반죽으로 28번 코팅해 바삭한 식감을 구현하는 기술력도 눈에 띕니다. 다른 제과 업체에서도 오징어땅콩과 흡사한 미투 제품을 내놨지만 소비자들은 원조 오징어땅콩만 찾습니다. 오랜 기간 쌓아온 노하우로 빚은 '맛'을 경쟁사들은 따라잡을 수 없었기 때문입니다.

친숙하지만 젊은 과자

친숙하면서도 젊은 이미지를 강조해온 마케팅 전략도 눈에 띕니다. 친숙하다는 것은 그만큼 낡았다는 뜻이기도 합니다. 오래 접한 브랜드는 낡은 이미지로 여겨지기 쉽습니다. 출시된 지 반백 년이 돼가는 오징어땅콩 역시 예외가 아닙니다.

하지만 오리온은 시대의 변화에 따라 식감을 개선하거나 포장을 바꾸고, 또 당대의 젊은 배우들을 모델로 기용하며 오징어땅콩을 변화시켜왔습니다. 이를 통해 오랜 기간 '젊음'을 유지할 수 있었고요. 변화를 두려워하지 않는 용기가 바로 오징어땅콩이 국민 간식으로 굳건하게 자리를 지키고 있는 비결이 아니었을까요.

오징어 땅콩
키워드

#오징어와 땅콩
간식 혹은 안줏거리로 오랜 세월 인기를 끈 오징어와 땅콩을 스낵으로 만든 아이디어. 오징어와 땅콩 원물을 넣어 단순한 '스낵'이 아닌 '간식'으로 인식.

#28번이 만든 바삭함
얇은 반죽으로 땅콩을 28번 코팅해 바삭한 식감.
시대 흐름에 맞춰 '단단한 바삭함'에서 '가벼운 바삭함'으로 식감에 변화를 꾀해 더욱 인기.

#스며드는 마케팅
경쟁사들의 미투 제품 출시에도 '정통성'을 강조하며 오리지널 제품이라는 이미지 각인.
지속적인 매출 증대로 연간 매출 500억 원 돌파.

#45년간 '젊음'
당대의 하이틴 스타 이덕화 씨와 이동건 씨 등 젊은 이미지 배우를 모델로 기용하며 친숙하면서도 젊은 이미지 형성.

#한입에 쏙
과자를 볼 형태로 만들어 어디에서든 한 입에 먹기 편한 과자로 여겨지며 고속도로 휴게소에서 가장 많이 팔리는 스낵.

DECISIVE SHOT

10

아버지의 소주에서 우리의 소주로

진로

• Since 1924 •

"

진로소주의 역사를 이끈 '핵'은 탁월한 마케팅입니다. 매 순간 강력한 라이벌과 경쟁을 펼쳐야 했으며, 정부 규제와 회사 경영 상황 악화 등의 외부 악재도 끊이지 않았습니다. 하지만 진로는 그때마다 소주 본연의 가치를 지키는 가운데 혁신적인 마케팅을 연이어 선보였습니다. 항상 '새로움'이었고, 때로는 '젊음'의 메시지를 전하기도 했습니다. 핵심 가치를 지키면서도 변신을 두려워하지 않는 도전 정신이 오늘날 참이슬과 진로라는 스테디셀러를 배출한 원동력입니다.

"

10-1
진로소주의 얼굴은
원래는 원숭이였다!

▶▶ '소주'의 시작은 아랍

여러분은 소주가 본래 우리나라 술이 아니라는 사실을 알고 계셨나요? 저는 소주에 대한 자료를 수집하면서 처음 알았습니다. 소주가 우리나라 술이라고 철석같이 믿고 있었는데 기원을 살펴보니 꽤 먼 곳에서 온 술이어서 깜짝 놀랐습니다. 소주가 우리나라에 전해진 경로에는 당시의 문화사적인 흐름도 자리 잡고 있어서 무척 흥미로웠습니다.

소주의 기원을 알기 위해서는 증류법의 역사를 알아야 합니다. 전통 소주 제조법이 바로 이 증류법을 이용한 것이기 때문입니다. 그래서일까요? 우리나라의 전통 소주를 '증류식 소주'로 부릅니다. 증류법은 오랜 역사를 가지고 있습니다. 기원전 2000년경 고대 바빌로니아에서 시작된 것으로 알려졌습니다. 당시에 증류법은 술을 만들기 위해서가 아닌 향수나 약을 제조하기 위해 사용됐습니다.

그러다 9세기경 현재의 중동지방에서 증류법을 활용해 알코올을 뽑아내기 시작했습니다. 원유(原油)를 정제하기 위해서였는데요. 최초로 순수한 알코올을 분리해낸 사람은 알 킨디Al Kindi, 801~873라는 아랍 사람입니다. 이후 증류기를 완성한 사람이 바로 이븐 시나Ibn Sina, 980~1037입니다. 이븐 시나는 중세 최고의 천재 중 한 명으로 불리는 사람입니다. 레오나르도 다 빈치Leonardo da Vinci, 1452~1519와 비견될 정도죠.

이븐 시나는 증류기로 최초의 식물성 오일을 만들어 냈습니다. 이 증류기로 만들어 낸 액체를 '아락(Arak)'이라고 불렀습니다. '땀'이라는 뜻입니다. 증류법은 혼합물을 구성하는 물질마다 기화점이 다른 것에서 착안한 겁니다. 혼합물을 가열하면 기화점이 낮은 물질이 먼저 기화해 수증기로 맺힙니다. 이 수증기를 모아 순수한 성분을 추출하는 거죠. 맺힌 모양이 땀처럼 보인다고 해서 붙여진 이름입니다.

▶▶ 증류법의 선물, '위스키'와 '소주'

이 증류법이 유럽으로 건너가 지금의 브랜디와 위스키가 탄생합니다. 십자군원정을 통해 유럽으로 전파된 증류법은 당시 맥주와 와인 등 발효주만 마셔왔던 유럽 사람들에게 큰 충격이었습니다. 유럽인은 증류법을 활용해 지금의 위스키와 브랜디를 만들어 냅니다. 하지만 증류법은 한동안 동쪽으로는 전파되지 못했습니다. 술을 금지하는 아랍의 영향 때문입니다.

그 탓에 동쪽으로는 비교적 늦게 전파됐는데요. 이 벽이 허물어진 계기가 바로 몽골의 정복전쟁 때입니다. 아랍지역을 점령했던 몽골은 증류법을 활용한 알코올 추출법을 받아들입니다. 당시 몽골은 말 젖을 발효한 술

증류주는 십자군원정을 통해 아랍에서 유럽으로 전파되었다. 유럽인은 증류법을 활용해 위스키와 브랜디를 만들어 냈다(초창기 위스키 증류 시설을 묘사한 일러스트).

인 '마유주'를 마셨습니다. 마유주는 말 젖을 2만 번가량 저어 발효한 술이었는데 도수가 낮았죠. 그 탓에 쉽게 상하기도 했고요. 추운 지방에서 유목하며 살았던 몽골족에게는 아쉬움이 많았습니다.

그랬던 몽골족에게 증류법을 활용한 술은 신문물이었습니다. 높은 도수에 상하지도 않을 뿐 아니라 알코올 도수가 높아 조금만 마셔도 몸이 따뜻해졌습니다. 그때부터 몽골족은 증류주를 즐겨 마시기 시작합니다. 몽골족들은 이를 '아락', '아르히'로 불렀습니다. 지금도 중동에서는 미나리과에 속한 초본식물인 아니스(anise)를 이용한 증류주를 아락이라고 합니다. 몽골족의 증류주가 아랍에서 왔음을 알 수 있는 증거입니다.

몽골족의 증류주는 13세기 우리나라에도 들어옵니다. 아시다시피 몽골은 당시 고려를 침공했죠. 그리고 일본을 정벌하기 위해 고려 곳곳에 병참기지를 세웁니다. 대표적인 곳이 개성, 안동, 제주 등입니다. 감이 오시지

13세기 몽골이 일본을 정벌하기 위해 고려의 개성, 안동, 제주 등에 병참기지를 세우면서, 이들 지역을 중심으로 증류주가 발전한다(사진은 안동소주).

요? 모두 소주로 유명한 곳입니다. 이 지역에 몽골군이 주둔하면서 우리나라에 증류주 기술을 전파합니다. 지금도 개성 지방에서는 소주를 '아락주'로 부른다고 합니다.

▶▶ 서민의 애환을 달래는 소주가 고급술이었다?

그렇게 우리나라에 들어온 몽골의 아락은 우리나라에서 '소주(燒酒)'가 됩니다. 증류할 때 불을 사용해 만든다고 해서 '불사를 소(燒)'를 쓰죠. 알코올이 이슬처럼 맺히는 것을 두고 '이슬 로(露)'를 써서 '노주(露酒)'나 아랍에서 땀을 의미하는 아락을 썼듯 우리나라에서도 '땀 한(汗)'을 써서 '한주(汗酒)'라고도 불렀습니다.

사실 증류식 소주는 많은 정성이 들어갑니다. 그리고 우리나라는 쌀이 주식이었던 만큼 쌀을 이용해서 소주를 많이 만들었는데요. 그런 만큼 가

우리나라는 13세기 몽골을 통해 증류법을
받아들여 본격적으로 증류식 소주를 만든
다. 사진은 우리나라의 증류식 소주를 만
드는 장치인 '소줏고리'이다. 소줏고리는
아래짝, 위짝 두 부분을 연결한 8자 형태이
거나 떡을 찌는 도구인 시루를 거꾸로 놓
고 그 위에 동이를 올려붙인(사진의 소줏
고리) 형태이다. 위에 놓인 동이는 아래가
뚫려 있고 아래쪽으로 경사진 주둥이가 달
려있다. 증류된 소주는 주둥이를 통해 떨
어진다(사진 국립민속박물관).

격이 비쌌습니다. 비싼 쌀을 활용하는데다가 대량 생산도 하지 못하니 가격이 높을 수밖에요. 그래서 우리나라의 증류식 소주는 고관대작이나 맛을 볼 수 있었던 귀한 술이었습니다. 물론 민간에서 소주를 만들어 먹는 경우도 꽤 있었습니다. 이 탓에 쌀이 부족해지자 금주령이 내려지기도 했죠.

▶▶ 진로 상표가 '원숭이'에서 '두꺼비'로 바뀐 사연

소주가 대중화되기 시작한 것은 일제강점기에 접어들면서입니다. 대량 생산이 가능해진 덕분입니다. 일본에서 '주정(酒精 : 술의 원료로 쓰이는 에탄올)'을 활용한 양조기법이 들어오면서 당시 조선에 일본인이 세운 양조장이 들어섭니다. 이후 국내에 양조장이 기하급수적으로 늘어나죠.

이번 이야기의 주인공 진로소주 역시 일제강점기인 1924년 평안남도 용강군 지운면 진지리에 '진천양조상회'에서 태어났습니다. '진지리의 진(眞)과 이슬 로(露)'를 합쳐 '진로'라는 브랜드가 탄생한 겁니다.

당시 진로 상표에는 원숭이가 그려져 있었습니다. 처음부터 두꺼비가 아니었습니다. 진천양조상회 창업자 장학엽1903-1985 씨는 영민한 동물로 알려진 원숭이를 진로소주의 얼굴로 사용했습니다. 하지만 한국전쟁 후 남쪽에서 사업을 하다 보니 남쪽에서는 원숭이에 대한 인식이 좋지 않아 복을 가져다준다는 '두꺼비'로 바꾼 겁니다.

초창기 진로소주의 상표
(사진 하이트진로).

10-2

학을 하늘에서
끌어내린 두꺼비

>> **진로, 소주를 유리병에 담다!**

앞서 설명한 것처럼 진로소주는 1924년 탄생합니다. 당시 황해도 보통학
교 조선어 선생님이었던 장학엽 씨가 동업자 두 명과 함께 '진천양조상회'
를 설립합니다. 1924년은 전국에 양조장이 우후죽순 생겨나던 시기였습
니다. 기록에 따르면 당시 전국에 양조장 수가 1000개가 넘었다고 합니다.
누구나 쉽게 술을 만들어 팔 수 있었던 만큼 경쟁이 치열했죠.

진천양조는 그 틈바구니에서 나름 선방합니다. 매년 매출이 늘어납니
다. 하지만 적자를 면치 못했습니다. 진천양조와 같은 소규모 양조장은 일
본 자본을 등에 업은 대규모 양조장에 대항할 수가 없었습니다. 1919년 평
양에 일본 자본에 의해 대형 기계식 양조장이 생긴 이후 전국에는 대규모
자본을 앞세운 양조장들이 생겨납니다. 이들과의 경쟁에서 진천양조는 참
패합니다.

▲ 1919년 인천에 설립된 한국 최초의 기계식 소주 대량 생산공장인 조일양조주식회사 전경. 당시 이곳에서는 현재 우리가 마시는 소주와 같은 '희석식 소주'를 생산했다 (사진 서울역사아카이브).

▶1954년 3월 29일자 「조선일보」에 실린 서광주조 시절의 진로 광고 (사진 네이버 뉴스라이브러리). "소주의 명곡"이라는 광고 문구와 콘셉트가 인상적이나.

고전하던 장 대표는 결국 파산합니다. 이후 장 대표는 고생 끝에 다시 일어섭니다. 그때 그는 승부수를 띄웁니다. 당시 조선에 대규모로 유통되던 소주는 대부분 '희석식 소주'였습니다. 반면 그는 이들과 차별화를 위해 '증류식 소주'를 고집합니다. 대량 생산을 위해 검은 누룩(술을 만들 때 사용하는 발효제)인 흑국(黑麴)을 사용해 소주를 만들어 공전의 히트를 칩니다. 당시 일본 양조장에서 생산하던 소주는 '단맛', 진로는 '쓴맛'을 강조했습니다.

차별화 전략이 성공을 거두면서 진로는 승승장구합니다. 이 여세를 몰아 진로는 새로운 시도에 나섭니다. 당시 소주는 전통적인 계량 방식인 홉과 되 단위로 판매됐습니다. 하지만 진로는 국내 최초로 소주를 유리병에 담아 판매하기 시작합니다. 생산은 물론 출고, 관리가 편리해졌죠. 유리병에 담긴 진로는 날개 돋친 듯 팔립니다. 이때까지만 해도 진로는 탄탄대로를 걸을 것만 같았습니다.

▶▶ 강력한 경쟁자 '삼학'의 등장

한국전쟁 발발은 진로에게 큰 시련이었습니다. 전쟁통에 모든 것을 두고 남쪽으로 피난을 가야 했기 때문입니다. 제로베이스에서 다시 시작해야 했던 거죠. 부산에 정착한 장 대표는 다시 소주 사업에 나섭니다. 소주에 사활을 건 겁니다. 그는 부산에서 동업을 했지만 다시 좌절합니다. 휴전이후 그는 다시 서울로 올라와 신길동에 '서광주조'를 세웁니다. 이때 진로의 원숭이가 두꺼비로 바뀝니다.

서울에서 다시 진로소주를 제조해 판매했지만 인지도는 미약했습니다. 장 대표는 밤잠을 설쳐가며 진로소주의 인지도 높이기에 매진합니다. 길거리와 시장을 누볐고 도매상들을 찾아다니면서 진로소주를 알리는 데 전력을 다합니다. 진로소주가 마케팅에 눈을 뜨게 된 것이 아마 이때부터가 아닐까 생각됩니다. 장 대표의 노력 덕분이었을까요? 진로소주는 서울을 중심으로 서서히 자리를 잡기 시작합니다.

하지만 진로에게는 큰 산이 기다리고 있었습니다. 바로 목포를 기반으로 한 삼학양조의 '삼학소주'입니다. 삼학양조는 1947년에 설립된 업체입니다. 삼학은 목포의 삼학도에서 따온 것입니다. 그만큼 지역색이 짙었습니다. 삼학양조는 원래 소주를 생산하던 곳이 아니었습니다. 주정과 청주(淸酒)만 다뤘죠. 주력 상품도 청주였습니다. 이 청주의 품질이 매우 뛰어났던 것으로 알려져 있습니다.

삼학소주가 급성장한 데에는 정부의 정책이 컸습니다. 1965년 당시 박정희 정부는 「양곡관리법」을 시행합니다. 전국적으로 쌀 부족 현상이 계속되자 국산 쌀로 술을 빚을 수 없도록 한 겁니다. 그때만 해도 국내 소주 시장은 쌀을 활용한 증류주 시장이 대세였습니다. 양조 업체들은 핵폭탄을 맞은 셈입니다. 이때 삼학양조는 재빨리 움직입니다. 그동안 관심을 두지 않았던 소주 시장에 본격 진출합니다.

삼학소주병(사진 e뮤지엄). 목포를 기반으로 한 삼학소주는 1960년대 전국 소주 시장의 60~70%를 차지할 만큼 큰 인기를 누렸다.

▶▶ 삼학 몰락으로, 소주 시장의 패권을 쥐다

양조 업체들은 '희석식 소주'로 갈아탑니다. 진로도 마찬가지입니다. 희석식 소주는 주정에 물과 감미료를 타서 만듭니다. 주정은 값싼 재료들이 사용됩니다. 1950년대에는 설탕의 부산물인 당밀이, 1960년대에는 고구마가 사용됐고 현재는 타피오카에 일부 쌀, 보리, 고구마 등을 사용합니다. 이를 발효시켜 연속적으로 증류하면 순도 95~96%의 순수 알코올을 얻습니다. 여기에 물을 섞어 알코올 도수를 희석하는 겁니다.

희석식 소주의 장점은 대량 생산이 가능하다는 점입니다. 또 가격도 증류식 소주보다 훨씬 저렴합니다. 현재 우리가 마시고 있는 소주는 대부분 희석식 소주입니다. 어쨌든 삼학양조는 희석식 소주를 채택해 서울에 대량 생산 시설을 구축합니다. 이후 시장을 빠르게 선점해 마침내 업계 1위를 차지하죠. 당시 삼학소주의 시장점유율은 40%에 달했을 정도였습니다.

진로에게 삼학의 등장은 큰 위기였습니다. 삼학소주의 질주는 계속됐습니다. 1966년 진로주조로 이름을 바꾼 진로는 삼학을 잡기 위해 고군분투했지만 큰 효과를 보지 못했습니다. 그러다 진로에게 기회가 옵니다. 1971년 삼학양조가 '납세증지 위조' 혐의로 검찰 수사를 받습니다. 당시 소주 뚜껑에는 세금을 냈다는 확인의 일환으로 띠로 된 종이를 붙였습니다. 삼학양조가 이를 위조해 탈세했다는 혐의를 받은 겁니다.

검찰 수사 후 삼학양조는 순식간에 무너집니다. 한때 국내 소주 시장을 호령했던 삼학양조는 결국 1973년 최종 부도 처리됩니다. 당시 세간에는 목포 기반의 삼학양조가 야권 대선 주자인 김대중 후보에게 정치자금을 댔던 것이 검찰 수사의 빌미가 됐다는 소문이 돌기도 했습니다. 어찌 됐건 삼학소주의 몰락은 진로소주에게는 기회였습니다. 이후 진로소주는 국내 소주 시장을 평정합니다.

10-3

진로소주,
'마케팅 교과서'가 되다

➤➤ 시대와 세대를 잇는 진로

얼마 전 후배와 술을 한잔 했습니다. 후배는 자리에 앉자마자 자연스럽게 "이즈백 한 병이요"를 외치더군요. 옆 테이블도 비슷했습니다. 반쯤 취한 커플 사이에 귀여운 두꺼비가 그려진 파란 병이 몇 개 놓여 있었죠. 이 두꺼비는 술집이 아닌 곳에서도 만날 수 있습니다. TV는 물론, 영등포의 한 쇼핑몰 1층에는 아예 '집'을 지어 놨죠. 블루투스 스피커에 올라타 있기도 합니다.

'진로'는 '낡은' 브랜드입니다. 저도 부모님이 가끔 드셨던 모습만 떠오를 뿐 제가 직접 진로소주를 마셔본 일은 없습니다. 주로 '참이슬'을 마셨죠. 이런 오래된 브랜드가 젊은 층에 어필하기는 쉽지 않습니다. 신선함이 떨어지니까요. 하지만 진로는 이 어려운 일을 해내고 있습니다. 아버지의 소주에서 우리의 소주로 시나브로 변신하고 있죠. 그 비결은 늘 최초의 역

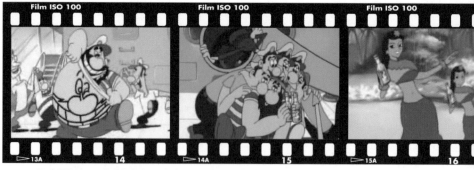

국내 최초의 TV 애니메이션 CF인 진로소주의 1959년 광고(사진 하이트진로 유튜브). CF 속 애니메이션은 <풍운아 홍길동>의 감독인 신동헌 화백이 그렸다.

사를 써 온 진로소주의 마케팅이었습니다.

　진로소주는 국내 소주 시장 패권을 쥐기 위해 성장 과정에서 다양한 마케팅 기법을 선보입니다. 진로소주의 마케팅은 매우 혁신적이고 앞서나갔던 것으로 평가받습니다. 일각에서는 '마케팅 교과서'라고까지 부릅니다.

▶▶ 남다른 '최초' 마케팅 역사

여러분은 혹시 국내 최초의 TV 애니메이션 광고가 무엇인지 아시나요? 정답은 바로 진로소주를 생산하던 서광주조의 '진로송' 광고입니다. 심지어 1959년에 제작된 광고였습니다. 당시로써는 정말 획기적인 마케팅 활동의 일환이었습니다. 이 CF는 신동헌[1927-2017] 화백이 그린 애니메이션입니다. 신 화백은 한국 애니메이션계의 거물이었습니다. 국내 최초 극장판 애니메이션인 <풍운아 홍길동>의 감독이기도 하죠.

　진로가 이처럼 획기적인 마케팅 기법을 도입한 것은 진로의 성장사와 그 맥을 같이합니다. 당시 소주 시장의 경쟁이 치열했던 만큼 진로는 서울

서광주조는 진로소주 브랜드를 알리기 위해 당시에는 뉴미디어에 속했던 TV와 신문 등을 적극적으로 활용했다. 당시 CF에 삽입된 진로송이 전국적으로 유행하며, 서광주조는 TV CF의 효과를 톡톡히 본다.

을 중심으로 브랜드 알리기가 급선무였습니다. 영업사원들이 몸으로 뛰는 것에는 분명 한계가 있었죠. 이에 따라 서광주조는 진로소주를 알리기 위해 당시에도 생소했던 TV와 신문 등 뉴미디어를 적극적으로 활용합니다.

1959년 처음 선보인 TV 애니메이션 광고는 진로소주를 소비자들에게 각인시키는 데에 큰 역할을 합니다. 심지어 당시 CF에서 나왔던 진로송은 전국적으로 유행하게 됩니다. 남녀노소할 것 없이 흥얼거리게 하였으니 서광주조로서는 TV CF의 효과를 톡톡히 본 셈이 됐습니다. 이런 전설적인 마케팅 전략에 힘입어 두꺼비 진로는 1960년대 초 서울을 대표하는 소주로 성장하게 됩니다.

나만 황금기는 짧았습니다. 앞서 이야기했던 정부의 「양곡관리법」 탓에 희석식 소주가 급부상하면서 증류식 소주를 고집해왔던 서광주조에게 위기가 찾아옵니다. 마침 이런 트렌드 변화를 재빨리 감지한 삼학소주가 등장하면서 소주 시장의 판도는 완전히 바뀝니다. 결국 서광주조도 희석식 소주를 생산하는 것으로 방향을 틀었지만, 삼학소주가 차지한 시장을 빼앗기에는 역부족이었죠.

➤➤ '밀림의 바'와 '왕관 회수 작전'

이에 서광주조는 삼학소주를 잡기 위해 대대적인 마케팅에 나섭니다. 당시 남산과 후암동 일대의 수목지대는 '밀림의 바'로 불렸습니다. '들병장수(병 술을 들고 다니면서 판다고 해서 붙여진 이름)'라는 여성 소주 행상이 많았죠. 서광주조는 소주 행상들에게 진로를 공급한 후, 직원들이 다시 진로를 사서 마시게 했습니다. 무슨 짓인가 싶지만, 진로가 '대세'라는 이미지를 만들기 위해서는 어쩔 수 없었습니다. 서광주조는 1966년 사명까지 진로주조로 변경하며 진로에 올인합니다.

두 번째 카드는 '왕관 회수 작전'이었습니다. 진로주조는 병뚜껑(왕관)을 개당 2원에 사들입니다. 왕관 회수 작전에는 큰 비용이 들었지만 효과도 컸습니다. 가짜를 식별하게 돼 품질 관리에 유리했고 판매량 통계의 정확도도 높아졌죠. 회수 과정에서 판매 현장과 유대감이 깊어져 영업 효율도 높아졌습니다.

진로주조는 이어서 병뚜껑 속의 금두꺼비를 찾으면 경품을 주는 '금두꺼비 찾기' 프로모션도 진행합니다. 이 프로모션은 소비자를 자연스럽게 진로에 집중하도록 만들었습니다.

이렇게 다져 둔 이미지는 1970년대 진로가 기회를 잡는 원동력이 됩니다. 삼학소주가 납세필증 위조 사건으로 무너지자 소비자들은 자연스럽게 친숙한 진로를 더욱 많이 찾게 됐습니다. 여기에 1976년에는 주류 도매상

1971년 일간지에 실린 진로주조의 금두꺼비 찾기 광고(사진 네이버 뉴스라이브러리). 진로주조는 병뚜껑 속에서 금두꺼비를 찾으면 자동차, 냉장고 등의 경품을 주는 이벤트를 진행했다.

이 지역 소주 50%를 강제 구매토록 하는 「자도주(自道酒) 구입의무제도」 까지 도입됩니다. 인구가 많은 서울이 근거지였던 진로에게 큰 호재였죠. 마침내 진로의 전성기가 열립니다.

▶▶ '낡은' 진로, 새로운 전성기를 찾다

진로의 성공으로 진로주조는 '진로그룹'으로 성장합니다. 한때 재계 서열 26위까지 도약하죠. 하지만 1997년 IMF와 함께 위기가 닥칩니다. 수많은 계열사가 팔리고 시장 상황이 바뀌었죠. 고급 소주 시장은 위축됐고, 여성 의 사회 진출 확대와 함께 부드러운 소주가 대세가 됩니다. 두산의 '그린' 이 진로의 '순한진로'에 완승을 한 것이 이때의 일입니다.

이때 '마케팅 DNA'가 다시 한 번 진로를 구합니다. 진로는 1998년 '참이 슬'을 내놓습니다. 첫 모델로 배우 이영애 씨를 발탁했습니다. 주류 업계 사상 첫 여성 모델이었습니다. 이는 지금까지도 이어지고 있는 '소주 마케 팅 국룰(보편적으로 통용되는 규칙)'이 됩니다.

참이슬은 여성 소비자를 중심으로 불타나게 팔리며 대세가 됩니다. 덕 분에 진로는 그룹이 흔들리는 와중에도 2005년까지 살아남은 후 하이트 맥주에 인수됐습니다. 물론 참이슬의 대성공과 함께 진로소주는 조금씩 잊혔지만요.

하지만 진로소주는 훗날 참이슬 덕분에 부활합니다. 하이트진로는 2019 년 '진로이즈백'을 선보입니다. 진로이즈백은 기존 진로소주와 '병'만 닮 은 제품이죠. 도수는 원조보다 낮은 16.9도입니다. 마스코트인 두꺼비도 듬직하기보다는 귀엽습니다. 기존 이미지를 완전히 뒤집어버렸죠. 압도적

참이슬은 '소주는 독하다'는 이미지에서 벗어나고 깨끗함과 부드러움을 강조하기 위해 첫 광고 모델로 이영애를 발탁했다. 이영애를 앞세운 참이슬 광고 전략은 판매량 증가로 이어졌다. 이영애가 모델을 맡은 1999년 5월부터 2000년 4월까지 참이슬 판매량이 4배 이상 늘어났다. 참이슬을 시작으로 소주는 여성 모델이 광고하는 것이 규칙처럼 굳어졌다. 사진은 2014년부터 참이슬 모델을 맡고 있는 가수 아이유(사진 하이트진로).

시장 1위인 참이슬을 통해 얻은 시장 트렌드 데이터와 마케팅 노하우가 없었다면 이런 결정은 불가능했을 겁니다.

이렇게 만들어진 진로이즈백은 상상 이상의 대박을 터뜨립니다. 출시 72일 만에 연간 판매 목표였던 1000만 병 판매를 달성했습니다. 마스코트인 두꺼비는 트렌드의 상징이 되었고요. 과거의 향수를 살리면서도 틀을 깨고 트렌드를 공략한 '마케팅의 승리'라고 할 수 있는 대목입니다.

▶▶ 과거의 성공이 다음번 성공을 담보하지 않는다

앞으로의 진로는 과연 어떤 모습일까요? 윤호섭 하이트진로 마케팅실 소주브랜드 팀장께 들어보겠습니다.

Q. 진로가 그동안 역사를 이어올 수 있었던 비결은 무엇이라고 생각하나요?
A. 시대와 소비자는 변화합니다. 과거의 성공이 다음번의 성공을 담보하지 않습니다. 진로는 소비자가 원하는 소주의 본질적 가치를 전달하고, 시대의 니즈를 충족시키기 위해 노력해 왔습니다. 항상 도전적인 자세로 겸손하고 새롭게 임해온 것이 역사를 만든 비결이 아닐까 생각합니다.

Q. 진로소주는 과거 '표준형' 소주였지만, 지금은 '저도수' 소주를 대표합니다. 브랜드 이미지를 바꾸는 일은 쉽지 않은데요. 어떤 노력을 했는지 궁금합니다.
A. '소주의 원조'라는 본질적 가치를 기반으로 하면 도수를 낮춰도 승산이 있다고 생각했습니다. 역대 모든 진로소주의 디자인을 조합해 최적의 디자인을 만들었고, 수많은 시음 테스트와 소비자 조사를 거쳤죠. 그 결과 진로소주의 최전성기였던

소주의 원조
진-로

참이슬을 통해 얻은 시장 트렌드 데이터와 마케팅 노하우를 바탕으로 진로소주는 진로이즈백으로 성공적으로 부활한다. 진로이즈백은 진로의 최전성기였던 1970~1980년대 라벨과 병 모양을 현대적으로 재해석했으며, 도수는 원조보다 낮춰(16.9도) 시대가 원하는 깔끔한 음용감을 구현했다.

1970~1980년대 라벨과 병 모양을 현대적으로 재해석한 지금의 디자인이 탄생했습니다. 맛은 시대가 원하는 깔끔한 음용감을 구현했습니다.

Q. 장수 브랜드를 활용해 젊은 층을 공략하겠다는 결정을 내린 이유는 무엇일까요?

A. 참이슬이 명실상부한 1등 소주로 대표 이미지를 선도하고 있었지만, 후발 브랜드에 비해 젊고 트렌디한 이미지는 부족했습니다. 참이슬의 대표성을 유지하면서도 젊은 이미지를 이어가기 위해 젊은 소비자를 주 커뮤니케이션 타깃으로 정했습니다.

Q. 최근에 진행한 마케팅 중 기억에 남거나 고객으로부터 칭찬을 들은 사례가 있었나요?

A. 모든 업무에 소중한 노력이 깃들어 있어 딱 집어 말씀드리기 어렵습니다. 다만 저희가 꾸준히 만들고 있는 진로 굿즈를 소비자가 자발적으로 사용하고, 개인 SNS에 인증하는 모습을 보면 피로감이 말끔히 씻겨 내려가는 기분이 듭니다.

Q. 앞으로 진로소주의 목표에 대해 한 마디 부탁드립니다.

A. 진로소주는 출시 후 많은 사랑을 받으며 성장하고 있습니다. 온라인상에서는 참이슬과 함께 소주 브랜드 중 가장 많이 언급되는 브랜드로 자리 잡았죠. 앞으로 진로소주가 더욱 성장할 수 있게 하는 것이 목표입니다. 대한민국을 대표하는 양대 소주 브랜드가 될 수 있다면 더욱 기쁠 것 같습니다.

10-4
두꺼비에서 이슬로
배턴터치

➤➤ 진로(眞露)의 진로(進路)는?

2005년 국내 유통 업계가 들썩였습니다. 국내 최대 소주 업체 진로가 매물로 나왔기 때문입니다. 소주 시장점유율 1위를 기록하고 있는 만큼 누가 얼마에 가져갈지에 관심이 쏠렸습니다. 롯데와 두산, CJ 등 내로라하는 대기업은 물론 하이트맥주와 대한전선, 대상, 동원, 무학 등 총 14곳의 기업이 인수의향서를 제출했습니다. 인수전은 시작 전부터 치열한 접전이 예상됐습니다. 시장에서는 롯데나 두산, CJ 중 한 곳이 진로를 차지할 것이라는 전망이 많았습니다. 당연했습니다. 이들은 막강한 자금력을 보유한데다, 인수 의지도 강했기 때문입니다. 세 곳 모두 오너의 관심이 지대했던 터라 사내에 별도로 진로 인수팀을 조직해 총력전을 펼쳤다는 후문입니다. 업체별로 그야말로 인수에 사활을 걸었던 겁니다.

하지만 막상 뚜껑을 열어보니 예상 밖 결과가 나왔습니다. 당초 진로의

| 진로 매각 일지 |

1997년	9월	진로, 부도로 화의 신청
1999년	11월	진로쿠어스(맥주 사업 부문), 오비맥주에 매각
2003년	1월	진로, 주식 상장 폐지
	5월	진로, 법정관리 개시
2004년	9월	진로 매각 주관사에 메릴린치 선정
2005년	3월	진로인수전에 하이트맥주, 롯데, 두산, CJ 등 10여 곳 컨소시엄 응찰
	4월	하이트맥주 컨소시엄 우선 협상 대상자 선정
	6월	하이트맥주, 진로 인수 본계약 체결

몸값은 2조 원 안팎으로 여겨졌습니다. 그러나 인수전이 과열되다 보니 몸값이 계속 올랐습니다. 본입찰에서 CJ와 두산, 대한전선 등은 2조 8000억~2조 9000억 원대의 가격을 제시했습니다. 통근 베팅이었죠. 그런데 복병이 있었습니다. 하이트맥주입니다. 하이트맥주는 3조 원이 넘는 가격을 베팅했고 결국 진로를 품게 됩니다. 업계는 깜짝 놀랐습니다.

하이트맥주는 본계약에서 최종적으로 3조 4100억 원에 진로를 사들였습니다. 국내 기업 매각 사상 최고가가 경신된 순간입니다. 인수 금액이 워낙 컸기 때문에 당시 각 기업은 컨소시엄을 구성해 인수전에 임했는데요. 하이트맥주 역시 한국교직원공제회와 군인공제회, 산업은행, 새마을금고 등과 '팀'을 이뤄 진로 인수라는 성과를 낼 수 있었습니다.

▶▶ 주류에서 비주류로 눈을 돌렸다가 '쓴맛'

당시 진로는 창업한 지 80년이 된 국내 대표적인 장수 기업이었습니다. 주력인 소주 사업이 잘되고 있었음에도 불구하고 회사를 내줘야 하는 상황을 받아들여야만 했습니다. 진로가 무너진 건 '욕심' 때문이었습니다. 진로는 1990년을 전후해 사업 다각화를 통한 종합 그룹으로 변신을 시도했습니다. 소주 사업을 넘어 유통과 건설, 유선방송 등 여러 분야로 확장을 시도했습니다.

창업자의 2세인 장진호[1952-2015] 회장이 취임한 건 1988년입니다. 그는 1996년 진로의 새로운 경영 전략을 내놨습니다. 물과 환경, 유통, 상사 등 4대 미래형 고부가가치 사업으로 그룹을 재편해 2010년에는 38조 원의 매출을 달성하겠다는 포부를 밝혔습니다. 당시 진로그룹의 연 매출이 2조 원대 초반이었다는 점을 고려하면 '큰 꿈'이었습니다.

하지만 시기가 좋지 않았습니다. IMF 사태가 터지자 진로는 무너졌습니다. 당시 진로는 기업을 확장하면서 자금 대부분을 외부에서 차입했는데요. 경기가 안 좋아지자 자금난을 견디지 못해 결국 1997년 부도를 냈습니다. 화의 신청(기업이 파산·부도 위험에 직면했을 때 법원의 중재를 받아 채권자들과 채무 변제 협정을 체결하여 파산을 피하는 제도)을 해 회생 절차를 밟게 된 겁니다.

물론 바로 회사를 포기하지는 않았습니다. 그간 벌여왔던 사업들을 하나씩 정리하며 회생을 꿈꿨습니다. 카스 맥주를 생산하던 진로쿠어스는 오비맥주에 넘겼고요. 남부터미널 부지도 매각했습니다. 그런 와중에도 1998년에는 '참이슬'이라는 신제품을 출시해 공전의 히트를 기록했습니다.

참이슬은 출시 14개월 만에 5억 병이 판매되며 국내 소주 업계 최단 기간 최다 판매량을 기록했습니다. 국내 소주 대표 기업의 저력을 보여준 겁니다. 2003년에는 1조 600억 원 규모의 외국 자본 유치를 발표하면서 재기에 대한 기대를 높이기도 했습니다.

하지만 반전이 일어났습니다. 진로의 채권자인 미국계 금융투자회사인 골드만삭스가 법원에 전격적으로 법정관리를 신청했기 때문입니다. 골드만삭스는 진로의 재기보다는 '이익'을 원했습니다. 골드만삭스가 갑자기 법정관리를 신청하자 진로는 강하게 반발했습니다. 터널의 끝이 눈앞에 보이는데 갑자기 회사를 매각해야 했기 때문입니다. 그러나 법원은 법정관리 개시 결정을 내렸습니다. 매각 절차가 시작된 겁니다.

▶▶ 참이슬, 공룡 품에서 불로장생을 꿈꾸다

하이트맥주가 진로를 인수하자 시장에서는 주류 업계의 '공룡' 탄생에 술렁였습니다. 그럴 만도 했습니다. 당시 하이트맥주는 국내 맥주 시장점유율 58%를 차지하는 맥주 1위 기업이었습니다. 여기에 소주 시장점유율 55%로 1위를 기록하던 진로까지 가세했으니 공룡이라고 볼만도 했습니다. 말 그대로 국내 주류 시장을 평정하게 된 겁니다.

덩치만 커진 것이 아닙니다. 당시 하이트맥주는 영남권에서는 강했지만, 수도권에서는 오비맥주에 밀려 시장점유율이 35%에 불과했습니다. 진로의 경우 수도권 소주 시장을 꽉 잡고 있었죠. 하이트맥주가 진로를 인수하며 서로 강한 지역의 유통망을 활용해 시너지를 극대화할 수 있게 됐습니다. 하이트맥주에게 진로는 '천군만마'였던 셈입니다.

하이트맥주와 진로는 2010년 합병했습니다. 이후 2011년에 사명을 '하이트진로'로 변경했고요. 당시 하이트맥주와 진로의 매출 합계는 1조 7300억 원가량이었는데요. 2021년 하이트진로의 연 매출은 2조 500억 원 정도로, 매출이 지속해 성장하고 있습니다.

참이슬은 2001년 이후 전 세계 증류주 시장에서 20년 연속 가장 많이 팔린 브랜드로 이름을 올리고 있습니다. 1998년 출시한 이래 2006년 판매량 100억 병을 돌파했고, 2018년에는 300억 병을 넘어섰습니다. 매각 당시 진로의 소주 시장점유율은 55%가량이었는데요. 이제는 65%로 더욱 높아졌습니다. 우여곡절을 겪기는 했지만 참이슬은 결국 국내 소주의 대표 브랜드로 '장수'하는 데 성공했습니다.

| 하이트진로 소주 점유율 및 디자인 변화 |

단위 : %

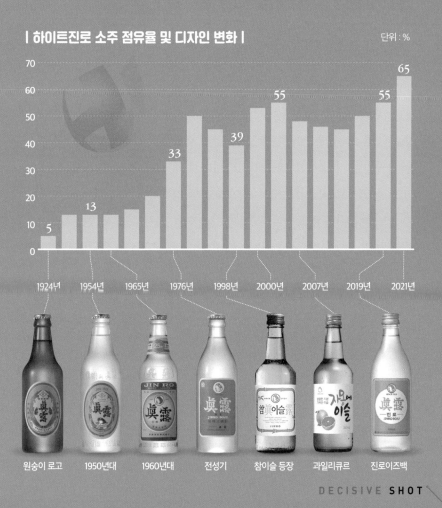

| 1924년 | 1954년 | 1965년 | 1976년 | 1998년 | 2000년 | 2007년 | 2019년 | 2021년 |

| 원숭이 로고 | 1950년대 | 1960년대 | 전성기 | 참이슬 등장 | 과일리큐르 | 진로이즈백 |

10-5

"캬~" 소리를 놓고
벌이는 소주 맛 전쟁

▶▶ 단맛 vs. 쓴맛, 소주 맛 전쟁

국내에는 여러 소주 브랜드가 있습니다. 다들 고유의 맛을 지니고 있죠. 미묘하지만 브랜드마다 맛의 차이가 분명히 있습니다. 그래서 소비자의 취향도 제각각이고요. 누군가는 '참이슬'만을 고집하고, 또 누군가는 '처음처럼'만 찾습니다. 물론 어떤 이들은 어차피 다 같은 소주 아니냐며 아무거나 마시기도 합니다.

소주 제조사 입장에서는 이런 미묘한 차이를 경쟁력 있게 만들어 내는 게 가장 중요한 과제입니다. 소주 고유의 맛을 살리는 동시에 자사 제품만의 차별화를 꾀해야 하는 겁니다. 그래서 그동안 소주 업계에서는 우리가 알게 모르게 '맛 대결'이 벌어져 왔습니다. 새로운 제조 공법을 도입하거나 알코올 도수를 낮추는 등 지속적인 변화 끝에 지금 우리가 마시고 있는 소주가 탄생한 겁니다.

소주 맛을 둘러싼 최초의 전쟁은 1960년대에 시작됐습니다. 당시 국내 소주 시장은 진로와 삼학의 양강 구도였습니다. 당시에도 소주는 씁쓸한 맛이 주를 이뤘습니다. 그런데 삼학이 새로운 시도를 합니다. 소주에 인공 감미료를 넣어 단맛을 강조합니다. 출시 초기에는 너무 들큼하다는 평이 주를 이뤘습니다. '맛깔스럽지 않게 달다'는 거죠. 하지만 소비자들도 점차 이 맛에 익숙해지면서 삼학은 업계 1위로 올라섭니다.

하지만 진로는 반격에 성공합니다. 특히 1973년에는 알코올 도수를 기존 30도에서 25도로 내린 진로를 출시하면서 시장을 꽉 잡았습니다. 쓰고 독했던 소주를 순하게 만들어 많은 소비자가 소주를 보다 편안하게(?) 즐길 수 있게 한 전략이 통했던 겁니다.

▶▶ 1도 더 낮춰, '순한 소주' 경쟁

이후 진로는 오랜 기간 국내 소주 시장을 안정적으로 장악했습니다. 그러다가 1998년 다시 새로운 시도를 합니다. 알코올 도수를 다시 2도 낮춰 23도의 신제품 참이슬을 출시한 겁니다. 당시 국내 소주 시장에서는 두산경월(두산)이 내놓은 그린이라는 제품의 인기가 높아지고 있었는데요. 최초로 초록색 병을 사용해 깨끗한 이미지를 강조한 전략을 쓰고 있었습니다.

그러자 진로도 참이슬을 초록색 병으로 내놨습니다. 또 국내 최초로 대나무숯 여과를 통해 제조했다는 점도 강조했습니다. 이를 통해 잡미와 불순물을 제거했다는 겁니다. 대나무에서 나오는 미네랄을 통해 숙취가 적다는 점도 강조했고요. 참이슬은 제품 이름부터 제조법, 더 낮아진 알코올 도수까지 소비자들의 이목을 끄는 데 성공했습니다. 소주 역사상 최단기간 최다 판매 돌파라는 기록을 달성하며 단숨에 주목받았습니다.

이후 국내 소주 시장에서는 '도수 낮추기 경쟁'이 본격화합니다. 소비자들이 갈수록 부드러운 소주를 원하면서입니다. 2001년 두산 주류가 22도짜리 '산(山)'을 내놓습니다. 그러자 참이슬도 곧장 도수를 22도로 낮춥니다. 이어 두산주류는 2006년에 '처음처럼'이라는 신제품을 내놓습니다. 당시 처음처럼은 20도였습니다. 진로 역시 같은 해 19.8도로 순해진 '참이슬후레쉬'를 출시했습니다. 이후 지금까지도 소주 도수 낮추기 경쟁은 계속되고 있습니다. 이제 주요 제품의 알코올 도수는 16도까지 내려갔습니다.

2006년 진로와 두산이 소주 제조에 쓰는 '물'을 놓고 신경전을 벌였던 점도 흥미롭습니다. 두산은 처음처럼을 '몸에 좋은 알칼리 수'로 만들었다는 점을 내세워 대대적인 마케팅을 펼쳤습니다. 웰빙 바람이 불었던 시대의 흐름과 맞아떨어지면서 인기를 끌었지요. 그러자 진로는 주요 일간지에 광고를 냈습니다. 두산의 처음처럼은 전기 분해로 만든 (알칼리) 소주지만 참이슬은 천연 대나무 숯으로 정제한 '천연'의 소주라는 점을 강조했습니다.

▶▶ 단순하지만 미묘한 소주의 '맛'

소주는 물과 알코올, 첨가물로 구성돼 있습니다. 소주 맛 전쟁은 이 세 성분에 변화를 주면서 벌어졌습니다. 물은 대나무 숯으로 정제하거나 알칼리 수를 쓰면서 맛을 달리했고요. 알코올은 시대의 흐름에 맞게 지속해 조금씩 도수를 낮춰왔습니다. 첨가물 역시 지속해 바꿔왔습니다. 실제 2007년에는 하이트진로가 참이슬에 설탕이나 액상과당이 아닌 핀란드산 순수 결정과당을 넣어 맛이 깔끔하다고 마케팅을 벌인 바 있습니다. 그러자 경쟁

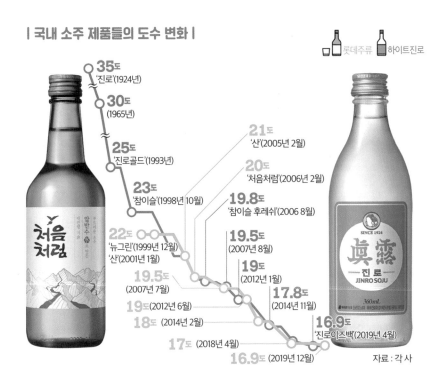

| 국내 소주 제품들의 도수 변화 |

□ 롯데주류   □ 하이트진로

35도 '진로'(1924년)

30도 (1965년)

25도 '진로골드'(1993년)

23도 '참이슬'(1998년 10월)

22도 '뉴그린'(1999년 12월) '산'(2001년 1월)

21도 '산'(2005년 2월)

20도 '처음처럼'(2006년 2월)

19.8도 '참이슬 후레쉬'(2006 8월)

19.5도 (2007년 8월)

19도 (2012년 1월)

19.5도 (2007년 7월)

19도(2012년 6월)

18도(2014년 2월)

17.8도 (2014년 11월)

17도 (2018년 4월)

16.9도 '진로이즈백'(2019년 4월)

16.9도 (2019년 12월)

자료 : 각 사

1950~60년대만 해도 '독주'로 여겨지던 소주가 젊은 소비층을 겨냥해 도수가 낮아지며 '저도주'가 대세로 자리 잡고 있다.

사는 우리도 설탕은 쓰지 않는다며 반발해 논쟁이 벌어지기도 했습니다.

관건은 소주 고유의 맛을 지켜내는 동시에 특유의 경쟁력 있는 맛을 찾는 데에 있습니다. 예를 들어 알코올 도수를 무작정 낮췄다가는 물맛이 지나치게 강해질 수 있습니다. 물 탄 소주 맛이 되고 마는 겁니다. 소비자들이 익숙해하는 소주의 쓴맛을 잃을 수도 있고요. 하이트진로는 참이슬의 '깨끗한 맛', 롯데주류(2008년 두산그룹으로부터 소주 사업 인수)는 처음처럼의 '부드러운 맛'을 지켜내야 하는 것이 숙제인 셈입니다.

➤➤ 깔끔한 맛에 부드러운 목 넘김을 더했다

소주 제품을 만드는 연구원 입장에서 차별화된 맛을 만들고 지켜내는 일은 참 어려운 일일 듯합니다. 더욱이 소주는 첨가물이 단순해서 마음껏 맛의 변주를 주기도 어렵습니다. 작은 차이로 경쟁력을 만들어 내야 합니다. 그래서 알코올 도수를 1도 낮추는 데에도 수십 가지의 맛을 만들어 테스트한다고 합니다. 참이슬의 경우는 어땠을까요? 송진환 하이트진로 주류개발2팀 수석연구원께 직접 물어봤습니다.

Q. 본인 소개를 부탁합니다.

A. 현재 증류주를 개발하고 있는 송진환 수석연구원입니다. 참이슬, 진로와 같은 희석식 소주 개발이 주요 업무입니다. 그 외 증류 기술과 오크통 숙성 등 증류주 전반에 대해 연구하고 있습니다. 소주 관련 업무를 담당한 지 10년 정도 됩니다.

Q. 참이슬 맛의 가장 큰 특징은 무엇일까요? 소주 맛은 다 비슷한 것 아니냐는 소비자들도 있는데요?

A. 참이슬은 깨끗함과 깔끔한 맛이 좋은 소주입니다. 최근 몇 년 사이 소비자 트렌드에 맞춰서 깔끔한 맛은 더 강조되면서 부드럽고 목 넘김이 좋은 음용감이 더해진 것이 주요 특징입니다. 대부분 소주는 회사마다 여과나 숙성 등의 콘셉트가 있습니다. 첨가물도 다르고요. 소주를 즐겨 드시거나 맛에 예민하신 분들은 어느 정도 차이를 느끼시는 것 같습니다.

Q. 참이슬은 지속적인 '맛'의 진화를 시도하고 있습니다. 참이슬은 어떻게 맛을 내는 건가요?

A. 주정과 물(정제수)이 주요 원료인 희석식 소주는 주정의 알코올 감과 감미료 등으로 부드러움이 어우러지는 대한민국 대표 술입니다. 현재는 주정 품질평가를 통해 주정을 관리하고 있으며, 대나무 활성 숯으로 불순물을 제거해 더욱 깨끗하게 정제하고 있습니다. 첨가물로는 4종의 감미료(결정과당, 에리스톨, 효소처리스테비아, 토마틴)를 섞어 깔끔한 단맛, 청량감, 부드러움, 쓴맛이 조화되게 합니다.

Q. 지금 판매되고 있는 참이슬 제품의 특징은 무엇인가요?
A. 참이슬은 대나무 숯으로 네 번 걸러 더 깨끗하고 목 넘김이 부드러운 특징이 있습니다. 대나무 숯을 활용해 주정과 물(정제수)을 따로 정제할 뿐만 아니라 다른 제조 공정에도 대나무 숯을 사용해 더욱 깨끗합니다. 정기적인 품질관리를 통해 엄선된 첨가물을 사용해 더욱 깨끗한 제품을 만들고 있습니다.

Q. 저도주 인기 트렌드에 맞춰 참이슬 도수도 낮아지고 있습니다. 도수를 낮추면서 가장 신경 쓰는 부분이 있다면 무엇인가요?
A. 우선 참이슬의 도수 선호도 소비자조사를 실시합니다. 조사 결과 참이슬 도수 인하를 선호하는 경향성이 나타나면 연구소에서 알코올 도수 인하를 위해 시제품을 준비합니다. 도수를 낮추었을 때 가장 어려운 부분은 소주다움이 적어지고 물맛이 나거나, 첨가물과의 밸런스가 깨져 기존의 깔끔함과 부드러움이 없어지는 것입니다. 낮아진 알코올 도수에 맞춰 레시피를 재조정해 기존보다 더 깔끔하고 부드러운 맛을 만드는 것이 가장 큰 부담입니다.

Q. 관련 연구를 진행하면서 에피소드가 있었을 것 같은데요.
A. 2019년 참이슬 후레쉬를 리뉴얼할 때 꽤 고생했습니다. 당시 참이슬은 깨끗함

을 강조했지만, 경쟁사 제품은 부드러움을 강조할 때였습니다. 부드럽게 만들면 참이슬 고유의 깔끔함이 없다는 평가를 받고, 소주답고 깔끔하게 만들면 목 넘김이 거칠다는 평가를 받았습니다. 소주답고 깔끔한데 목 넘김은 부드럽게 만드는 것이 정말 어려웠습니다. 시제품 번호가 50번을 넘어갔습니다.

주정에 물을 타면 된다고 쉽게 생각할 수 있지만 소주가 첨가물이 단순해서 생각보다 첨가물 종류, 품질, 함량에 따라 맛 차이가 날 수 있다는 걸 뼈저리게 느꼈습니다.

Q. 최근 진로이즈백이라는 제품도 인기를 끌고 있습니다. 참이슬 후레쉬와 맛의 차이가 있나요?

A. 진로이즈백이 처음 출시되었을 때와 달리 현재는 진로이즈백과 참이슬 후레쉬 두 제품의 도수가 동일해져서 그런지 소비자 사이에 이런 의문이 생기나 봅니다. 두 제품 모두 깔끔함과 부드러움을 갖고 있는데요. 특별히 차이를 둔다면 참이슬 후레쉬가 참이슬 기존의 소주다움과 깔끔함에 부드러움이 추가되었다고 하면, 진로는 젊은 층을 위해 순하고 부드러운 목 넘김으로 깔끔한 맛을 구현한 소주라고 생각됩니다. 자세히 맛보면 단맛의 특징이나 알코올 감이 조금 다르게 느껴지실 것 같습니다.

Q. 소주를 개발하는 것이 업무이니 평소 소주를 자주 드실 것 같습니다. 얼마나 자주 드시나요?

A. 소주 개발 업무를 맡은 초기에는 너무 열정적이어서 생긴 에피소드도 있습니다. 목 넘김이 부드러운 소주가 콘셉트여서 계속 먹어봐야 해결될 줄 알고 실험실에 앉아서 조금씩 먹으면서 시제품을 만들었습니다. 취한 줄도 모르고 있다가 자리에서 일어나니 어지러워 점심도 먹지 못하고 점심시간 내내 푹 잔 기억이 있습니다.

진로의 결정적 한 꿋

도전과 응전의
역사가 담긴 한잔

장수 제품에는 이유가 있다

지금까지 국내 소주의 '상징'으로 자리잡은 진로와 참이슬에 대해 알아봤
습니다. 탄생, 성장, 위기, 제조에서 매 순간 빛을 발한 마케팅까지 다양한
분야를 살펴보았습니다. 글을 쓰며 가장 많이 들었던 생각은 '장수 제품에
는 이유가 있다'였습니다.

　진로와 참이슬은 '코카콜라'나 마이크로소프트의 '윈도우'처럼 특정 분
야의 '첫 제품'이 아닙니다. 소주는 오래전부터 만들어졌고 진로가 처음으
로 사업화한 것도 아니었죠. 그래서 이들의 역사에는 타 분야의 대표 제품
과 다른 드라마적 요소가 많았습니다. 전쟁통에 거점이 바뀌고, 더 강력한
라이벌과 싸우고, 철저히 준비해 이겨내는 모든 과정이 그랬죠.

과감한 변화가 '1등 소주' 신화를 창조했다

더욱 특별한 것은 '과감함'이었습니다. 보통 1등 제품은 자신의 정체성을 바꾸지 않습니다. 위험하거든요. 일례로 윈도우는 과거 시작 버튼을 없앤 버전을 내놓은 적이 있습니다. 당시 엄청난 비난을 받았고 바로 다음 버전에서 시작 버튼을 원상 복구했습니다. 가장 최근 버전인 윈도우11에도 사용자가 시작 버튼을 원래 위치로 돌려놓는 기능이 있습니다. 이렇듯 익숙한 제품인 진로와 참이슬에 변화를 주는 것도 쉬운 결정이 아니었을 겁니다.

그럼에도 진로는 매 순간 변신을 이어왔습니다. 1959년에 국내 최초로 TV 애니메이션 광고를 내보냈고 1990년대에는 당시로서는 상상조차 할 수 없었던 여성 모델을 전면에 내세웠습니다. 최근에는 1970년대에 디자인한 병을 '트렌드의 상징'으로 만들어 냈습니다. 그럼에도 특유의 깔끔한 맛과 깨끗한 이미지는 지켜지고 있습니다.

진로소주의 역사를 이끈 '핵'은 탁월한 마케팅입니다. 매 순간 강력한 라이벌과 경쟁을 펼쳐야 했으며, 정부 규제와 회사 경영 상황 악화 등의 외부 악재도 끊이지 않았습니다. 하지만 진로는 그때마다 소주 본연의 가치를 지키는 가운데 혁신적인 마케팅을 연이어 선보였습니다. 항상 '새로움'이었고, 때로는 '젊음'의 메시지를 전하기도 했습니다. 핵심 가치를 지키면서도 변신을 두려워하지 않는 도전 정신이 오늘날 참이슬과 진로라는 스테디셀러를 배출한 원동력입니다.

HITEJINRO 키워드

#소비자 중심 마케팅
주류 업계 최초의 미디어 광고로 '이미지 제고', 최초로 여성 모델 기용 등.

#치열한 경쟁
삼학, 두산, 롯데칠성 등 수많은 라이벌과의 끝없는 경쟁

#정도경영
라이벌 삼학이 소주에 사카린을 활용했지만, 소주 특유의 맛을 지키기 위한 장인 정신 발휘.

#과감한 변화
진로의 도수를 확 낮춰 젊은 층 겨냥. 병 빼고 다 바뀐 '진로이즈백'.

HITEJINRO 히스토리

장학영 회장, 1924년 진천양조 상회 설립하고 진로 첫 출시.

1955~1960년 최초로 신문·TV 광고 론칭.

「양곡관리법」 시행으로 희석식 소주가 대세로 자리 잡음.

삼학과의 치열한 경쟁에 '밀림의 바' 공략과 '왕관 회수 작전'으로 대응.

삼학의 몰락과 자도주 구매 제도로 진로의 '전성기' 열림.

저도주 경쟁 속에서 잊혀져가는 진로의 구원투수로 '참이슬' 등장.

최초의 여성 모델 기용. 참이슬이 소주 시장의 '대세'가 되다.

회심의 한 수 '진로이즈백' 등장. 두꺼비가 돌아오다!

DECISIVE SHOT

11

한국인의 영혼에 각인된 맛

바나나맛 우유

• Since 1974 •

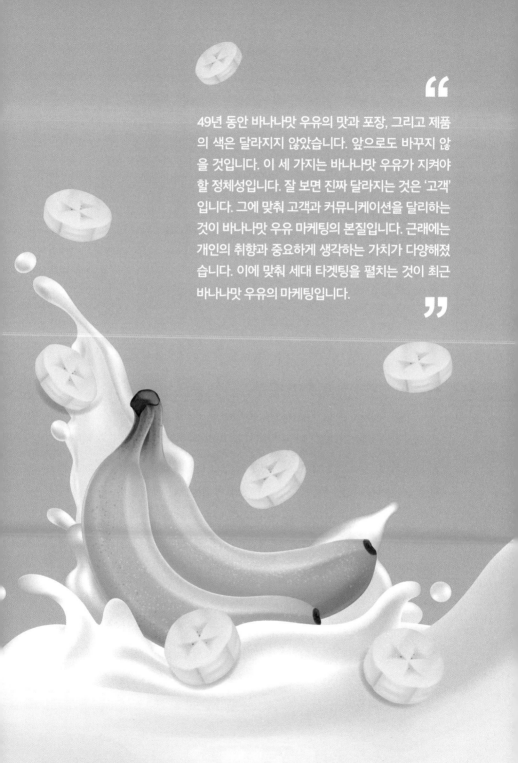

> 49년 동안 바나나맛 우유의 맛과 포장, 그리고 제품의 색은 달라지지 않았습니다. 앞으로도 바꾸지 않을 것입니다. 이 세 가지는 바나나맛 우유가 지켜야 할 정체성입니다. 잘 보면 진짜 달라지는 것은 '고객'입니다. 그에 맞춰 고객과 커뮤니케이션을 달리하는 것이 바나나맛 우유 마케팅의 본질입니다. 근래에는 개인의 취향과 중요하게 생각하는 가치가 다양해졌습니다. 이에 맞춰 세대 타겟팅을 펼치는 것이 최근 바나나맛 우유의 마케팅입니다.

11-1
어떻게 49년을
'반하나'

>> 대를 이어 추억 속에 자리한 맛

일요일 오후면 늘 우울해졌습니다. 아버지의 "가자" 한 마디에 저와 동생은 도살장에 끌려가는 소 마냥 아버지를 따라 나서야 했습니다. 목적지는 동네 목욕탕. 매주 한 번씩 거쳐야 하는 의식이었죠. 아버지의 때밀기는 제게 공포였습니다. 까슬까슬한 '이태리 타월'이 제 몸에 닿는 순간부터 지옥입니다. 하지만 이 모든 고통을 참아내게 한 것이 있었습니다. 아버지는 꼭 목욕이 끝나면 제 손에 '바나나맛 우유'를 들려주셨습니다. 얇은 빨대를 '뽁' 꽂아 건네주시던 바나나맛 우유는 조금 전까지 고통에 몸부림 쳤던 제 몸과 마음을 녹이기에 충분했습니다.

바나나맛 우유의 맛은 대를 잇고 있습니다. 이제는 제가 아이들에게 목욕 후 건넵니다. 아이들을 데리고 목욕탕 음료수 냉장고 앞에 서서 "뭐 먹을까?"하고 물으면 아이들은 약속이나 한 듯 "바나나 우유요!"를 외칩니다. 몇 번이고 다른 음료수를 밀어봐도 답은 늘 한결같습니다. 사실 바나나맛 우유는 일반 우유에 비해 비쌉니다. 하지만 아빠를 바라보는 아이들의 초롱초롱한 눈빛을 보면 지갑을 열 수밖에 없습니다.

그렇습니다. 이런 추억은 누구나 다 있으실 것입니다. 디테일은 달라도 늘 '목욕탕' 하면 바나나맛 우유가 떠오릅니다. 그만큼 바나나맛 우유는 우리의 머릿속에, 혀에 깊게 뿌리박혀 있습니다. 추억의 맛, 아는 맛의 힘은 참 무섭습니다.

> ### "우유 소비 늘려라"
> #### 각하의 주문에 시작된 바나나맛 우유의 역사

이렇게 중독성 있는 바나나맛 우유는 언제 처음 만들어졌을까요? 바나나맛 우유의 시작은 1974년으로 거슬러 올라갑니다. 빙그레의 전신인 대일유업에서 만든 제품입니다. 대일유업은 창업주 홍순지 사장이 1960년대 베트남에서 아이스크림을 제조해 미군에 납품하던 경험을 살려 만든 회사입니다. 하지만 계속된 적자로 1973년 당시 한국화약그룹(현 한화그룹)에 편입됩니다.

대일유업의 히트작품은 바나나맛 우유뿐만이 아닙니다. 한국화약그룹에 편입된 이후 국내 최초로 생우유를 넣은 고급 아이스크림 '투게더'를 출시하기도 했습니다. 대일유업은 1982년 현재의 사명인 '빙그레'로 이름을 바꿉니다. 빙그레는 1998년 한화그룹에서 계열분리했습니다. 하지만 그 이후에도 꾸준히 바나나맛 우유를 비롯한 여러 스테디셀러를 생산하고 있습니다.

영·정조 시대에 활동했던 사대부 화가 조영석이 그린 <채유>(그림 한국데이터베이스산업진흥원). 우유는 개화기 이후 서양에서 들어 온 먹을거리라고 생각하지만, 실제 우유에 대한 기록은 『삼국유사』, 『고려사』 등 여러 문헌에 등장한다. 특히 고려 시대에는 소젖을 관리하던 관청인 '우유소'가 존재했다.

다시 본론으로 돌아와서 빙그레 바나나맛 우유의 탄생에는 스토리가 하나 있습니다. 1970년대는 군사정권의 서슬이 퍼런 시기였습니다. 동시에 경제 발전에 국력을 모으던 시기였죠. 바나나맛 우유의 탄생은 이런 시기적 특성과 관련이 있습니다. 당시 박정희 대통령은 우유 소비 장려정책을 폅니다. 여기에는 박 대통령과 연관된 일화가 있습니다.

1964년 당시 서독을 방문한 박 대통령은 현지 학생들이 우유를 맛있게 먹는 것을 보고 "우리 국민도 우유를 마음껏 마셨으면 좋겠다"는 뜻을 밝혔고 서독 정부가 50만 달러의 차관과 젖소 200마리를 지원했습니다. 이후 각고의 노력 끝에 국내에서도 낙농 사업이 시작됩니다. 낙농 사업이 본격화되자 우유가 대량으로 생산됐습니다. 그런데 문세는 이 우유를 소비할 곳이 마땅치 않았다는 점입니다.

바나나맛 우유는 이런 문제를 해결하기 위해 탄생한 제품입니다. 당시 우리 국민들에게 우유는 생소한 식품이었습니다. 물론 우리에게도 우유와 관련된 역사가 있습니다. 고려 시대에도 목장 문화는 있었습니다. 우왕 때는 국가 상설 기구로 '우유소'를 설치해 왕과 일부 귀족들이 우유를 마셨습니다. 조선 시대에도 왕이 몸을 보하기 위해 미음에 우유를 섞은 타락죽을 보양식으로 먹었습니다.

그만큼 우유는 귀한 식품이었습니다. 1970년대에도 일반 서민들이 접하기 쉽지 않았죠. 이런 우유를 정부가 많이 먹으라고 장려하고 나선 것입니다. 정부에서는 남아도는 우유 소비가 급했습니다. 하지만 국민의 반응은 신통치 않았습니다. 우유가 몸에 좋다는 것은 알고 있지만, 우리 국민은 선천적으로 유당분해효소가 부족합니다. 그래서 우유를 마시면 화장실로 직행하는 경우가 많았습니다.

실제로 학교 급식으로 지급된 우유를 마시고 배탈 나는 아이들이 많아져 사회적으로 이슈가 되기도 했습니다. 학부모들은 학교에서 찬 우유를 먹여서 그런 것이니 따뜻하게 데워줘야 한다고 주장하기도 했죠. 하지만 우유를 데우면 영양성분이 파괴된다는 연구결과가 나오자 이런 주장은 쏙 들어가기도 했습니다. 웃지 못할 해프닝이었던 셈이죠.

어쨌든 우리 국민에게 흰 우유는 많이 생소하고 부담스러운 식품이었습니다. 군사정권 시절이니 정부가 하라면 해야 하기는 한데 배탈이 자주 나니 참 난감했을 겁니다.

그런데 바나나맛 우유가 우유를 둘러싼 정부와 국민 간의 이런 일종의 괴리(?)를 메워줬습니다. 일단 바나나는 당시에 무척 귀한 과일이었습니다. 수입 제한 품목이었던 만큼 쉽게 접할 수 없는 과일이었습니다. "바나나를 먹어봤다"고 하면 있는 집 자식이었던 시절입니다. 물론 지금은 흔하지만요.

　대일유업은 이런 점에 착안했습니다. 우유를 대량으로 소비할 수 있으면서, 맛도 있고, 사람들의 이목을 집중시킬만한 아이템을 찾기 시작했습니다. 그래서 선택한 것이 '바나나'였던 것입니다. 지금 생각해도 정말 '신의 한 수'입니다. 대일유업이 출시한 바나나맛 우유는 공전의 히트를 칩니다. 일반 우유보다 가격이 높았음에도 큰 인기를 끌었습니다.

　흰 우유가 생소했던 소비자에게 달콤한 맛과 향에 그 귀하다는 바나나를 간접적으로나마 체험할 수 있었던 바나나맛 우유는 신세계였습니다. 사실 바나나와 바나나맛 우유에서 느껴지는 바나나 맛은 다릅니다. 실제로 현재 판매되고 있는 바나나맛 우유에는 바닐라 향이 첨가돼 있습니다. 하지만 그 당시만 해도 노란색의 바나나맛 우유는 지금껏 볼 수 없었던 '신문물'이었던 셈입니다.

▶▶ 색깔논쟁도 가뿐히 뛰어넘은 가공유 시장 최강자

바나나맛 우유는 국내 가공유 시장의 최강자입니다. 가공유는 원유 또는 유가공품에 다른 식품이나 식품첨가물 등을 더한 후 살균·멸균 처리한 우유제품을 말합니다. 우리가 쉽게 접하는 초코우유, 바나나우유, 딸기우유 등이 대표적입니다. 현재 국내 가공유 시장에는 60여 종의 가공유가 판매되고 있습니다. 이 중 바나나맛 우유의 가공유 시장점유율은 80%에 달합니다. 압도적입니다.

바나나맛 우유는 절대로 넘볼 수 없는 입지를 구축하고 있습니다. 하루 판매량이 한때 80만 개에 달하기도 했습니다. 또 우유 단일 제품으로는 국내 최초로 연매출액 1000억 원을 넘긴 제품입니다. 물론 잠시 시련도 있었습니다. 바나나맛 우유의 독주를 막으려고 매일유업에서 2007년 '바나나는 원래 하얗다'라는 제품을 내놨습니다. '바나나=노랗다'는 고정관념을 깨겠다는 취지였는데요. 실은 바나나맛 우유를 저격한 것입니다.

마침 매일유업에서 내놓은 '바나나는 원래 하얗다' CF가 소비자에게 화제가 되면서 바나나맛 우유는 잠시 위기를 맞는 듯했습니다. 그도 그럴 것이 그때까지 대부분의 우유 업체들은 바나나맛 우유와 마찬가지로 '노란색' 바나나우유를 만들고 있었기 때문입니다. 매일유업이 제기한 '색깔론'으로 노란색 바나나우유를 생산하던 업체들은 긴장하기 시작했습니다.

빙그레 냉장품목 매출액 중 바나나맛 우유 비중

빙그레 냉장품목 매출액 4964억 원

바나나맛 우유 44.3%

기준 : 2019년

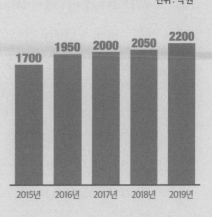

| 빙그레 바나나맛 우유 매출 추이 |

단위 : 억 원

2015년	2016년	2017년	2018년	2019년
1700	1950	2000	2050	2200

하지만 바나나맛 우유는 매일유업의 도전을 쉽게 뿌리칩니다. 소비자 사이에서는 '바나나는 원래 하얗지만, 그래도 바나나우유는 바나나맛 우유'라는 인식이 강했습니다. 국내 첫 바나나우유였고 추억이 담긴 맛이었기 때문입니다. 머릿속과 혀에 각인된 맛을 이겨낼 재간은 없습니다. 매일유업의 도전을 뿌리친 바나나맛 우유는 다시 독주하기 시작합니다. 그리고 49년째 가공유 시장 1위를 굳건히 지키고 있습니다.

▶▶ 우리나라 보물 1437호와 바나나맛 우유의 관계

바나나맛 우유가 49년간 큰 사랑을 받는 이유 중 또 하나는 바로 용기 디자인 때문입니다. 심지어 "바나나맛 우유 디자인이 바뀌면 먹지 않겠다"는 열혈팬도 있습니다. 소비자의 이런 충성심(?)은 제조사인 빙그레가 그토록 오랫동안 바나나맛 우유병 디자인을 변경하지 않는 이유이기도 합니다. 바나나맛 우유는 용기 디자인이 곧 브랜드 정체성을 나타내는 좋은 예인 셈입니다.

사실 제조사 입장에서 바나나맛 우유의 병 디자인은 그다지 유리할 것이 없습니다. 일단 가운데가 통통한 배불뚝이 모양이라 단위 면적당 배치할 수 있는 병의 개수가 곽 우유보다 적습니다. 보관과 운반도 쉽지 않죠. 특히 매대에 더 많은 제품을 진열하는 것이 유리한 제조사에는 불리한 디자인입니다. 그럼에도 빙그레가 이 디자인을 고집하는 이유는 달항아리 모양의 용기를 포기하는 일은 곧 바나나맛 우유라는 브랜드를 포기하는 것과 같기 때문입니다.

빙그레가 처음 바나나맛 우유를 출시할 당시 병 디자인에 대한 고민이

조선 시대에 제작된 <백자 달항 아리(보물 1437호)>(사진 국립 중앙박물관). 높이 41cm, 입지름 20cm, 바닥지름 16cm, 몸통지름 40cm로 17세기 후반 제작된 것으로 추정된다. 생긴 모양이 달덩이처럼 둥그렇고 원만하다고 하여 달항아리로 불린다. 바나나맛 우유 용기는 우리의 전통 달항아리에 착안해 디자인했다고 한다.

많았다고 합니다. 그때까지만 해도 우유병 디자인은 천편일률적이었습니다. 유리병과 비닐 팩뿐이었습니다. 이런 제품들과의 차별을 위해 빙그레가 선택한 것은 폴리스티렌 용기입니다. 반투명한 폴리스티렌 용기를 채택해 바나나맛 우유의 노란색을 더욱 돋보이게 했습니다. 시각적인 효과도 기대한 것입니다.

문제는 모양입니다. 당시 병 디자인을 고민하던 빙그레는 도자기 박람회에서 우리의 전통 달항아리를 보고 아이디어를 얻었다고 합니다. '한국적인 미(美)를 담았다', '한국인에게 가장 친숙한 디자인이다', '산업화 가속으로 나타난 이농 현상을 반영해 고향의 추억을 떠올릴 수 있도록 했다' 등 디자인과 관련한 여러 가지 설(說)이 있지만, 사실 확 와 닿는 설명은 없습니다.

하지만 분명한 것은 빙그레의 선택이 탁월했다는 점입니다. 만일 바나나맛 우유를 비닐 팩이나 유리병에 담았다면 오랜 시간 지금과 같은 인기를 누릴 수 있었을까요? 달항아리 디자인은 바나나맛 우유의 한 부분이자 트레이드 마크가 됐습니다. 바나나맛 우유하면 가장 먼저 떠오르는 것이 달항아리 디자인이라는 점이 이를 방증합니다. 빙그레가 이런 효과까지 염두에 뒀던 것일까요?

사실 바나나맛 우유 용기는 제작하기 어렵습니다. 상하 분리된 구조로 위아래 두 부분을 고속회전하면서 생기는 마찰열로 중앙부를 접합해야 합니다. 상당히 고난도 기술이라고 합니다. 당시 이런 용기를 제작할 수 있는 기계가 국내에는 없어서 독일에서 수입해 제작했습니다. 그런데 그 기계를 만들던 회사가 없어져 현재 전 세계에서 이런 방식으로 용기를 만들 수 있는 곳은 빙그레뿐입니다.

바나나맛 우유 용기 디자인에는 기능적인 측면도 숨어 있습니다. 달항아리 용기는 디자인 특성상 어린아이가 손에 쥐었을 때 떨어뜨리기 쉽습니다. 이를 막기 위해 상하 접합 부분 근처에 작은 돌기를 두 줄 넣었습니다. 또 용기 입구의 테두리가 여타 용기들과는 좀 다릅니다. 일정한 폭을 유지하면서 안쪽으로 돌출돼 있습니다. 이는 마실 때 용기 밖으로 내용물이 흐르지 않도록 하기 위한 장치입니다.

디자인적 요소와 기술적인 요소 모두를 갖춘 바나나맛 우유의 용기는 제품의 정체성을 가장 간결하면서도 명확하게 보여주는 대표적인 사례입니다. "다른 형태의 용기에 담긴 바나나맛 우유에서는 그 맛이 안 난다"는 이야기까지 나올 정도니까요. 우연이었건 치밀한 계산의 결과였건 빙그레 바나나맛 우유의 용기 디자인은 탁월한 한 수였습니다. 이 병을 디자인하신 분은 지금 어디 계실까요? 꼭 한번 만나보고 싶습니다.

빙그레 바나나맛우유
시대별 용기 디자인 변천사

1982년

1985년

1988년

1990년

1991년

1998년

2000년

Since 1974
빙그레 바나나맛우유

바나나맛 우유가 반세기 가까이 사랑을 받아온 비결은 맛과 더불어 독특한 용기 디자인 때문이다. 항아리를 닮은 불룩한 용기는 소비자의 기억 속에 각인되며 바나나맛 우유의 정체성으로 자리 잡았다.
바나나맛 우유는 1974년 출시된 이래 항아리 모양의 용기 디자인을 고수하고 있다. 특유의 용기 때문에 젊은 소비자에게 '뚱바(뚱뚱한 바나나맛 우유)'라는 별명도 얻었다.

2004년

11-2
49년째 압도적 1등의 비결, '더 맛있게 만들려 애쓰지 않는 것'

>> **바나나맛 우유의 최대 미션 '변함없는 맛'**

초등학교 시절 즐겨 찾던 떡볶이집에 다시 가본 적이 있으신가요? 저는 '한 번' 가봤습니다. 한 번이라고 한 이유는 그 이후에는 다시 찾지 않았기 때문인데요. 제 입맛이 변한 건지, 아니면 음식 맛이 변한 건지 추억의 그 맛은 아니었기 때문입니다. 물론 인심 좋은 떡볶이집 아줌마의 모습은 예전 그대로였습니다. 하지만 죄송스럽게도 맛은 달라졌다는 느낌을 지울 수 없었습니다.

떡볶이집뿐만이 아닙니다. 대학 시절 선후배들과 밤새 소주 한잔에 이야기꽃을 피우다가 새벽이면 찾았던 감자탕집이 있습니다. 그때는 참 맛있다고 생각했는데 졸업 후에 다시 찾았더니 예전과는 다른 느낌이었습니다. 방송 프로그램에 소개돼 갑자기 사람들로 북적이게 된 동네 맛집 역시 어느 순간 맛이 달라지는 경우가 많죠. 그럴 때 사람들은 참 아쉬워하곤 합니다.

물론 오랜 기간 '추억의 그 맛' 그대로인 집도 많습니다. 하지만 음식 맛은 그대로인 것 같은데 과거의 그 '기분'이 느껴지지 않을 때가 있습니다. 가게 인테리어가 깔끔하게 바뀌었거나 음식이 담긴 그릇이 바뀌었을 때 왠지 모를 서운함이 밀려듭니다. 실제 맛은 바뀌지 않았을지 몰라도 우리가 느끼는 맛이 변한 것이죠. 소비자들은 참 까다롭습니다. 음식 맛은 물론 세월이 지나면 변하기 마련인 본인의 입맛, 식당 분위기까지 따지니 말입니다.

음식점뿐만 아니라 식품 업체들도 이런 까다로운 소비자들을 상대해야 합니다. 이들의 기호를 충족시키기 위해 끊임없이 노력해야 하는 게 식품 업체의 숙명입니다. 과자나 라면, 우유 등 가공식품을 먹을 때도 "예전 그 맛이 아니네?"라며 실망하는 경우가 종종 있습니다.

바나나맛 우유를 생산하는 빙그레도 마찬가지입니다. 그래서 빙그레가 선택한 것은 바나나맛 우유를 더 맛있게 만드려고 '괜한' 노력을 하지 않는다는 점입니다. 요즘 트렌드에 맞춰 맛을 바꾸려 하지도 않습니다. 바나나맛 우유 연구팀의 최대 미션은 기존의 맛을 그대로 유지하는 것입니다. 식당으로 치면 언제 가도 변하지 않는 맛을 자랑하는 '오래된 맛집'이 되는 게 목표입니다.

▶▶ 변신보다 더 어려운 유지

그렇다면 이런 의구심이 들 겁니다. 원래 맛을 유지하는 거라면, 사실상 아무것도 안 하는 것이 아니냐는 생각 말입니다. 결론부터 말씀드리면 그렇지 않습니다. 맛을 유지하는 건 의외로 쉽지 않은 일입니다.

예를 들어 볼까요? 2009년 바나나맛 우유에 시련이 찾아옵니다. 당시 식약청은 '식품 등의 표시기준'을 개정하면서 천연재료를 쓰지 않은 가공식품에 '맛'이라는 표현을 금지하기로 했습니다. 대신 '향'이라는 명칭을 쓰도록 했습니다. 당시 바나나맛 우유에는 바나나가 들어가지 않았습니다. 이렇게 되면 '바나나맛 우유'는 '바나나향 우유'로 이름을 바꿔야 합니다. 바나나맛 우유가 바나나향 우유라니요! 빙그레의 시름이 깊어졌습니다.

사실 바나나맛 우유에는 '바나나 향'만 포함돼 있었습니다. 바나나맛 우유가 처음 출시된 1974년에는 바나나가 아주 귀한 과일이었습니다. 그래서 바나나 과즙을 우유에 넣는 것은 불가능했습니다. 대신 소비자가 갈망하는 바나나의 '향'만 넣는 것으로 대신했습니다. 이것만으로도 소비자는 충분히 만족했습니다.

하지만 기준이 바뀌었습니다. 빙그레는 결국 바나나맛 우유에 실제 바나나 과즙을 넣기로 했습니다. 문제는 과즙을 넣는 순간 맛이 확 달라진다는 점입니다. 당시 빙그레 연구팀에 떨어진 미션은 과즙을 넣은 뒤에도 이전의 맛을 유지하는 것이었습니다. 다행히 끊임없는 연구 끝에 맛의 변화를 소비자들이 눈치채지 못하도록 하는 데 성공했습니다.

이런 사례도 있습니다. 과거 바나나맛 우유는 '치자황색소'라는 천연색소로 우유에 노란색을 냈습니다. 그런데 어느 날 이 색소의 안전성에 대한 논란이 불거지면서 빙그레는 또 한 번 곤경에 처하게 됩니다. 치자황색소는 지금도 식품에 쓸 수 있지만, 당시에는 '인체에 무해하다'는 설명이 통하지 않았습니다. 이 때문에 치자황색소를 '카로틴 색소'로 바꿔야 했습니다.

문제는 색소 하나를 바꿔도 맛이 변할 수 있다는 점입니다. 특히 치자황 색소와 같은 천연색소의 경우 특유의 맛이 도드라질 수 있습니다. 이때도 기존 제품과 맛을 유지하는 게 가장 큰 임무였습니다. 하지만 당시 빙그레 연구팀의 피나는 노력 덕분에 우리는 여전히 예전과 같은 색, 같은 맛의 바나나맛 우유를 맛볼 수 있게 된 것입니다.

▶▶ 바나나맛 우유 맛의 비밀은 85.7%

빙그레가 바나나맛 우유의 맛을 목숨 걸고 지켜내려는 이유는 이 제품이 꾸준히 소비자들에게 통하고 있기 때문입니다. 49년간 국내는 물론 해외 소비자들에게도 사랑받으면서 맛의 경쟁력을 입증받았습니다. 사실 맛을 말로 설명하기란 어려운 일입니다. 기껏해야 "입에 착 달라붙는다", "달달 하다" 정도일 텐데요. 게다가 무언가 '진짜' 비결이 숨겨져 있다면 그건 빙 그레만의 영업 비밀이겠죠. 이런 비밀은 아무도 모르게, 며느리도 모르게 보안을 유지해야만 합니다. 신당동 떡볶이처럼 말이죠.

빙그레에서 바나나맛 우유의 맛을 연구하는 연구팀을 만나 바나나맛 우 유 맛의 핵심을 물어봤습니다. 연구소는 바나나맛 우유의 맛을 좌우하는 핵심 요소로 "원유의 비중이 높다"는 점을 꼽았습니다. 실제로 바나나맛 우유에는 원유가 85.715% 포함됐습니다. 시중에 판매되고 있는 가공유 제 품 중에서 가장 높은 수준입니다. 2017년 한 조사 업체가 시중에 판매되는 가공유 60종의 원유 함량을 조사해 발표한 적이 있는데요. 바나나맛 우유 는 이 조사에서 당당하게 1위를 차지했습니다.

주목할 만한 점은 당시 조사를 살펴보면 원유를 전혀 넣지 않은 제품이

| 국내 가공유 제품 원재료 비교 |

제조사	제품	원유 비중	주재료
빙그레	바나나맛 우유	85.715%	정제수, 설탕, 바나나농축과즙 0.315%, 카로틴, 합성향료(바나나향, 바닐라향)
	캔디바맛 우유	78%	정제수, 설탕, 치자청색소, 합성향료, 천연향료, 비타민E
A사	바나나우유	30%	정제수, 설탕, 혼합탈지분유, 유크림, 바나나과즙농축액, 합성향료 등
B사	초코우유	비중 표기 없음	정제수, 설탕, 탈지분유, 유크림, 기타과당, 덱스트린, 코코아분말, 합성향료 등

25%나 됐다는 점입니다. "무늬만 우유 아니냐"며 논란이 벌어졌죠. 그러나 이런 지적은 사실 다시 생각해볼 여지가 있습니다. 이 제품들은 대부분 원유 대신 혼합탈지분유나 유크림 등으로 만들고 있습니다. 탈지분유는 우유에서 지방을 분리해 제거한 다음 건조한 분말입니다. 유크림의 경우 원유에서 분리한 유지방분입니다. 탈지분유나 유크림 역시 원유로 만든 재료라는 이야기입니다. 그러니 무늬만 우유라는 말은 정확한 지적은 아닙니다.

제조 업체들이 원유가 아닌 탈지분유나 유크림을 사용하는 이유는 비용 때문입니다. 이런 재료의 경우 비교적 저렴하게 수입해 올 수 있는 데다, 보관 기간이 길어 관리하기 편리합니다. 다만 원유로 만든 제품과는 맛이 다를 수 있습니다. 특히 '바나나맛 우유'나 '딸기맛 우유' 등 과일 맛 가공유는 원유 함량이 높아질수록 더욱 신선한 맛이 날 수 있습니다. 물론 탈지분유라고 해서 무조건 맛이 없다고 할 수는 없습니다. 초코우유나 커피우유 같은 제품의 경우 탈지분유나 유크림이 더욱 '깊은 맛'을 낸다는 의견도 있습니다.

결국 바나나맛 우유 맛의 비결 중 하나는 바로 원유 함유량이라고 할 수 있겠습니다. 바나나맛 우유를 마시면 다른 가공유와는 달리 우유 본연의 신선함이 느껴지는 이유가 바로 원유가 많이 함유되었기 때문 아닐까 싶습니다.

아울러 원유에도 각각 특유의 '맛'이 있다는 것 알고 계셨나요? 바나나맛 우유의 맛을 결정하는 주요 요소 중 하나도 바로 원유의 맛입니다. 바나나맛 우유는 국내산 원유를 사용하고 있습니다. 전국 곳곳에 빙그레와 계약한 낙농가에서 원유를 받아옵니다. 빙그레는 낙농가가 맛있는 원유를 지속해 생산할 수 있도록 지원·관리해주고 있습니다.

원유 특유의 맛은 바나나맛 우유의 다른 시리즈 제품을 마셔보면 어느 정도 느낄 수 있습니다. 사실 바닐라맛 우유나 캔디바맛 우유는 원재료만 따져보면 원유의 비율도 다르고 별개의 향료와 색소로 만들어진, 전혀 다른 제품이라고 할 수 있습니다. 그런데도 왠지 모르게 원조 바나나맛 우유의 맛이 느껴집니다. 이게 바로 원유의 맛 때문일 가능성이 큽니다.

▶▶ 가장 맞추기 어렵다는 누구나 아는 맛

사실 바나나맛 우유의 맛을 군이 설명할 필요가 있을까 싶기도 합니다. 한국인이라면 대부분 '아는 맛'일 테니까요. 그래도 알고 먹으면 더 맛있게 먹을 수 있지 않을까요? 그래서 바나나맛 우유를 담당하는 연구원을 직접 만나 더 구체적인 것들을 물어봤습니다. 황신석 빙그레 식품연구소 유제품 연구팀 연구원입니다.

Q. 평소 어떤 연구를 하나요?

A. 바나나맛 우유는 맛 유지가 중요하므로 웬만해서는 건드리지 않는 것이 목표입니다. 그래도 종종 관리할 일이 생깁니다. 관련 법규가 바뀌어서 원재료를 바꿔야 한다든가 아니면 당 함유량이 사회적으로 논란이 돼서 낮춰야 한다든가 하는 일이 있습니다. 이럴 경우 기존 맛을 유지할 수 있도록 제품을 만든 뒤 맛을 테스트하는 과정을 거칩니다. 전문적으로 관능검사(제품의 품질을 오감으로 평가하는 것)를 진행하는 분들이 있습니다.

Q. 바나나맛 우유는 고유의 맛이 항상 유지된다고 자신할 수 있나요?

A. 항상 완전히 똑같을 수는 없습니다. 사실 일반 소비자는 잘 느끼지 못하지만 우유는 계절에 따라 맛이 변하기도 하고 매년 맛이 다르기도 합니다. 미래 어느 시점의 바나나맛 우유와 지금의 바나나맛 우유를 동시에 먹으면 아마 맛이 다를 수 있습니다. 모든 우유(원유)는 맛이 변할 수밖에 없기 때문입니다. 하지만 그 차이를 최대한 줄이려 하고 있기 때문에 실제로 소비가 느끼기는 쉽지 않을 것입니다.

Q. 바나나맛 우유의 '확장판'이라고 할 수 있는 '단지가 궁금해' 시리즈를 개발할 때 어디에 주안점을 두고 있나요?

A. 이 시리즈 제품들의 경우 마케팅적인 측면이 강합니다. 바나나맛 우유 브랜드 강화를 위해서 신제품을 시리즈로 내놓고 있죠. 어떤 맛을 만들지는 시장 조사 등을 통해 아이디어를 얻습니다. 중요하게 고려하는 것 중 하나는 이 제품들은 사실 바나나맛 우유와는 별개의 제품이지만 같은 '용기'에 담는다는 점입니다. 이로써 기존 바나나맛 우유 브랜드 이미지를 고려해야 합니다. 원유도 바나나맛 우유처럼 충분하게 넣으려고 합니다. 최소 70% 이상 들어가도록 하고 있습니다.

Q. 원유가 가공유의 맛에 영향을 미치나요?

A. 관련이 있다고 봅니다. 정확히 어떤 점에 영향을 미친다고 말하기는 어렵습니다. 다만 원유 비중이 줄어들면 아무래도 신선한 맛이 떨어지는 경향은 있습니다. 또 우유 자체의 기본적인 맛이 있습니다. 우유 맛이 생각보다 셉니다. 특히 바나나맛 우유의 경우 원유가 많이 들어가니 '고유의 맛'을 느낄 수 있을 것으로 보입니다.

Q. 탈지분유와 유크림 등 다른 재료는 나쁜 재료라고 볼 수 있나요?

A. 분유의 경우 원유보다 상대적으로 저렴할 수 있습니다. 바나나맛 우유의 경우에는 그간 워낙 잘 팔려 왔으니까 비싼 원유를 쓰는 방식이 원활하게 이뤄지고 있습니다. 하지만 분유를 무조건 나쁘다거나 맛없다고 볼 수는 없습니다. 대신 원유와는 다른 분유 특유의 맛이 있습니다. 열처리하면 변성되는 과정에서 생기는 맛입니다.

Q. 여러 시리즈를 내놓다 보면 기존 바나나맛 우유보다 맛있는 제품이 출시될 수 있지 않을까요?

A. 그럴 수도 있습니다. 그러나 오랫동안 쌓아온 '브랜드의 힘'이라는 것이 있습니다. 마치 스타벅스 커피를 더 맛있게 느끼는 것과 같은 논리입니다. 브랜드를 아예 안 보고 먹을 수는 없으니까요. 그래서 더 맛있는 제품이 나온다고 해도 기존 바나나맛 우유를 (판매량 등으로) 이기지는 못할 것으로 생각합니다.

빙그레는 바나나맛 우유 외에도 소비자에게 색다른 맛과 재미를 선사하기 위해 2018년부터 오디맛, 귤맛 등 '단지가 궁금해' 시리즈를 내놓고 있다. 사진은 2021년에 출시한 밀크티맛 단지(사진 빙그레).

DECISIVE SHOT

11-3

'친근함'을 지우고
'특별함'을 입혀
브랜드 노후화 극복

>> **아무리 해도 뛰어넘을 수 없는 식품 업계 '통곡의 벽'**

예루살렘 서쪽에는 '통곡의 벽'이라 불리는 성곽이 있습니다. 서기 70년
파괴된 제2차 유대인 성전에서 유일하게 남아 있는 부분입니다. 유대인
들이 모여 기도하는 성지라고 합니다. 통곡의 벽은 도저히 이길 수 없는
상대를 일컫는 관용적 표현이기도 합니다. 영화 〈범죄도시〉 속 마동석이
나 아사다 마오에게 김연아와 같은 존재가 그렇습니다.

식음료 업계에도 이런 통곡의 벽이 있습니다. 경쟁사에서 온갖 수를 다
써봐도 절대 시장점유율 1위를 내어주지 않는 부동의 인기 제품이 그렇습
니다. 빙그레 바나나맛 우유가 대표적입니다. 바나나맛 우유는 지난 49년
동안 가공유 시장점유율 1위를 내준 적이 없습니다. 경쟁사로서는 아예
처음부터 싸워볼 생각조차 들지 않을 만큼 압도적인 시장점유율입니다.

현재 바나나맛 우유는 전체 가공유 시장에서 점유율 80%를 차지하고

있습니다. 경쟁사에는 벽이지만 빙그레에는 그만큼 효자입니다. 바나나맛 우유는 2018년 단일제품으로 연 2000억 원의 매출을 기록했습니다. 같은 해 빙그레의 매출액은 8300억 원 수준입니다. 바나나맛 우유가 차지하는 비중이 24%가 넘습니다.

도저히 궁금해서 견딜 수가 없었습니다. 도대체 어떻게 했길래 반세기 동안 1위를 차지하고 있는 것일까요? 여러 가지 이유가 있을 겁니다. 맛에 대해서는 이미 살펴봤으니 이번에는 바나나맛 우유 마케팅에 숨겨진 비밀을 탐색해 봤습니다.

▶▶ 값비싼 바나나가 우유 속으로

시작부터 난관에 봉착했습니다. 빙그레에 문의한 결과, 본사에서도 49년 전 상황을 명확하게 설명해 줄 수 있는 사람이 없다는 답변을 받았습니다. 바나나맛 우유가 처음 시장에 선보였을 때가 1974년입니다. 회사 이름이 대일유업이던 시절 처음 나온 제품입니다. 49년이라는 세월이 흘렀으니 당시 이야기를 아는 사람이 회사에 없는 것도 어찌 보면 당연한 일입니다.

증언이 없으니 기록을 뒤져야 합니다. 네이버 뉴스라이브러리에서 1970년대 신문에 실린 항아리 모양의 바나나맛 우유를 찾아냈습니다. 1975년 2월 26일자 한 일간신문 1면의 대일유업 광고입니다. 단지 모양의 우유병 모습이 익숙합니다. 당시 브랜드명인 '퍼모스트'는 우유 가공 기술을 전수해준 미국 회사 이름입니다. 대일유업은 1976년 6월 '빙그레'로 사명을 바꿉니다.

1976년 「동아일보」 신춘문예 단편소설 부문 당선작인 「바다와 나비병」

에도 바나나맛 우유가 등장합니다. 주인공이 밤을 함께 보낸 첫사랑에게 줄 바나나맛 우유 한 병을 110원에 사는 장면이 나옵니다. 그녀가 소주를 두 병 마셨다는 묘사도 있습니다. 그때도 바나나맛 우유는 숙취 해소에 효과가 좋았나 봅니다.

하지만 이것만으로 바나나맛 우유의 성공 비결을 설명하기는 어렵습니다. 당시 빙그레가 내놓은 가공유는 초코맛과 딸기맛도 있었지만, 왕좌는 늘 바나나맛 우유 차지였습니다. 이유가 무엇이었을까요? 당시 기사와 각종 기록을 종합해보면 처음 바나나맛 우유가 성공한 원인은 '바나나'였기 때문입니다. '이게 도대체 무슨 소리야?'라고 하실 수 있지만 사실입니다.

바나나맛 우유가 세상에 처음 나왔을 당시 바나나는 최고급 과일의 대명사였습니다. 한 방송인이 TV 프로그램에서 "1973년에 한 달 치 하숙비가 9000원이었는데, 바나나 한 송이도 아니고 한 개 가격이 2000원이었다"고 전한 바 있습니다. 이렇게 귀한 바나나를 값싸고 편리하게 맛볼 수 있는 제품이 나왔으니 인기가 높았던 것은 당연했습니다.

▶▶ 압도적인 시장점유율과 긍정적 이미지로
꽃길만 걸어온 바나나맛 우유

경쟁이 치열한 식음료 시장에서 초반의 반짝인기만으로는 한 시대를 풍미하기 어렵습니다. 바나나맛 우유가 초반 인기를 지금까지 유지하며 부동의 1위가 된 비결은 맛과 디자인을 그대로 유지하기 위해 노력한 덕분입니다. 바나나맛 우유는 출시 이후 지금까지 항아리 모양의 디자인과 진하고 달콤한 바나나 맛을 그대로 유지하고 있습니다.

1975년 2월 26일 「경향신문」 1면 광고(사진 네이버 뉴스라이브러리). 빙그레의 전신인 대일유업의 광고다. 단지 모양의 우유병이 등장하고 '퍼모스트 건강 우유'에 대한 소개 글을 보면 우유의 주재료를 바나나라고 밝히고 있다.

　한 세대를 사로잡은 기억은 쉽게 유전됩니다. 그래서 바나나맛 우유에는 늘 추억이 따라 붙습니다. 자연스럽게 마케팅도 추억을 자극했습니다. 2000년대 빙그레의 바나나맛 우유 마케팅 키워드는 '즐거움과 푸근함'입니다. 매년 사연과 추억을 공모해 당첨자에게는 기차 여행을 제공하며 친근한 이미지를 유지하는 데 노력했습니다. 광고에는 항상 바나나맛 우유를 먹으며 행복해하는 사람들이 등장했습니다.

　하지만 냉정하게 말해서 이런 방식의 마케팅은 특별한 게 아닙니다. 그럼에도 바나나맛 우유가 오랫동안 승승장구할 수 있었던 이유는 압도적인 시장점유율과 긍정적인 이미지 덕분입니다. 빙그레의 바나나맛 우유는 마치 절벽 위의 독수리와도 같습니다. 독수리는 가끔 날갯짓하지 않기도 합니다. 그저 거대한 날개를 펴고 바람의 흐름에 몸을 맡깁니다. 힘들게 날개를 퍼덕이지 않아도 더 높이, 더 멀리 날아갑니다.

　어제 일을 오늘 또 해도, 오늘 일을 내일 또 해도 실패하지 않을 위치까지 오른 제품이 바나나맛 우유입니다. 하지만 미래는 보장할 수 없는 법입니다. 아무리 견고한 통곡의 벽이라도 끊임없이 두드리면 언젠가는 깨질 겁니다. 경쟁이 치열한 시장에서 안주하는 것은 금물입니다. 빙그레도 깨달았습니다. 변해야 한다는 것을 말입니다. 그리고 마침내 터닝 포인트를 맞이했습니다.

▶▶ 만년 1등에게 찾아온 위기, "알지만 사 먹진 않는다"

빙그레는 2016년 한 대학교의 수업에 참여합니다. 바나나맛 우유에 대한 젊은 세대의 진솔한 이야기를 듣기 위해서였습니다. 의견 대부분은 '익숙하다', '친근하다', '알고 있다' 등 긍정적이었습니다. 한편 일부 의견으로 '원 오브 뎀(one of them)', '어릴 때 우유', '요즘은 커피가 대세'라는 의견도 나왔습니다. 긍정적인 반응이 많으니 그냥 넘어갈 수도 있었지만, 수업에 참여했던 빙그레 마케팅팀 직원들의 생각은 달랐습니다.

특히 모두가 바나나맛 우유를 잘 알고 있지만 최근에 먹어본 사람은 적다는 사실이 충격이었습니다. 실제 젊은 세대가 소비하는 제품이 아니라는 얘기입니다. 아는 것과 구매하는 것은 다른 문제입니다. 이런 상황에서는 앞으로의 반세기가 지난 반세기와 같을 수는 없는 법입니다. 변화가 필요했습니다.

이후 빙그레 마케팅팀은 고민에 빠집니다. 젊은 세대는 각자 취향이 있습니다. 이들과 통하기 위해서는 바나나맛 우유를 친근하게 만들기보다는 '특별'하게 만들어야 했습니다. 마케팅팀이 바빠지기 시작했습니다. 2016년 한 해 동안 빙그레는 바나나맛 우유에 다양한 마케팅을 시도했습니다. 가장 처음 선보인 마케팅은 'ㅏㅏㅏ맛 우유' 이벤트였습니다. 제품명에서 초성을 모두 지우고 인쇄했습니다. 그 여백은 소비자들이 직접 채우도

▼ 빙그레의 마이스트로우 캠페인은 칸국제광고제, 뉴욕페스티벌과 함께 세계 3대 광고제로 꼽히는 클리오광고제에서 통합캠페인부문 금상과 제품혁신부문 은상을 받았다.

빙그레는 바나나맛 우유를 마실 때 빨대를 사용하는 비중이 높다는 것에 착안해 밀레니얼 세대가 재미있게 즐길 수 있는 이색 빨대 5종을 개발해 이를 사용하는 모습을 보여주는 광고를 내보내고, 5종의 빨대를 판매했다.

▲ 빙그레는 2016년 젊은 세대와 통하기 위해 오랜 마케팅 콘셉트였던 '친근함'을 버리고 '특별함'을 강조하기 시작한다. 마케팅 콘셉트를 바꾸고 처음 선보인 것이 'ㅏㅏㅏ맛 우유' 이벤트였다. 바나나의 초성을 모두 떼고 인쇄해, 그 여백은 소비자들이 직접 채우도록 했다(사진 빙그레 유튜브).

록 했지요. 바나나맛 우유를 소비자 개인의 개성을 마음껏 발휘할 수 있는 도구로 활용하도록 한 것입니다.

이어 CJ올리브영과 협업해 바나나맛 우유 화장품을 선보였습니다. 제품에는 우유 단백질 추출물이 들어갔습니다. 향기와 포장도 바나나맛 우유를 그대로 재현했습니다. 백미는 '옐로우 카페'입니다. 빙그레는 바나나맛 우유 플래그십 스토어인 옐로우 카페를 열었습니다. 바나나맛 우유를 활용한 다양한 제품을 선보였습니다. 소품과 집기는 모두 바나나맛 우유의 로고와 모양을 사용했습니다. 동대문에 처음 오픈했던 옐로우 카페는 3년 동안 바나나맛 우유의 체험공간 역할을 톡톡히 하고 2019년 문을 닫았습니다. 2호점인 제주점도 선보인 바 있습니다.

집중적인 마케팅 활동을 펼친 결과, 2016년 바나나맛 우유의 매출은 전년 대비 15%나 올랐습니다. 이미 압도적인 시장점유율을 수십 년째 유지한 1위 제품이 1년 만에 매출을 15%나 늘리는 것은 이례적인 일입니다. 빙그레는 이듬해에도 바나나맛 우유를 특별하게 만들기 위한 마케팅 활동을 펼쳤습니다. 2017년을 대표하는 바나나맛 우유 마케팅은 '마이스트로우(My Straw)'입니다. 하트 모양의 빨대와 링거줄 모양의 빨대, 그리고 두 모금에 바나나맛 우유를 먹어 치울 수 있는 굵기의 대형 빨대 등을 선보였습니다.

그동안 빨대는 음료를 먹기 위한 도구였을 뿐입니다. 쓰고 나면 쓰레기통 신세였습니다. 하지만 빙그레가 만든 빨대들은 소비자의 소장 욕구를 자극하기에 충분했습니다. 출시하자마자 온·오프라인에서 완판 행진이 이어졌습니다. 마케팅 측면에서도 대형 만루홈런입니다. 빙그레의 마이스트로우 캠페인은 세계 3대 광고제 중 하나인 미국 클리오광고제에서 통합 캠페인부문 금상과 제품혁신부문 은상을 받았습니다.

2016년을 기점으로 빙그레의 마케팅은 바나나맛 우유를 알지만 사 먹진 않는 젊은 고객층에게 바나나맛 우유를 '사 먹을만한' 이유를 만드는 데 초점을 맞추고 있다.
사진은 바나나맛 우유를 활용한 다양한 음료를 맛볼 수 있었던 옐로우 카페 제주점.

　이후에도 빙그레는 매년 다양한 마케팅을 펼치며 소비자에게 특별한 제안을 하고 있습니다. 화제를 일으킨 마케팅 중 하나는 '한정판 바나나맛 우유' 시리즈입니다. 오디맛, 귤맛, 리치피치맛, 바닐라맛, 호박고구마맛, 캔디바맛 등 다양한 맛의 가공유를 만들고 바나나맛 우유의 패키지에 담았습니다. 익숙하지 않은 맛에 호불호가 갈리지만, 호기심 많은 젊은 세대들에게는 통했습니다.

　2020년에는 '선한 영향력'이 바나나맛 우유 마케팅의 화두였습니다. 소신 있는 발언과 행동을 중요하게 생각하는 젊은 소비자들에게 다가가기 위한 전략입니다. 이번에는 제품이 아니라 환경을 이야기하고 있습니다. 빙그레는 쓰레기 분리배출 규칙을 잘 지키자는 일환으로 '분바스틱(분리배출이 쉬워지는 바나나맛 우유 스틱)'을 만들어 배포했습니다. 분바스틱을 만드는 재료는 바나나맛 우유 공병입니다. 공병을 제공하거나 크라우드 펀딩에 참여한 소비자들에게 분바스틱이 제공됐고, 수익금은 전액 기부됐습니다.

바나나맛 우유의 결정적 한 끗

보수와 진보 사이의 줄타기

시대에 따라 달라지는 건 고객

지난 5년 동안 바나나맛 우유가 펼친 마케팅 활동은 앞선 40여 년과 크게 다릅니다. 그 결과는 '통곡의 벽'이 '통곡의 철벽'으로 변했다고 해도 과언이 아닙니다. 빙그레는 이런 마케팅이 가능했던 이유를 조직의 유연함 덕분이라고 설명합니다. 입사 이후 13년 동안 바나나맛 우유를 담당해온 이수진 빙그레 DAIRY 제품팀장에게 빙그레만의 조직 이야기를 들어봤습니다.

Q. 입사 이후 지금까지 담당한 바나나맛 우유는 부동의 1위 제품입니다. 오히려 쉬운 면이 있지 않았나요?

A. 바나나맛 우유는 기성세대 덕분에 매출은 높았지만 세대가 내려오면서 가치가 희석되는 상황이었습니다. 바나나맛 우유하면 떠오르는 이미지는 목욕탕, 기차여

행 등 '추억'이 대부분이었죠. 하지만 시대는 변했습니다. 우리도 변해야 했습니다.

Q. 그렇다면 바나나맛 우유는 어떻게 달라지고 있나요?

A. 맛과 포장, 그리고 제품의 색은 달라지지 않았습니다. 앞으로도 바꾸지 않을 것입니다. 이 세 가지는 바나나맛 우유가 지켜야 할 정체성입니다. 잘 보면 진짜 달라지는 것은 '고객'입니다. 그에 맞춰 고객과 커뮤니케이션을 달리하는 것이 바나나맛 우유 마케팅의 본질입니다. 근래에는 개인의 취향과 중요하게 생각하는 가치가 다양해졌습니다. 이에 맞춰 세대 타겟팅을 펼치는 것이 최근 바나나맛 우유의 마케팅입니다.

Q. 2016년 이후 바나나맛 우유를 두고 정말 다양한 마케팅이 펼쳐지고 있습니다. 큰 조직에서 어떻게 이런 의사결정과 실행을 할 수 있었나요?

A. 2015년에 조직에 큰 변화가 있었습니다. 마케팅은 3개의 '실'이 분야별로 구분된 5개의 '팀'으로 바뀌었습니다. 7~8명의 실 규모는 4명의 팀으로 작아졌습니다. 기존에는 한 조직이 담당하는 제품의 수가 많았지만, 이제는 적어졌지요. 조직 개편과 함께 의사결정 과정도 짧아졌습니다. 기존 실장은 수많은 제품을 다 파악하고 결정을 내려야 했지만, 이제 실무자급의 팀장이 곧바로 결정을 내리고 실행에 옮길 수 있습니다.

Q. 오랫동안 바나나맛 우유의 마케팅을 봐온 경영진들도 최근 마케팅을 이해하고 있나요?

A. 경영진은 나이와 경험이 많다는 장점이 있습니다. 반면 젊은 감성에 대한 공감은 어려울 수 있죠. 2016년에 펼친 다양한 마케팅이 성공하면서 신뢰를 쌓았습니

백종원 씨와 함께 바나나맛 우유를 활용해 만든 푸딩(사진 유튜브 바나나맛 우유 안녕 단지).

다. 이후에는 믿고 맡겨주는 분위기입니다. 담당자의 아이디어는 실무자급에서 실행이 결정됩니다.

Q. 마케팅 전략을 세우는 비결이 있다면 무엇일까요? 그리고 마케팅 활동이 성공했는지는 무엇을 보고 판단하나요?

A. 우리는 없는 트렌드를 만드는 것이 아닙니다. 트렌드를 어떻게 우리 브랜드로 '힙'하게 연결하느냐가 중요합니다. 2019년에는 '먹방', 2020년은 '소신'이 트렌드라고 분석했습니다. 이에 맞춰 2019년에는 백종원 더본코리아 대표와 바나나맛 우유 레시피를 개발했고, 2020년에는 환경에 대한 소신을 내세웠습니다.

과거에는 매출 증가가 마케팅 성공의 가장 큰 잣대였지만, 최근 마케팅 활동은 목적이 모두 다릅니다. 하나의 기준을 세우기는 어렵습니다.

바나나맛 우유의 비밀 키워드,
'원유', '추억', '확장성'

바나나맛 우유의 탄생부터 현재까지의 모든 것을 알아봤습니다. 바나나맛 우유의 '결정적 한 끗'은 다양한 요소들이 복합적으로 얽혀있었습니다. 추억과 그것을 스토리텔링으로 엮어냈다는 점. 여기에 원유의 함유량을 높여 꾸준한 맛을 유지했으며, 더불어 트렌드 변화에 민감하게 반응해 바나나맛 우유를 소비자가 개성을 표현할 수 있는 장(場)으로 제공했다는 점입니다.

빙그레 바나나맛우유 키워드

#원유
맛의 비밀은 '원유'. 국내 시판 가공유 중 가장 많은 원유 함유량을 자랑. 원유 비중은 85.17%에 달함.

#매출
2019년 바나나맛 우유의 매출액은 2200억 원. 같은 해 빙그레가 판매한 냉장품목 전체 매출액의 44.3%를 차지. 하루 판매 80만 개의 괴물 제품.

#추억
49년간 꾸준한 사랑을 받는 데에는 '추억'이 한몫. 누구나 한 번쯤 가지고 있을 법한 목욕탕의 추억 등 맛의 대물림이 가능한 제품.

#확장성
디자인과 정체성은 유지하고 과감한 변화를 주면서 확장성을 확보해 소비자의 개성 발산 욕구를 자극.

#달항아리
디자인 아이덴티티는 전통 '달항아리'가 모티브. 보관도 운반도 어렵지만 약 반세기동안 똑같은 디자인으로 소비자들에게 어필.

일상에 파편처럼
흩어진 구슬을 꿰어
한국 브랜딩 역사를 좇다

고백하건대 고집이 매우 셉니다. 마음이 동하지 않으면 웬만해서는 움직이지 않습니다. 특히 내키지 않는데 누군가 시키는 일이라면 몸서리를 치는 편입니다. 물론 결국에는 합니다. 하지만 최대한 버티다 마지못해 하는 경우가 많습니다.

이 책의 시작도 그랬습니다. 당시 팀별로 킬러 콘텐츠를 생산해 내라는 지시가 내려왔습니다. 안 그래도 일이 많아 죽을 지경인데 일을 더 얹는다는 것이 마뜩잖았습니다. 하지만 늘 그렇듯 시간은 제 편이 아니었습니다. 다들 이미 멋진 기획안을 낸 상태였습니다. 스트레스가 임계점에 달했을 때 문득 선현들의 말씀이 떠올랐습니다. "집중하려면 화장실로 가라." 월요일 보고를 앞둔 주말, 할 때도 안 된 샤워를 했습니다.

선현들의 말씀은 사실이었습니다. 샤워하다가 갑자기 머리를 스치는 생각이 있었습니다. '우리 주변에서 흔히 만날 수 있는 제품에 관한 이야기를 써보자.' 너무 익숙해서 그냥 지나쳤던 제품에도 분명히 보석 같은 이야기들이 숨어 있으리라는 데 생각이 미쳤습니다. 욕실에서 뛰어나와 무엇엔가 홀린 사람처럼 기획안을 만들었습니다. '결정적 한 끗'은 그렇게 탄생했습니다. 벌써 3년 전의 일입니다.

모든 아이템은 치열하게 고민하고, 열심히 취재해서 썼습니다. 2년여의 여정을 책으로 묶으며 다시 한번 확인하였지만, 집필하고 시간이 흘러 미처 업데이트하지 못한 부분이 있을 수 있습니다. 이 부분은 향후 보완해 다시 선보일 것을 약속드립니다.

이 책이 다룬 11개의 제품은 수많은 사람의 땀과 노력이 모인 결정체입니다. 그에 못지않게 그 결정체를 모아 이렇게 책으로 만든 데에도 많은 사람의 열정이 녹아있습니다. 그 고마움을 한정된 공간에 모두 담아내야 한다는 것이 야속하고 죄송할 뿐입니다.

감사할 분들이 정말 많습니다. 가장 감사한 사람들은 아무래도 함께 작업한 후배들입니다. 쉽게 갈 수 있는 길을 두고 힘들게 돌아가라는 선배의 지시와 요구에 군소리 없이 따라줬던 나원식, 권미란, 김아름, 한전진, 차지현 기자에게 두 팔로 안을 수 없을 만큼의 사랑을 보냅니다. 더불어 마음에 쏙 드는 그래픽으로 글을 돋보이게 만든 그래픽 담당 김용민, 유상연 기자에게도 감사 인사를 전합니다.

'결정적 한 끗'이라는 연재물이 처음 세상에 나올 때부터 지금까지 언제나 관심 가져주시고 책으로 내보자는 아이디어를 주신 남창균 비즈워치 대표께 진심으로 감사드립니다. 그리고 늘 제 뒷자리에서 든든한 지원을 해주시는 김춘동 편집국장께도 감사 인사를 올립니다. 제가 무슨 일을 하든 묵묵히 지지해 주신 양효석 부국장과 제 마음속에 언제나 친형 같은 김상욱 부국장께도 고마움을 전합니다. 이 책을 위해 일부러 바쁜 시간을 할애해 주고 늘 "파이팅!"을 외쳐주셨던 양미영 생활경제부장도 감사 인사 리스트에서 절대 빼놓을 수 없는 분입니다. 아울러 모든 비즈워치 선배, 동료, 후배들께 진심으로 감사드립니다.

지금은 함께 있지 않지만 힘들 때마다 아무 말 없이 손을 내밀어 주셨던 박호식 선배와 이 기획의 시작을 함께했던 강현창, 이현석에게도 고맙다는 인사를 꼭 전하고 싶습니다. 더불어 온라인 세상에 갇힐 뻔한 글을 책으로 만들 수 있게 도와주신 이원범, 김은숙 두 에디터에게도 감사드립니다. 또 이 자리를 빌려 저희의 깐깐한 요구를 최대한 받아주시고 오래전 이야기들을 확인하느라 애써주신 기업의 홍보 담당자님들께 진심으로 고마운 마음을 전합니다.

그리고 주말마다 원고 준비한다는 핑계로 집 앞 카페로 나가는 제게 볼멘소리는커녕 늘 응원과 지지를 보내준 사랑하는 아내 박성희와 멋진 아들 승민, 승우와 이 기쁨을 나누고 싶습니다. 마지막으로 이 모든 것을 가능하게 하신 그분께 모든 영광을 돌립니다. 고맙습니다.

2023년 3월 대표 저자
정재웅

| 어바웃어북의 경제·경영 스테디셀러 |

마침내 찾아온 붕괴의 시간
부동산을 공부할 결심
| 배문성 지음 | 396쪽 | 25,000원 |

금리와 인플레이션, 환율은 어떻게 당신의 부동산을 잠식하는가?

급변하는 장세에서는 예측보다 대응이 중요하다. '마침내' 찾아온 '부동산 붕괴'의 시대에는 상승장에서나 품어야 할 '야수의 심장'이 아니라 자산시장의 대외여건을 꼼꼼하게 '공부할 결심'이 절실하다. 이 책은 공급, 금리, 유동성, 타이밍 4개의 축을 통해 부동산시장의 허와 실을 파헤치며, 파도처럼 밀려오는 위기에 휩쓸리지 않는 자산수호 독법(讀法)을 안내한다.

디지털제국에 보내는 32가지 항소이유서
디지털 권리장전
| 최재윤 지음 | 338쪽 | 18,000원 |

디지털 전환은 어떻게 당신의 생존권을 박탈하는가?

이 책은 블록체인과 가상자산, 데이터와 플랫폼 경제, 메타버스와 인공지능 등 이른바 혁신의 아이콘을 앞세운 빅테크들이 우리의 생존권을 어떻게 잠식하고 있는지를 규명한다. 무엇보다 거대한 자본을 형성한 온라인 플랫폼들이 '혁신'으로 시작해 '독점'으로 끝날 수밖에 없는 구조적인 문제들을 진단한다. 아울러 플랫폼 경제가 갈수록 승자독식 형태로 굳어지는 이유를 데이터 독점화 현상에서 찾고 그 해법을 모색한다.

한국의 자본시장은 어떻게 반복되는가
시장의 기억
| 이태호 지음 | 392쪽 | 18,000원 |

"역사는 예측의 강력한 도구다!"

시장은 놀라울 정도로 반복된다. 그렇다면 과거의 타임라인에서 현재 우리에게 필요한 좌표를 찾아낼 수 있지 않을까. 이 책은 일제강점기 쌀 선물시장의 흥망부터 코로나19로 촉발된 팬데믹 시대에 이르기까지 지난 100년 동안 한국 자본시장이 겪은 사건들을 추적하며 시장의 기억에 새겨진 경제위기의 패턴을 되짚는다. 우리는 잊었지만 시장은 기억하는 역사 속 생존 전략은 무엇일까?

| 어바웃어북의 경제·경영 스테디셀러 |

보이지 않는 손이 그린 침체와 회복의 곡선들
비욘드 BEYOND THE CRISIS
더 크라이시스 | 안근모 지음 | 322쪽 | 18,000원 |

**국내 최고 중앙은행 관찰자가 엄선해 분석한
150여 개의 그래프로 위기 이후 반등의 기회를 포착한다!**

산이 높으면 골이 깊은 게 자연의 섭리이듯 침체가 깊어질수록 회복과 반등의
기대가 커지는 게 경제순환의 원리이다. 하지만 회복과 반등의 욕망이 커질수록 온갖
무분별한 전망들이 쏟아져 시장의 혼란을 가중시킨다. 결국 경제주술사들의 공허한
예언에서 벗어나는 가장 효과적인 방법은, 전망을 덮고 팩트를 자각하는 것이다.
저자의 탁월한 해설을 통해 그래프 속 트랙(track)들을 추적하다 보면, 침체와 회복의
패턴이 읽히고 세계 경제의 흐름이 감지된다.

위기를 조장하는 이코노미스트들의 위험한 선택
샤워실의 바보들
| 안근모 지음 | 324쪽 | 16,000원 |

**정부와 중앙은행의 위험천만한 화폐 실험이
경제를 통제불능의 괴물로 만들고 있다!**

중앙은행은 시장을 지배하는 神이기를 자처했고, 시장은 그러한 신의 계시를
맹목적으로 따랐다. 그 결과 거품과 붕괴, 인플레이션과 디플레이션이 끝없이 반복
되고 있다. 국내 최고의 '중앙은행 관찰자(central bank watcher)'로 불리는 저자는
정부와 중앙은행에 대한 비판적인 시각을 견지하며 금융위기 이후 주요국의 재정과
통화 정책을 한 편의 다큐멘터리처럼 생생하게 재현했다.

영원불멸할 것인가, 먼지처럼 사라질 것인가
달러의 부활
| 폴 볼커, 교텐 토요오 지음 | 안근모 옮김 | 584쪽 | 33,000원 |

**달러의 운명을 바꾼 역사상 가장 위대한 중앙은행장!
'폴 볼커'의 역작, 국내 최초 발간!**

'세계의 경제대통령'이자 달러의 운명을 바꾼 역사상 가장 위대한 중앙은행장!
인플레이션 괴물을 물리친 '인플레 파이터'로서 케네디, 닉슨, 카터, 레이건, 오바마 등
역대 미국 대통령들이 가장 신임했던 이코노미스트!
전 세계가 인플레이션을 잡기 위해 무서운 속도로 금리를 올리는 시대에, 이 책은 통화의
미래를 가장 적확하게 통찰한다!

| 어바웃어북의 회계·공시 필독서 |

투자에서 비즈니스까지 한칼로 끝내는
하마터면 또
회계를 모르고 일할 뻔 했다

| 김수헌, 이재홍 지음 | 458쪽 | 20,000원 |

수많은 독자가 "인생 회계책"으로 꼽은 바로 그 책!

2018년 출간된 이후 부동의 베스트셀러! 독자들에게 "인생 회계책", "진심 쉽고 재미있는 회계책" 등의 찬사를 받은 〈하마터면 회계를 모르고 일할 뻔 했다!〉가 주식투자에게 꼭 필요한 회계를 증보해 새롭게 돌아왔다. 회계의 쓸모를 정확히 짚어내며 업그레이드된 이 책은, 당신이 결심과 포기를 무한반복하는 회계 공부 딜레마의 사슬을 확실히 끊어드릴 것이다.

그림으로 쉽게 이해하는
1일 3분 1회계

| 김수헌, 이재홍 지음 | 287쪽 | 16,800원 |

하루 딱 3분이면 재무제표가 보이고 돈의 흐름이 읽힌다!

재무제표는 회사의 재정 건전성, 현금흐름, 영업능력, 성장 가능성 등을 담고 있는 이른바 '기업의 건강진단서'이다. 아울러 비즈니스맨에게는 생생한 경영 교과서이며, 투자자에게는 나침반 역할을 하는 것이 바로 재무제표다. 이 책은 하나의 주제를 한 페이지의 글과 그림으로 압축해 보여준다. 하나의 주제를 완독하는 시간은 3분이면 충분하다. 낙숫물이 댓돌을 뚫듯이, 하루 3분이 쌓이면 어느새 회계를 정복하게 될 것이다.

그림으로 쉽게 이해하는
1일 3분 1공시

| 김수헌 지음 | 297쪽 | 16,800원 |

하루 딱 3분이면 경영흐름과 주가의 향방이 보인다!

투자자에게 가장 중요하고 신뢰할 수 있는 정보가 담긴 '기업공시'. 투자 가치가 높은 기업, 주가의 향방, 매수 시점 등 투자자들이 궁금해하는 모든 정보가 기업공시 안에 있다. 이 책은 하나의 주제를 한 페이지의 글과 한 페이지의 그림으로 압축해 보여준다. 하나의 주제를 완독하는 시간은 3분이면 충분하다. 낙숫물이 댓돌을 뚫듯이, 하루 3분이 쌓이면 어느새 기업공시를 정복하게 될 것이다.